教育部人文社会科学研究青年基金项目"新媒体语境下大学生精神追求态势的调查研究"（批准号：15YJC710084）最终成果

广东药科大学马克思主义学院学术文库建设工程资助出版

当代青年
精神价值追求研究

朱白薇 著

中国社会科学出版社

图书在版编目（CIP）数据

当代青年精神价值追求研究／朱白薇著．—北京：中国社会科学出版社，2017.10

ISBN 978-7-5203-1226-4

Ⅰ.①当… Ⅱ.①朱… Ⅲ.①精神（哲学）—研究 Ⅳ.①B016.98

中国版本图书馆 CIP 数据核字（2017）第 256663 号

出 版 人	赵剑英
责任编辑	杨晓芳
责任校对	张爱华
责任印制	王　超
出　　版	中国社会科学出版社
社　　址	北京鼓楼西大街甲 158 号
邮　　编	100720
网　　址	http://www.csspw.cn
发 行 部	010-84083685
门 市 部	010-84029450
经　　销	新华书店及其他书店
印　　刷	北京君升印刷有限公司
装　　订	廊坊市广阳区广增装订厂
版　　次	2017 年 10 月第 1 版
印　　次	2017 年 10 月第 1 次印刷
开　　本	710×1000　1/16
印　　张	15.25
插　　页	2
字　　数	235 千字
定　　价	66.00 元

凡购买中国社会科学出版社图书，如有质量问题请与本社营销中心联系调换
电话：010-84083683
版权所有　侵权必究

序

　　我国实行改革开放政策后，特别是实行社会主义市场经济体制之后，一方面赋予我国社会竞争机制和巨大的发展动力，推进我国社会、经济快速发展，广大人民生活不断改善，我国国际地位迅速提高。但是，也要看到，一些人受西方国家追求金钱、享乐价值观的影响，负面看待市场竞争机制，出现了重物质轻精神，重科技轻人文的价值倾向，导致有些人，特别是一些青年，理想信念动摇，政治意识、大局意识淡漠，精神生活单调，影响了自身的健康成长和全面发展。朱白薇博士及时地看到了这个问题，并以《当代青年精神价值追求研究》为题，开展了比较系统、深入的研究，形成了博士学位论文。在此基础上，她以习近平总书记系列重要讲话为指导，结合社会发展和青年成长的实际，进行了充实和修改，增加了新思想、新内容，现在出版发行。为此，我以作序方式，表示祝贺。

　　人的需要、人的生活是全面而丰富的，即既有物质生活和物质生产的需要，也有精神生活和精神生产的需要，还有社会生活和人际交往的需要。这些需要的生产、实践和生活的满足，是人健康成长、全面发展的基础或不可缺少的基本条件，忽视、轻视或舍弃其中之一，人就不可避免地发生成长障碍，呈现畸形甚至变态状况。特别是青年朋友，正处在迅速成长、快速发展过程中，因而要审视自己的成长、发展，是否符合我国社会的发展要求，是否符合人之为人的特点和本质。

　　成长在当今时代的大多数青年，正处在求学成才的关键时期，国家、社会和学校，为广大青年成长、成才提供了丰富资源和良好的条件，包括物质条件、科技文化、制度文化和精神文化。一些学生注重物质条件、科技文化也无可非议，但忽视甚至轻视精神文化、精神价值追求则取向片面。习近平总书记强调:"精神的力量是无穷的,道德的力量也是无穷的。中华文明源远流长,蕴育了中华民族的宝贵精神品格,培育了中国人民的崇高价值追求。"① 2013年3月17日在十二届全国人大一次会议闭幕会上,习近平总书记发表重要讲话指出:"中华民族具有5000多年连绵不断的文明历史,创造了博大精深的中华文化,为人类文明进步作出了不可磨灭的贡献。经过几千年的沧桑岁月,把我国56个民族、13亿多人紧紧凝聚在一起的,是我们共同经历的非凡奋斗,是我们共同创造的美好家园,是我们共同培育的民族精神,而贯穿其中的、最重要的是我们共同坚守的理想信念。"习近平总书记这里所说的文化,主要是精神文化或思想文化。从个体层面讲,精神文化是人们的精神食粮,孕育人们的精神状态,赋予人们的精神动力,提高人们的精神境界。从社会层面看,精神文化又是社会的旗帜、"社会水泥"、社会规范,具有价值导向、民族凝聚的功能属性。总之,精神文化铸塑民族国魂、集体群魂、个体灵魂。这些道理,在《当代青年精神价值追求研究》一书中,都有比较系统、深入的论述。

随着精神文化的发展与价值彰显,特别是我国要实施文化强国、提高国家文化软实力战略,人们追求精神价值是一种必然趋势。只有追求精神价值,我们才能为社会的物质生产、科技创新提供不竭动力,才能为增强国家综合实力作贡献,才能有效治理社会上的不正之风和丑恶现象,才能矫正一些人的不良心态和心理障碍。因而,这就是《当代青年精神价值追求研究》的价值所在。

朱白薇博士的专著《当代青年精神价值追求研究》围绕三大问题开展研究,一是时代的要求与当代社会精神价值的彰显,即"在当今时代条件下精神价值为何愈来愈重要";二是精神生活的现实表现及原因分析,即有些青年学生"为何漠视精神价值";三是如何解决现代精神价值认同与精神生活的提高问题。该专著以当代社会为背景,以马克思主义为指导,研究精神价值追求的概念与内涵,探究精神价值追求的现象和本质,揭示精神价值追求发展的特点和规律,有助于深化思想政治教育基础理论研究;在扩大开放、流动加强、信息化加速以及机遇与风险并

---

① 《习近平谈治国理政》,外文出版社2014年版,第158页。

存的当代社会，探索当代青年精神价值追求的引导途径和方式，有助于发挥思想政治教育的职能，促进青年的全面成长；此外，研究青年精神价值追求的新问题、新发展，引导青年坚持正确的精神价值追求取向，确立精神支柱，丰富精神世界，提升精神境界，有助于满足社会与青年的现实需要；以社会主义核心价值观主导，整合资源、凝聚意志、形成共识、提振精神，可以有效地促进青年的情感交流和价值认同，为青年发展注入强大精神动力，增强青年与社会的凝聚力。

中国正在经历深刻变革和巨大的发展变化，我们面临着前所未有的发展机遇与挑战，新形势、新发展、新问题不断呈现，需要作者在原有基础上进一步深化研究，为实现中国梦弘扬以爱国主义为核心的民族精神，以改革创新为核心的时代精神做出更多贡献！

郑永廷

2017 年 6 月

目 录

引 论 …………………………………………………………… (1)
  一 问题的提出及研究意义 ………………………………… (1)
  二 研究文献综述 …………………………………………… (6)
  三 研究的思路与方法 ……………………………………… (14)

第一章 精神价值追求的内涵与外延 …………………………… (17)
  第一节 精神与精神价值 …………………………………… (17)
  第二节 精神价值的相关概念 ……………………………… (34)
  第三节 精神价值的外延 …………………………………… (38)

第二章 精神价值研究的理论基础与知识借鉴 ………………… (45)
  第一节 马克思主义关于精神价值研究的指导理论 ……… (45)
  第二节 精神价值追求的知识借鉴 ………………………… (61)

第三章 精神价值追求的层次与作用 …………………………… (73)
  第一节 精神价值追求的层次 ……………………………… (73)
  第二节 精神价值追求的作用与意义 ……………………… (87)

第四章 当代青年精神价值追求的背景与发展 ………………… (98)
  第一节 市场经济条件下精神价值追求的新发展 ………… (98)
  第二节 民主法治建设进程中精神价值追求的新推进 …… (102)
  第三节 多元文化背景下精神价值追求的丰富 …………… (112)
  第四节 社会信息化发展中精神价值追求的新拓展 ……… (119)

第五章　当代青年精神价值追求的特点 ……………………（130）
　第一节　当代青年的特点 …………………………………（130）
　第二节　当代青年精神价值追求的特点 …………………（139）

第六章　当代青年精神价值追求的时代课题 ……………（151）
　第一节　市场经济条件下精神价值追求的新矛盾 ………（151）
　第二节　虚拟领域中精神价值追求的新问题 ……………（161）
　第三节　多元文化格局下精神价值追求的新困惑 ………（170）
　第四节　风险频发情况下精神价值追求的新挑战 ………（180）

第七章　当代青年精神价值追求的教育与引导 …………（187）
　第一节　充分认识当代社会精神价值追求的重要性 ……（187）
　第二节　坚持精神价值追求主导性与多样性的统一 ……（204）
　第三节　改革和发展精神价值追求的教育方式 …………（220）

参考文献 ……………………………………………………（228）

后　记 ………………………………………………………（236）

引 论

一 问题的提出及研究意义

1. 问题的提出

社会发展离不开青年的发展，青年发展的关键是精神价值追求的形成与发展。当代青年精神价值追求研究，既是社会发展所需，也是青年发展所向，更是精神发展所求。

第一，社会发展所需

新中国自成立特别是改革开放以来，为人类社会演绎了一场波澜壮阔的巨大变迁，走过了其他国家几百年的发展历程，造就了令世界瞩目的"东方奇迹"。新加坡《联合早报》刊登的《世界改变中国 中国改变世界》一文指出："中国经济发展经历了三个阶段。第一个阶段是对外开放，让世界进入中国；第二个阶段还是对外开放，但中国开始走向世界；第三个阶段依然是对外开放，中国已经开始改变世界了。在这三个阶段中，开放政策始终不变，但开放的结果却变而又变，使中国变得更加发展、更加强大了。"[①] 当然，中国社会在发展的同时，也出现了很多发展中的问题。比如物质在不断丰富，但精神显得式微；科技在快速发展，人文却受到挤压；经济在高歌猛进，精神家园有些失落。面对高物质、高科技、高经济的迅速发展，高精神、高人文、高情感步伐似乎有点滞后。人们日益增长的精神需求在现代社会中何以满足？中国经济的持续发展的动力来源何方？中华民族的综合竞争力如何提高？在21世纪

---

① 转引自新华网：《惊人的跨越——新中国60年经济发展述评》，2009年8月9日。

的知识经济时代，学者们认为文化将成为统合经济和政治的核心力量，文化软实力将成为社会发展的前进动力。

文化软实力是一个国家的文化资源及其软性运用过程中所产生的维护国家利益、实现国家战略目标的能力，是一个国家整体软实力的重要组成部分，通常表现为一个国家文化的吸引力、同化力和感召力等。[①] 2014年2月24日习近平总书记在主持中共中央政治局第十三次集体学习时发表讲话指出："核心价值观是文化软实力的灵魂、文化软实力建设的重点。这是决定文化性质和方向的最深层次要素。一个国家的文化软实力，从根本上说，取决于其核心价值观的生命力、凝聚力、感召力。培育和弘扬核心价值观，有效整合社会意识，是社会系统得以正常运转、社会秩序得以有效维护的重要途径，也是国家治理体系和治理能力的重要方面。历史和现实都表明，构建具有强大感召力的核心价值观，关系社会和谐稳定，关系国家长治久安。"一个社会要有精神支柱，一个国家要有发展方向。社会主义核心价值观是中国特色社会主义的价值目标，是引领当代中国发展进步的精神旗帜。富强、民主、文明、和谐是国家发展的价值理想，明确了我国将走什么样的道路，为什么目标而奋斗；自由、平等、公正、法治是社会发展的价值导向，指明了我们要建设一个什么样的社会，这样的社会应该坚持什么样的理念；爱国、敬业、诚信、友善是每个公民所应遵循的道德准则，明确了我们要培养什么样的公民，这样的公民应当具有怎样的理想追求。按照党的十八大精神，我们要坚持以社会主义核心价值观为根本，建设中华民族共有精神家园，在全社会形成坚定的理想信念和正确的价值观念，激发强大的民族凝聚力和创造力，实现中华民族的伟大复兴。因此，针对社会发展所面临的高物质与高精神、高科技与高情感不平衡的问题，如何增进社会发展的动力，必须加强对精神价值的研究。

第二，人之发展所向

人是自然性、社会性与精神性的存在物，是物性与神性的统一，人是一种精神性的存在。正因为人有思想，人才不仅存在，而且意识到自身的存在，并把自身的存在当作问题进行研究。因此，人的存在不止是

[①] 孟亮：《大国策：通向大国之路的软实力》，人民日报出版社2008年版，第50页。

有世俗的一面，更有超越的、精神性的一面，人总是在追寻生活的意义。在不断追寻的过程中，人超越了"单一的颜色"、超越了"凝固的时空"、超越了"存在的空虚"、超越了"两性的残缺"、超越了"喧嚣的孤独"、超越了"彻底的空白"[①]，创造了属人的意义世界。在物质与科技高度发达的今天，人们用于从事精神思考、精神享受、精神发展的时间将会更多，对精神生活的要求也将愈来愈高。物质生活愈是丰富，愈是需要人们付出更多的心力去从事精神活动的创造。高度发达的物质生活虽然为精神生活提供了基础，但它并不能直接替代精神生活的丰富、提高和发展，精神生活同样需要人们关注和创造，否则就会出现精神失落、精神颓废、精神失衡。人们只注重功利、眼前、物质与工具价值追求，就会淡化人文、长远、内在的精神价值追求。在一个越来越被技术统治的社会里，在一个片面追求经济价值、科技价值的取向中，人就会变成"经济人""工具人""虚无人"。

当代青年成长于如斯环境中，一方面对理想的追求、对自身的超越、对意义的追寻是他们成长的内在诉求；另一方面，有些人也不自觉地卷入"急功近利"的漩涡，有的甚至"告别崇高"，精神呈现低俗、媚俗、庸俗的状态。如何认识和处理崇高精神的理想性渴求与现实性缺失的矛盾，促进当代青年的健康成长，这些都需要切实加强当代青年的精神价值追求问题研究。

第三，精神发展所求

随着改革开放的深入推进，经济体制深刻变革，社会结构深刻变动，利益格局深刻调整，思想观念也发生了深刻变化。多种思想文化相互激荡，即先进文化与落后文化、有益文化与腐朽文化并存，正确思想和错误思想、主流意识形态和非主流意识形态相互交织，影响着青年学生的判断与选择。多种思潮如拜金主义、消费主义、女权主义、利己主义、相对主义、民主社会主义、新自由主义、后现代主义、文化保守主义、历史虚无主义等的不断消长，冲击着青年的思想活动，不可避免地带来了一些不容忽视的问题。有的青年受后现代主义和虚无主义的影响，在精神上产生了一种流浪意识，缺乏明确目标，甚至出现了"价值真空"

[①] 孙正聿：《属人的世界》，吉林人民出版社2007年版，第2—5页。

状态；有的青年受拜金主义和消费主义影响，价值信仰日趋世俗化和功利化，他们戏谑庄严、躲避崇高、褒扬庸俗、膨胀自我，追求感官刺激和当下满足，出现了"价值平面"状态；有的青年受相对主义的影响，否定认识与存在的相对稳定性和确定性，而推崇不确定性和多元性，从而失去了评价标准，抹杀了正确与错误、真理与谬误、先进与落后的区别与对立，在多元文化中迷失了方向，出现了"价值茫然"状态。

如何走出价值真空、消除价值平面、摆脱价值茫然，需要我们正视问题，透视现象，引导当代青年树立正确、健康、科学的精神价值追求。历史实践表明，社会变革越是艰苦卓绝，就越需要统一思想；思想文化越是纷繁芜杂，就越需要主旋律。

2. 选题研究的意义

研究当代青年的精神价值追求是当今时代一个重大而现实的课题。本课题以当代社会为背景，以马克思主义唯物史观为指导，研究青年精神价值追求的新问题、新发展，具有重要理论与实践意义。

第一，理论价值：促进思想政治教育学科理论发展

思想政治教育以人为实践对象，其目的在于提高人们的思想政治素质，帮助人们形成正确的理想信念，调动人的积极性、主动性、创造性。思想政治教育学科自20世纪80年代中期建立以来，短短30多年来实现了跨越式大发展。在我国建设富强、民主、文明、和谐的社会主义实践进程中，思想政治教育面临一系列重大理论与实际问题的挑战。新时代，要提高思想政治教育的水平，必须加强思想政治教育学科的建设与发展。思想政治教育学科研究，要着重于当前重大理论与现实问题，特别是大学生在成长过程中所遇到的实际难题的研究，这既是实现思想政治教育学科价值的需要，也是深化与完善学科体系的根本途径。[1] 思想政治教育当前所面临的主要课题和难题之一就是价值观教育的课题，即要解决社会竞争日趋激烈情况下精神价值追求自发性淡化与精神价值需要自觉性强化的矛盾。[2] 这是社会现实矛盾所引发的，是思想政治教育学科理论发展需要深入研究的问题，也是思想政治教育实践中突出存在而又亟待解

---

[1] 郑永廷：《思想政治教育学科研究重点与难点辨析》，《思想教育研究》2007年第5期。
[2] 郑永廷：《高校思想政治教育面临的时代性课题》，《中国高等教育》2003年第21期。

决的现实课题。

因此,研究精神价值追求的基本概念,探究精神价值追求的现象和本质,探求精神价值追求形成、发展的特点和规律,有助于深化和突破思想政治教育重要基础理论问题的研究。此外,以基础理论为指导,在社会开放性扩大、流动性加强、信息化加速以及机遇与风险增加的当代社会,探索当代青年精神价值追求的引导途径和方式,有助于发挥思想政治教育的职能优势,促进人的精神成长。所以,加强对精神价值追求的系统、深入研究,对促进思想政治教育学科的基础理论与应用理论发展有一定的价值。

第二,实践价值:增强社会凝聚力和个人竞争力

随着改革开放的深入推进和市场经济的高速发展,我国社会经济成分、组织形式、就业方式、利益关系和分配方式日益多样化,进入到所谓"改革疲劳期",各个利益集团进一步分化,各种社会矛盾日益凸显。有些社会主体与个体呈现自发性、分散性、个体性趋向,往往受自身利益的驱使,追求有形的、具体的、眼前的、可量化的物质利益,忽视甚至漠视精神的、政治的、道德的因素,用物质价值替代精神价值,难以寻找到精神与物质的平衡点,有时不顾国家政治、法律、道德规范,甚至冲击政治、法律、道德所容许的范围,扰乱了社会秩序。在日益开放的环境中,国外的各种理论、思潮、生活方式蜂拥而至,人们的思想空前活跃,意识形态领域已不再封闭。意识形态领域的多元化使各种文化、思想相互交织、激荡,人们的思想更加复杂多样,选择的领域越来越广。有的人在意识深处崇尚西方,对西方文化持"仰视"态度,从而对外来新鲜事物盲目接受,缺乏明确的、稳定的、正确的价值判断标准。如果在一个社会的发展过程中,社会主流思想意识受到非主流思想意识的冲击,其主导地位逐步被削弱,那么社会的稳定性和向心力也将减弱,民族亲和力和社会凝聚力的思想基础就会被动摇。如果在一个人的发展过程中,价值追求物质化,理想信念世俗化,那么他就会在扑朔迷离的社会生活中迷失自我,在复杂激烈的社会竞争中放弃自我。

因此,引导青年坚持正确的精神价值追求取向,确立精神支柱,丰富精神世界,提升精神境界,是社会与青年的现实需要。用主导的、共同的精神价值,整合资源、凝聚意志、形成共识、提振精神,可以有效

地促进青年的情感交流和价值认同，增强青年之间的内聚力和凝聚力，维护人际关系和社会的安定与和谐，为社会与青年的发展注入强大的精神动力。

二　研究文献综述

（一）国外研究情况

精神价值研究的兴起与物质生活的丰富、科技的迅猛发展有直接的关系，由于西方走在经济现代化发展的前列，因此对精神价值的关注与研究起步也相应较早。随着近代科学技术在生产实践中所取得的巨大成功，人们沉浸在科学技术带来的物质生活享受的同时，也对科学知识推崇备至。科学技术不仅成为物质生产的决定性因素，同时对精神领域产生广泛而深刻的影响。在西方国家，不少人认为科学技术可以解决一切经济技术和社会人文问题，包括消除科学技术发展产生的负面的影响，也还得靠科学技术的进一步发展。这就是所谓的科学技术主义，它在西方社会支配人们的价值观念，使工具理性逐渐取代了价值理性，科学的发展呈现出一种崇尚功利，追求效用的趋向。这种崇尚功利，追求效用的倾向，只关注眼前的物质利益，忽视对人本身精神世界的追求和满足，对人的生存和发展造成极为不利的影响。在这个背景下，西方部分学者对此进行了深刻的剖析和有力的批判。

1. 浪漫主义的人文主义

西方在十七八世纪进入了一个技术高速发展的工业革命时期，盛行着一种人类征服大自然的强烈冲动。科学技术的发展创造了巨大的生产力，改变了人们的生活方式和内容。人们普遍崇尚科学技术，相信科学技术将给人类带来美好的未来。然而，人们发现，在对外部世界的攫取过程中，工业文明把人束缚在机器系统中孤零零的断片上，现代技术变成了异己的客观力量窒息着人的价值与意义。这时为拯救被技术主义淹没的人的灵性，浪漫主义的人文主义应运而生，卢梭无疑是第一位先驱者。卢梭深刻地指出，处于非健全社会中的科学和艺术是被异化了的，"我们的灵魂正是随着我们的科学和我们的艺术之臻于完美而越发腐败的"。"随着科学与艺术的光芒在我们的地平线上升起,德性也就消逝了。"① 从宗教的束缚下解脱出来的理性逐渐丧失了它的批判和解放功能,被局限在工具理性的层面,人被绝对化的技术理性所统治。"我们的风尚流行着一种邪恶而虚伪的一致性,每个人的精神仿佛都是在同一个模子里铸出来的。"② 因此,卢梭公开反对科学技术,对工业文明进行了直接而有力的批判。因此,浪漫主义的人文主义通过突出人的个性与情感,为当时充斥着冷冰冰的、机械的理性原则的社会注入了新的活力,但也因过度张扬个性与情感而引发个人主义的膨胀。

2. 意志主义的人文主义

19世纪曾被称为科学技术世纪,现代技术文明得到极大发展,但并没有带来过去所颂扬的自由、平等、博爱。因此,承继浪漫主义的人文主义的传统,现代非理性主义的人文主义在19世纪中叶产生了。他们坚持以人的主观意识、人的自我意志为本体,反对理性,反对普遍的机械化、功利化的倾向,试图在一个技术图景化的世界呼唤生命力的张扬。叔本华认为意志高于理性以及以理性为基础的知识。"知识整个地说是……作为意志为满足因维持他的多种需要而有的复杂目的的工具。因此,知识完全是服从意志的。"③ 尼采进一步发挥了叔本华的"反理性主义"思想,把"权力意志"当作生命的本源。"这个世界就是权力意志"④,人只按自己的意志来行动。尼采还认为,对一切知识的占有与对科学的追逐应该放弃,并提出对"一切价值的重估"。意志主义的人文主义极力宣扬人的主体性、主张激扬人的强大的生命意志等主观精神因素,并对机械理性主义对人生命力的扼杀和科学万能价值观进行猛烈抨击,这推动人们对科学主义对人的发展引发的消极影响进行全面、深刻的反思,但意志主义把意志提到精神的首位,并视之为存在的最高原则,使人的意志凌驾于客观规律之上,这必然导致主观唯心主义,也促使西方社会逐步转向个人中心主义。

---

① [法]卢梭:《论科学与艺术》,商务印书馆1963年版,第11页。
② 同上书,第9页。
③ 全增嘏:《西方哲学史》下册,上海人民出版社1985年版,第410页。
④ 洪谦主编:《西方现代资产阶级哲学论著选辑》,商务印书馆1964年版,第24页。

3. 新康德主义的价值哲学

康德看到文明的进步和知识的发展，不仅腐化了人类的健康体制，而且也腐化了人类的真挚情感。知识和理性并不能使人为善，"文明的所有美德都自有其'价值'（Value），但是这种'价值'并不足以保证它们有真正的'尊严'（Dignity）"①，仅靠知识、科学和外在的法制建不成理想的社会，科学技术作为实现人的目的的工具，必须有道德和信仰的价值指引。康德道德价值概念的提出，标志着价值由最初作为经济学的概念走入了哲学的研究领域。康德之后，洛采把"意义"引入哲学，价值就是意义的标准，进一步把价值和意义概念置于思想的中心地位。"自从洛采突出了价值概念的地位，许多有关作为一种系的基本的哲学科学的'价值理论'以及被设想出来。"② 后来的文德尔班和李凯尔特继承并发扬这种学说，李凯尔特对自然科学与人文科学进行了划界。他把科学分为"自然科学"与"文化科学"两大类，自然科学与文化科学在本质上和方法上是根本对立的。他认为："在经验的文化科学中，不确定性是如此之大，以至文化科学甚至于往往必须反对把自然科学方法宣称为唯一有效的方法。"③ 与"科学主义"相对的"人文主义"的出现，引发了两种思维方式、话语模式、研究范式各异的学科领域的纷争与对立。新康德主义的价值哲学重视价值问题的研究，并区分了自然科学与文化科学，但他们认为事实从属于价值，价值观念由主观情感和意志决定，则否定了自然科学的真实性，这也是一种唯心主义的价值哲学。

4. 生命哲学的价值观

生命哲学是在19世纪末叶发展起来的一种人文主义思潮，矛头指向仍是科学与理性。德国哲学家狄尔泰提出了一个与自然科学相对应的精神科学的概念。在狄尔泰看来，精神科学也就是我们通常所谓的人文社会科学，与自然科学有着不同的研究对象和研究领域。把人文科学自然科学化，是对活生生的生命的抹杀，是对人生的意义和价值的否定。奥

---

① ［德］卡西尔：《卢梭 康德 歌德》，生活·读书·新知三联书店2002年版，第13页。
② 杜任之主编：《现代西方著名哲学家述译 续集》，生活·读书·新知三联书店1983年版，第35页。
③ ［德］H.李凯尔特：《文化科学和自然科学》，商务印书馆1986年版，第7—8页。

伊肯在《生活的意义与价值》这部著作中，针对当时西方世界"物质繁荣，而精神贫乏"的现状，表达了自己的忧虑和思考。1908年奥伊肯在诺贝尔颁奖会上说："人们过分专一地投入劳作，其结果会使我们赢得了世界失去了心灵。""现实主义文化"一方面关心生活的外部状态，而忽视人们的内心生活；另一方面又把人封闭在狭隘的世俗范围内，使人与广阔的宇宙相隔绝，进而使人陷入"社会生存情绪激奋而精神贫乏的疯狂漩涡"。在他看来，人类要克服这些问题，就必须重视精神世界的开发，否则人类将继续沉沦。

5. 法兰克福学派的社会批判

自从进入20世纪以来，科学技术的迅猛发展带来了物质层面的普遍繁荣和社会的极大进步，极大地改善了人们的物质生活，然而，科技的发展并非意味着幸福、享乐和希望，它也给人们带来了忧愁、痛苦和危机。由于科学技术的极端功利主义，片面追求经济利益原则，导致技术理性膨胀，人的价值理性的失落，偏离了人的根本目的，由此产生一系列严重后果。法兰克福学派把自己的理论称之为"社会批判理论"，对技术的批判就是其核心。在霍克海默和阿多尔诺看来，工具理性关心的是手段的适应性，工具理性实质上就是导致现代技术兴起的理性，并且技术理性渗透到文化中，使大众丧失对现实的批判能力。"今天，技术上的合理性，就是统治上的合理性本身。它具有自身异化的强制性质"，[①] 科学技术已经成为全面统治人的异己力量。马尔库塞认为技术的发展扩大了对人的奴役范围，"技术也为人的不自由提供充分的合理化，并且证明自主及自己决定自己命运在'技术上'是不可能的。因为这种不自由既不表现为反理性，也不表现为策略，倒是表现为对增加生活舒适和提高劳动生产率的技术机器的屈从。于是技术理性维护而不是取消统治合法性，而理智工具主义视界通向一个理性极权主义社会"。[②] 科学技术不再是中性的，在合法性的外观下，变成了一种操纵和统治力量。这种技术统治取代了传统的政治统治，由于物质享受的满足，使人们丧失了反抗精神，与现存制度一体化，没有了精神上的自由。人的价值观、理想、感情的灵

---

① ［德］霍克海默、阿多尔诺：《启蒙辩证法》，重庆出版社1990年版，第113页。
② ［德］马尔库塞：《单向度的人》，湖南人民出版社1988年版，第3—4页。

性都已被社会流行的模式所规范,因为物质的满足控制了人,从而物质上的满足变成了精神上的牢笼。哈贝马斯则通过揭示科学技术向意识形态的转变来展开他的科学理性批判思想,在《作为"意识形态"的技术与科学》一文中认为,技术和科学在今天具有双重职能,它们不仅是生产力,而且也是意识形态。在"晚期资本主义"社会,技术和科学本身以普通的实证论思想的形式,表现为技术统治的意识,代替被废除了的资产阶级意识形态的意识形态。技术作为"新的意识形态",具有控制、操纵意识的功能,一切意识形态都是"公开的谎言""大众的欺骗""集体性迷惑的工具",使人们失去自主性而成为"工业文明的奴隶"。但是他主张人与人之间通过温和的语言交往而非暴力革命解决问题,寻求和平共处,恢复生活世界的人性,这种愿望带有明显的理想主义色彩。

6. 存在主义

在两次世界大战对人类造成了巨大的创伤,经济危机席卷整个资本主义世界,人的生存与价值面临严重威胁的境地下,存在主义出现了,它以人的存在状态及存在意义为主题,从个人存在来解释现实世界。"人,诗意地栖居在大地上",海德格尔非常喜欢荷尔德林的这句诗,是因其道出了生命的深邃与优雅。然而,在技术社会,"人变成了被用于高级目的的材料",人们忘却了存在,沉溺于现代技术的控制,不思了,人的本质就失落了。但正是在现代技术所导致的危机的最后时刻,人类通过沉思和想象,最终走出危机的希望也应运而生。萨特则非常强调人的主体性,强调人的超越性。他认为人的超越活动是人对价值的追求过程,是由"自为的存在"向着"自在的自我"和"自为的自我"进行的,最终人就成为"自在自为"的存在物。他们强调人的精神作用,追求人的自由本质,反抗科技主义,对人文主义的发展有推动意义,但他们过于关注个体精神而忽略外在物质因素等,不可避免具有主观唯心的特征。

可见,在社会发展过程中,对科技至上的思潮和物质主义的思潮所导致的社会文化危机和人的精神危机,从现代技术产生之日起,人文学者们就对其展开了激烈的批判,他们从最初的完全否定到后来的设法调和,从理论向度的批判到实践路径的探索,虽然各个流派都有其局限性,但都在尽力抑制科学技术主义思潮,其目的就在于通过人文主义精神的张扬,以确立一种能够驾驭技术理性的价值理性。这对我们研究当代物质浪潮中的中国社会的精神价值追求提供了理论支撑与动力。

(二) 国内研究情况

20世纪70年代末80年代初，伴随着实践标准讨论和思想解放运动的深入，我国学界开始了人的主体性问题的研究，当代中国的价值哲学研究于此兴起。1985年10月，李连科的《世界的意义——价值论》出版，这是当代中国第一部价值哲学专著。1986年，李德顺以《价值、真理、自由——马克思主义价值论引论》的论文通过博士论文答辩，翌年以《价值论——一种主体性的研究》为名出版。1989年出版了王玉樑的《价值哲学》，王克千的《价值之探求——现代西方哲学文化价值观》。1991年后价值论著作主要有李连科的《哲学价值论》、袁贵仁的《价值学引论》、马志政的《哲学价值论纲要》、王克千的《价值是什么——价值哲学引论》、王玉樑的《价值哲学新探》、门忠民的《价值学概论》、李德顺的《价值新论》、李德顺与马俊峰的《价值论原理》、江畅与戴茂堂的《西方价值观念与当代中国》《传统价值观念与当代中国》、冯景源主编的《西方价值观透视》、李嗣水与刘森林的《现代价值观念的追求》、漆玲与赵兴的《价值观导论》、胡振平的《市场经济与价值观》、兰久富的《社会转型时期的价值观念》等。中国近年来对人的主体性与价值哲学的研究为精神价值研究奠定了良好的理论基础，为人们提供了观察理解价值问题的基本视角和方法。随着改革开放的深入与市场经济的发展，围绕着人的精神价值的研究也日渐兴起。

1. 关于精神价值的概念与内涵研究。李连科从多方位多角度对价值进行了梳理：依照主体需要即物质需要和精神需要的不同，将价值分为两类：物质价值与精神价值，并把人自身的价值单独列出。在物质价值中，依照它是自然形成还是人工创造的，分为自然价值和经济价值；精神价值是相对于物质价值而言的，它是指客体（自然、社会、精神产品）同人的精神文化需要的关系，精神价值可根据满足主体不同方面的精神需要而分成知识价值、道德价值和审美价值、宗教价值。[①] 李德顺则进一步从需要的角度对精神价值进行划分，他认为人的精神需要，可以分作

---

① 李连科：《价值哲学引论》，商务印书馆1999年第1版，第192、241页。

两个方面：现实的需要和发展的需要。事物能满足人精神上的各种现实需要，就有"精神享受价值"；能满足人精神上的发展需要，就有"精神生产价值"。①王逊认为人的精神价值是人与人之间对待满足自己精神需要的对方的精神关系，实质上是社会对待满足其精神需要的个人的精神关系。它也包括三大方面：第一，人的精神活动能力；第二，社会对个人精神利益的一定尊重和满足，以及个人对精神利益的享受和消费；第三，人们为社会创造的精神财富。②

2. 关于精神价值的特点研究。郝登峰认为与物质价值相比，精神价值具有如下特点：（1）从价值功能上看。精神价值是直接满足人的精神需要；（2）从价值属性和形态上看。精神价值是无形价值；（3）从价值大小来看。精神价值是无价的，不能用一定量的物质或货币来衡量其大小；（4）从价值的时间看。因为精神价值不随对象的被消费而消失，因此，精神价值具有长久性、无限性；（5）从价值的效用看。由于精神消费具有雅俗高低之分，因而精神价值具有积极的和消极的两种效用。③

3. 关于精神的地位和功能研究。李德顺谈到一个民族要走向现代化，实现文化心理状态的现代化是深层的要求。这种文化心理状态包括价值观念、思维方式、民族性格和生活方式的各个方面。当今世界几大发达国家的腾飞无不依赖奋进的民族精神。转型期的中国急需为价值失落中的人们找到有力的精神支撑。④王一多着重指出精神价值是人类文明的基石与支柱和社会进步的原动力。王业祯认为精神价值的功用是物质价值所不能替代的。首先，精神价值是伴随人类生活的高级需要；其次，精神价值是推动价值创新的力量源泉；再者，精神价值是传承社会文明的基本途径。⑤虞友谦认为"现代化"是人类精神价值诉求与物质实践互动增进的过程，甚至可以认为是精神价值诉求通过种种物质经济的运作方

---

① 李德顺：《新价值论》，云南人民出版社2004年版，第102页。
② 王逊：《略论人的物质价值和精神价值及其统一》，《怀化师专学报》（社会科学版）1985年第2期。
③ 郝登峰：《当代精神价值的特点及其地位和作用》，《中州学刊》2001年第4期。
④ 李德顺：《新价值论》，云南人民出版社2004年版，第272页。
⑤ 王业祯：《精神价值的特性及其社会效益》，《江西社会科学》2003年第6期。

式不断得以提升并实现的过程。精神价值是现代化的灵魂。①郑永廷认为精神文化具有价值取向、精神动力、民族凝聚作用，是综合国力的标志。当代精神文化，伴随着经济与科技的发展，呈现出张扬与彰显的发展趋势。科学文化与精神文化对人的发展同等重要；物质价值与精神价值在当代协同共进，人的全面发展，是物质生活的全面发展与思想和精神生活的全面发展的高度统一。②廖小琴认为在现代社会，伴随着经济与科技的相互促进，经济、政治、文化的渗透发展，精神生活的价值在整个社会发展与人的发展中不断呈现张扬与彰显的趋势。③

4. 大学生精神生活状况的研究。郑州大学葛操所负责的河南省"九五"哲学社会科学规划项目《大学生精神生活与价值观形成的调查研究》表明当代大学生的精神生活现状表现在如下几个方面：精神生活渴求丰富充实，但现实结果却不尽如人意；精神生活的层次较高，创造性活动增多；精神生活中个性化倾向突出；精神生活中功利与情感并重，低俗与高雅共存；浮躁的思想渴望宁静的家园中的部分内容。李杰认为大学生的精神困境主要表现为理想信仰的迷失、价值观的物欲化倾向、道德的冷漠化倾向以及心理困境等。④郁顺华、毕玉芳认为在经济全球化、社会市场化、生活数字化的今天，大学生对精神需求具有独立性、差异性、矛盾性、多变性和功利性等新特点。⑤

5. 当代青年价值追求的原因及特点研究。吴鲁平：《市场经济条件下中国青年的价值取向、问题及其对策》，《青年研究》，1994年第1期；吴焕文：《社会转型期青年价值取向的失衡与重建》，《山东医科大学学报》（社会科学版），1995年第2期；郭海燕、田小丹：《试论当代中国青年价值取向的特点》，《首都师范大学学报》（社会科学版），2004年第6期；田绪永：《透视当代青年价值取向的多元化》，《中国青年研究》，2005年第5期；王雯娜：《当代青年之困：价值取向与行为选择的脱节》，《青年探索》，2009年第9期；武亚珍、陈荣武：《浅谈草根文化对90后青年价值取向的

---

① 虞友谦：《提升现代化的精神价值诉求》，《学海》2003年第4期。
② 郑永廷：《论当代精神文化的发展与价值》，《中国高教研究》2002年第5期。
③ 廖小琴：《论现代社会精神生活的价值彰显》，《理论与改革》2007年第2期。
④ 李杰：《大学生的精神困境与理想人格的确立》，《湖北社会科学》2008年第12期。
⑤ 郁顺华、毕玉芳：《大学生精神需求与思想政治教育》，《江苏高教》2008年第5期。

影响》,《当代青年研究》,2013年第1期;吴鲁平、杨飒:《从流行音乐看青年的后现代价值取向》,《青年探索》,2013年第1期;陈爱华、袁勇睢:《选择性困惑:新媒体时代青年的价值取向》,《中国青年研究》,2016年第5期;彭红艳、万美容:《当代青年价值取向物质化现象的成因及效应》,《中国青年研究》,2017年第4期等诸多学者结合时代特点研究当代青年的价值变迁,认为市场经济、移动互联网及中国社会环境的大变革对青年价值追求影响非常大,并且从人生价值追求、政治价值取向、婚恋价值取向、道德价值取向几个方面进行了考察与研究,得出青年价值追求呈现多元性、开放性、群体性、多变性、务实功利性、过渡性等特点。

随着世界经济和社会生活的迅速变化,大众的价值观念也处在急剧变化的过程中。当代青年问题愈来愈明显和突出,"80后"作为一个"代"概念刚刚提出,就又遇到了"90后"的挑战。整个社会、社会的各个方面都真正遭遇到了急速变化、永不安定的状况。正像马克思当年所说的那样,"生产的不断变革,一切社会状况不停的动荡,永远的不安定和变动"[1],如何实现当代青年的精神价值认同及精神生活水平的提升?国内对此研究由于起步晚,这些随着时代的发展提出的新问题亟待解决。

综上,精神价值的相关研究可以说引起了国内外学者普遍而广泛的关注,但仍存在一定的不足之处。一是关于精神价值的系统研究明显不足。与精神价值直接相关的研究仅散见于十多篇论文及几本著作当中,还没有见到相应的专著;二是关于精神价值的具体而深入的研究不够。目前的研究基本停留在从宏观角度探析精神价值的重要性,对于精神价值的结构、层次、要素、规律没有进行深入探讨;三是关于精神价值追求与导向的现实研究还欠缺。价值观研究虽然由来已久,但具体到其中的精神价值追求与导向研究则少见。因此,前人的研究为本课题的研究奠定了良好的基础,其局限与不足也为本课题研究留下了充足的空间。

三 研究的思路与方法

本研究围绕三大问题开展,一是时代的要求与当代社会精神价值的

---

[1] 《马克思恩格斯选集》第1卷,人民出版社1995年版,第275页。

彰显，即"在当今时代条件下精神价值为何愈来愈重要"；二是精神生活的现实表现及原因分析，即有些青年学生"为何漠视精神价值"；三是如何解决现代精神价值认同与精神生活的提高问题。围绕这三个问题，笔者以马克思主义和马克思主义中国化的成果为理论依据，对问题进行深刻的剖析，探明原因并力图对精神价值体系进行构建，最后再寻找与我国的具体实际情况相适应的解决问题的对策。总的来说，本课题的研究遵循"从实践中来，到实践中去"的认识路线，即"实践——理论——实践"，在实践的发展过程中提出问题，寻找理论依据，探索理论体系，进行理论分析，最后回到实践，应用于实践。

据此，本研究主要分为三大部分：

第一部分：理论研究部分。这一部分包括引论、第一章（精神价值追求的内涵与外延）、第二章（精神价值研究的理论基础与知识借鉴）、第三章（精神价值追求的层次与作用）。在引论部分提出问题之后，本研究阐述了马克思主义以及马克思主义中国化成果的理论依据，马克思主义精神价值理论是指导精神价值追求研究的科学依据，另外还借鉴和吸收了中西方哲学、管理学、心理学领域关于精神价值理论的研究成果，对主要概念及相关概念进行了界定与比较，确定了精神价值追求的内涵与外延。在此部分，笔者还分析了精神价值追求的要素、结构和功能，为精神价值追求提供比较全面的范式。

第二部分：问题研究部分。这一部分包括第四章（当代青年精神价值追求的背景与发展）、第五章（当代青年精神价值追求的特点）、第六章（当代青年精神价值追求的时代课题）。围绕"在当今时代条件下精神价值为何愈来愈重要"与"当代有些青年为何漠视精神价值"开展探索，对精神价值追求的背景与发展、特点与趋向进行系统概括，对当代青年精神价值追求的时代课题进行深刻剖析。因此，本部分是本研究的重点，其中当代青年精神价值追求的特点与时代课题研究是研究难点，也是本研究力争创新的内容。

第三部分：对策研究部分。这一部分包括第七章（当代青年精神价值追求的教育与引导）。本部分又回到实践，着力于在实践中探索当代青年精神价值导向的目标以及具体引导的途径、方式、方法。通过这些研究，更好地发挥思想政治教育在培养人、开发人、塑造人的作用，为促进青年的全面发展做贡献。

本课题采用的研究方法主要有：

1. 辩证唯物主义和历史唯物主义分析法。辩证唯物主义和历史唯物主义分析法是马克思主义的方法论，它是关于自然、社会和人的思维发展的最普遍规律的科学，是一切社会科学研究的方法论基础。由于精神价值涉及因素多、矛盾关系复杂，特别是在开放环境、多元文化、信息社会、市场经济体制条件下，只有把人的精神价值追求放到这时代背景中去考察，才能科学、合理分析这些矛盾，有效驾驭精神价值的发展趋势，把握精神价值的主流。本课题将充分运用事物的普遍联系和相互作用的观点、事物的发展变化观点、事物本质和现象等辩证统一观点来分析认识当前青年精神价值追求的现状，寻求新时期对青年价值追求引导的有效途径和方法。

2. 文献调查与实证调查研究方法。社会调查的主要目的在于收集充分的一手数据以解决研究的问题，研究方法服从和服务于理论研究。本课题采用的是问卷调查与访谈调查。在教育部人文社会科学重点研究基地重大项目《现代人的精神生活质量与规律研究》课题中，面向广东省、上海市、湖北省、黑龙江省、广西壮族自治区等省市的青年大学生、青年教师、青年干部、青年职工展开抽样调查，获取了关于当代青年精神生活状况的一手数据。

3. 系统论方法。系统论是建立在现代科学技术基础上的综合性的理论和方法。现代人的精神价值追求多样，涉及的因素复杂多变，要全面认识和把握其现状，只能从整体上运用系统论方法开展研究，包括研究精神价值的要素、结构与功能等。并且将运用霍兰 CAS（复杂适应系统）理论分析影响当代青年精神价值追求的系统因素。

4. 比较研究方法。比较是认识事物的基础，是认识、区别和确定事物异同关系的最常用的思维方法。比较研究法是一种重要的研究方法。研究的当代青年精神价值追求，就会涉及不同时期青年精神价值追求和同一时期不同青年的精神价值追求的比较问题，运用比较方法的目的是为了寻找当代青年精神价值追求的特点，确立精神价值追求的发展方向，提升青年的精神价值追求。

第 一 章

精神价值追求的内涵与外延

相对于物质和物质价值，精神和精神价值的内涵与外延极其丰富，古今中外学者从不同角度进行诠释，极大地丰富了精神价值的内涵，并通过不同的方式方法去拓宽精神价值的外延。

第一节 精神与精神价值

对精神价值的概念进行分析，首先要对"精神""价值"的内涵进行剖析。

一 精神的界定与含义

"精神"原意指"轻微的风动，轻薄的气流"，但对其进行界定与内涵阐述，却是百家争鸣、众说纷纭。

（一）中国文化中的精神

精神这一概念，在我国古已有之，其用意与用法多样，内涵十分丰富，一是指人的精气、元神，相对于人体形骸而言。《吕氏春秋·尽数》中讲道："圣人察阴阳之宜，辨万物之利以便生，故精神安乎形，而年寿得长焉。"[1] 汉代的王符曾言："夫人之所以为人者，非以此八尺之身也，乃以其有精神也。"[2] 元朝的揭傒斯说："精神与时息，形质随日化。"[3]

---

[1] 张双棣译注：《季春纪·尽数》，《吕氏春秋》，中华书局 2007 年版。
[2] 汉·王符：《潜夫论·卜列》，上海古籍出版社 1987 年版。
[3] 元·揭傒斯：《中国古典文学丛书：揭傒斯全集》，上海古籍出版社 1985 年版。

二是指人的意识。《史记》记载:"道家使人精神专一,动合无形,赡足万物。"① 清代的刘大櫆在《见吾轩诗序》中写道:"文章者,古人之精神所蕴结也。"② 孙中山先生也对精神下了定义:"至于精神定义若何,欲求精确之界限,固亦非易,然简括言之,第知凡非物质者,即为精神可矣。"③

三是指事物的实质,要旨,精微之处。宋朝王安石在《读史》诗云:"糟粕所传非粹美,丹青难写是精神。""各部尚书,出则为各部长官,入则为参预政务大臣,与外国内阁官制,其精神固无异也。"④ "只顷刻间,而仍可借一斑略知全豹,以一目尽传精神。"⑤

四是指精力体气。"劳矣箕子!尽其精神,竭其忠爱。"⑥ 宋代著名女词人李清照在《〈金石录〉后序》中写道:"(赵明诚)始负担拾舟,坐岸上,葛衣岸巾,精神如虎,目光烂烂射人,望舟中告别。"⑦《红楼梦》第五十五回:"王夫人便觉失了膀臂,一人能有多少精神?凡有了大事,就自己主张;将家中琐碎之事,一应都暂令李纨协理。"

五是指人或物有生气。"伯仁仪容弘伟,善於俛仰应答,精神足以荫映数人。"⑧ 宋朝范成大《再题瓶中梅花》诗:"风袂挽香虽淡薄,月窗横影已精神。"《红楼梦》第四十九回:"十数枝红梅,如胭脂一般,映着雪色,分外显得精神,好不有趣。"老舍的《骆驼祥子》:"连大气也不出的夏先生也显着特别的精神。精神了两三天,夏先生又不大出气了。"

六是指心神、神志。战国时期楚国的宋玉在《神女赋》中说道:"精神恍忽,若有所喜,纷纷扰扰,未知何意。"⑨《北齐书·废帝纪》:"文

---

① 吴忠匡编注:《史记·太史公自序注说会纂》,黑龙江人民出版社 1985 年版。
② 冯骥才:《中华散文精粹·明清卷》,作家出版社 2006 年版。
③ 孙中山:《孙中山全集》下卷,人民出版社 1957 年版,第 339 页。
④ 中国近代史资料丛刊《辛亥革命·立宪纪闻》,上海人民出版社 1957 年版。
⑤ 鲁迅:《鲁迅全集》,人民文学出版社 1981 年版。
⑥ 许维通:《韩诗外传集释》,中华书局 1950 年版。
⑦ 徐培均:《李清照集笺注》,上海古籍出版社 2002 年版。
⑧ 余嘉锡:《世说新语笺疏》,上海古籍出版社 1993 年版。
⑨ 袁珂:《神话论文集》,上海古籍出版社 1982 年版。

宣怒,亲以马鞭撞太子三下,由是气悸语吃,精神时复昏扰。"① 清朝刘大櫆的《乡饮大宾金君传》:"遇事之盘错,其精神常镇定,而卒能有剖决以解其纷。"

七是指风采神韵。宋代周美成在其词《烛影摇红》中写到:"风流天付与精神,全在娇波眼。"② 元朝钟嗣成的《一枝花·自序丑斋》套曲:"那里取陈平般冠玉精神,何晏般风流面皮;那里取潘安般俊俏容仪。"鲁迅在《汉文学史纲要》第十篇中也写道:"明王世贞评《子虚》《上林》,以为材极富,辞极丽,运笔极古雅,精神极流动。"③

八是指精明、机警。《宋书·谢弘微传》:"童幼时,精神端审,时然后言。"《续资治通鉴·宋仁宗皇祐五年》:"臣观方今之人,趋进者多,廉退者少,以善求事为精神,以能讦人为风采。"④ 老舍的《骆驼祥子》:"有了炮声,兵们一定得跑,那么,他自己也该精神着点了。"⑤

九是指神通。《西游记》第二回:"祖师道:'你等起去。'叫:'悟空,过来!我问你弄甚么精神,变甚么松树?这个工夫,可好在人前卖弄?'"⑥《西游记》第十六回:"你看他弄个精神,摇身一变,变做一个蜜蜂儿。"⑦

从中国古代哲学的思想结构看,"精神"由"神"的观念所推衍出来,最早合用"精神"一词的是庄子,在其《杂篇》的《列御寇》中讲道:"夫昭昭生于冥冥,有伦生于无形,精神生于道,形本生于精,而万物以形相生,故九窍者胎生,八窍者卵生。其来无迹,其往无崖,无门无人者,归精神乎无始,而甘冥乎无何有之乡。水流乎无形,发泄乎太清。"⑧"昭昭""有伦""精神""形本"四者皆源于"道",而其中庄子已把"精神"作为器物的本质构成来使用了。"精神"作为人的内在根源,是人实现其存在价值之所在,人的生命归结于其所禀赋之"精神"

---

① 唐·李百乐:《北齐书·废帝纪》,中华书局 1997 年版。
② 宋·周美成:《唐宋词三百首译析》,北方妇女儿童出版社 1993 年版。
③ 鲁迅:《汉文学史纲要》,上海古籍出版社 2005 年版。
④ 清·毕沉编著:《续资治通鉴》,中华书局 1957 年版。
⑤ 老舍:《老舍小说选》,浙江文艺出版社 2000 年版。
⑥ 明·吴承恩:《西游记》,时代文艺出版社 2003 年版。
⑦ 同上。
⑧ 《庄子·列御寇》。

的旨归中。庄子理想人格的精神境界也正是一种在理智、理性基础上,"汝齐戒,疏瀹而心,澡雪而精神。"① 从而实现对死亡恐惧的克服、世事纷扰的超脱、哀怨之情的消融,从而获得自然、祥和、安宁,"独与天地精神往来,而不敖倪于万物。不谴是非,以与世俗处。"②《老子》全文虽并无"精神"一词,但其内容涉及理性、意志、情感、利欲等方方面面,倡导少私寡欲、清静无为、守弱处下、见素抱朴,追求与自然同一的精神状态。在《韩非子》的《解老》篇中对《老子》思想作了推衍性发挥,"所谓事天者,不极聪明之力,不尽智识之任。苟极尽则费神多,费神多则盲聋悖狂之祸至,是以啬之。啬之者,爱其精神,啬其智识也。故曰:'治人事天莫如啬。'凡所谓祟者,魂魄去而精神乱,精神乱则无德。鬼不祟人则魂魄不去,魂魄不去而精神不乱,精神不乱之谓有德。上盛畜积,而鬼不乱其精神,则德尽在于民矣。故曰:'两不相伤,则德交归焉。'言其德上下交盛而俱归于民也。"③ 韩非子把"精神"视为人的珍贵本质,认为"精神"是人之灵气,生命之核心,灵魂之根柢。

在《吕氏春秋》中"精神"被界定为人得以健康长寿的内在质素。"天生阴阳,寒暑燥湿,四时之化,万物之变,莫不为利,莫不为害。圣人察阴阳之宜,辨万物之利以便生,故精神安乎形,而年寿得长焉。"④ 西汉时期《淮南子》一书中,"精神"成了一个非常重要的核心概念。"精者,人之气,神者,人之守也。本其原,说其意,故曰精神。""夫精神者,所受于天也,而形体者,所察于地也。"⑤ 宋代苏子瞻之徒也讨论过"精神"一词的定义问题,结论为"精出为动,神守为静,动静为精神"。把精神当作了人的生命力的内在表现。

儒家文化虽然没有正面提出"精神",但其格外注重人的内在心性修养,追求人的精神品格。孔子所敬仰:"君子"是道德高尚、情操完美、理想崇高、意志坚强、乐观向上的人,可以看出,孔子的理想人格就是

---

① 《庄子·知北游》。
② 《庄子·天下篇》。
③ 《韩非子·解老》。
④ 《吕氏春秋·尽数》。
⑤ 《淮南子·精神训》。

从精神层面出发的，精神的满足与完美才是真正的人生目标，并且只要有崇高的道德理想，践行道德之志，无论多么艰难困苦都能"乐而忘忧"，始终保持一种积极乐观的精神状态。孟子的思想与孔子一脉相承，同样把"君子"作为自己的理想人格。孟子要求个人要超越自己的狭隘私利，做到"老吾老以及人之老，幼吾幼以及人之幼""乐以天下，忧以天下"。① 孟子说"善养吾浩然之气。"② 使之具有生机勃勃的精神状态、充沛完满的精神世界，从而达到人生的自我超越。荀子把人分为四个层次："小人""至人""君子"和"圣人"，"圣人"是最高境界，至高、至善、至大、至美，而唯利是图、追逐物欲、见风使舵者视为最低层次的"小人"。朱熹也把成贤成圣作为终极人生目标，圣人具有远大的理想目标，意志坚强，不畏艰难，具有生生不息的精神动力。人生修养的根本任务就是灭人欲，明天理，"饮食者，天理也；要求美味，人欲也。"③ "圣贤千言万语，只是教人明天理，灭人欲"。④

总之，中国传统文化有其深厚的精神内涵和实践价值，侧重于从精神层面观照社会、体察人生，强调人的内在道德修养和精神境界，其对"精神"的理解深刻影响了中国文学、艺术、养生学、建筑学和中国人的思想、生活，在克制"利、欲"，追求"美、善"的方面呈现出高度的一致性。

（二）西方文化中的精神

精神在希腊语里就是灵魂的意思，古希腊哲学家也基本都相信灵魂和精神不死，希腊文的 Ψυχή、英文的 spirit、德文的 Geist 和中国古代的"精神"有着相近的含义。

最初的古希腊哲学是从灵魂开始探索物质与精神的关系的。正如恩格斯指出：从远古时代起，"人们不得不思考这种灵魂对于外部世界的关系"。⑤ 米利都学派是最早的哲学派别，古希腊第一哲人泰勒斯在哲学中引入灵魂这个概念，由此来解析物质的运动变化。泰勒斯认为，灵魂是

---

① 《孟子·梁惠王下》。
② 《孟子·公孙丑上》。
③ 《朱子语类》卷六十一。
④ 《朱子语类》卷十三。
⑤ 《马克思恩格斯选集》第 4 卷，人民出版社 1995 年版，第 224 页。

宇宙万物的一个组成部分，它能推动物质进行运动。比如磁石能够吸铁，正是因为磁石内部有一个灵魂在作用；琥珀由于也具有灵魂，所以在燃烧时能释放特殊香气。灵魂隐匿在事物的内部，是事物存在的本质，使事物具有活力，由此得出了"万物有灵""灵魂永恒"的说法。后来毕达哥拉斯试图说明灵魂的构成和运动。他认为"灵魂是由热元素和冷元素组成的一个部分"。"灵魂是一种和谐；因为和谐是由对立面结合而成的，肉体就是对立面的合成物。"[①] 灵魂具有自己"独特的运动"，物质与灵魂结合在一起就是通过灵魂的自动来推动着它们的运动。并且他还提出唯有人具有灵魂。人因为具有理性灵魂，所以才能跟其他动物区别开来。"灵魂的理性部分是不死的，其余的部分则会死亡。"理性灵魂是作为"数"的一种特性存在于人身上，能够"从一个生物体中转移到另一个生物体中"。[②] 所以，理性灵魂是不死的，是可以实现转移或轮回的。赫拉克利特进一步阐述说："灵魂是原理，因为灵魂是气化，是万物的源起。""一个干燥的灵魂是最智慧的，也是最高贵的。"[③] 原子论唯物主义哲学的创立人德谟克利特认为"灵魂是由最细致、最圆、最灵敏和炽热的原子所组成"。[④] 这些古代朴素唯物论者只能从物质去说明精神，却无法将物质与精神区分开来，精神的独立性、能动性自然也无从理解。后来以苏格拉底和柏拉图为代表的古希腊理性哲学克服这一缺陷，强调精神的独立性、能动性，从主观方面去理解灵魂，但走向了唯心主义。柏拉图认为，一切后天的研究和学习都只是对灵魂的回忆。因为"人的灵魂是不死的，它在一个时候有一个终结称为死，在另一个时候又再生出来，但是永远也不会消灭"。亚里士多德认为，人的肉体是相对初级的质料，灵魂则是较为高级的形式，因此作为高级形式的灵魂就可以与作为质料的肉体分离开来而单独存在，灵魂在数量上是单一的，在形式上是可分的。按照灵魂的认识能力的不同，可以区分为低、中、高三个不同的等级。低等级的是植物灵魂，即营养灵魂；中级为动物灵魂，即感性灵魂；高

---

① 北京大学哲学系外国哲学史教研室编译：《西方哲学原著选读》上卷，商务印书馆1981年版，第64页。
② ［英］罗素：《西方哲学史》上卷，商务印书馆1976年版，第59页。
③ 苗力田主编：《古希腊哲学》，中国人民大学出版社1990年版，第48页。
④ 同上书，第167页。

级为人类灵魂，即理智灵魂。①

到了近代，德国哲学家黑格尔对精神进行了详细分析。黑格尔认为，只有人才有思想，思维着的理性是人与禽兽的区别。人的本质是思想、人的本质是精神，而精神的本质是自由。② 精神就是主客体的对立统一，是被理解者与理解者的统一，精神的本性在于通过否定之否定，从它的他物中，从对他物的克服中，来到自身。精神是自我认识的主体性。③ 黑格尔把精神的运动发展分为主观精神、客观精神、绝对精神三个阶段，"主观精神"本身又经历灵魂、意识、自我规定的精神三阶段，"客观精神"经历抽象法、道德、伦理三阶段，"绝对精神"经历艺术、宗教、哲学三阶段。④ 到了"绝对精神"的哲学认识阶段，人的精神本质和自由本质就得以最终实现，这是人的精神的最高境界和最高形态。后来奥地利的精神病医生及精神分析学家弗洛伊德着重研究了潜意识在精神系统中的地位与作用，并用于分析各种精神疾病的症候。在其精神分析理论中他论述了精神层次，精神层次理论阐述人的精神活动，包括欲望、冲动、思维、幻想、判断、决定、情感等等，会在不同的意识层次里发生和进行。不同的意识层次包括意识、前意识、潜意识三个层次，好像深浅不同的地壳层次而存在，故称之为精神层次。他明确说道："我们乃有'意识的'、'前意识的'、'潜意识的'，借以描述心理的现象。"⑤ 在此基础上，他又把人格结构划分为本我、自我、超我三部分。自我、本我（伊底）、超我这三方面相互作用、影响，构成了人的心理与精神生活过程。"自我既然一方面受伊底的鞭策，另一方面受超我的包围，第三方面受外界的挫折，乃只得力图减少各方面的势力和影响，而造成和谐。"⑥

此外，瑞士著名学者 H. B. 丹尼什博士说："精神，其本质是神秘的，其定义很难把握，但在应用上却非常实际。"⑦ 美国学者 J. 考尔夫

---

① 苗力田主编：《古希腊哲学》，中国人民大学出版社1990年版，第485页。
② 张世英：《论黑格尔的精神哲学》，上海人民出版社1986年版，第266页。
③ 吴元梁等：《精神系统和精神文明建设》，人民出版社2004年版，第222页。
④ [德]黑格尔：《精神哲学》，韦卓民译，华中师范大学出版社2006年版，第3—5页。
⑤ [奥]弗洛伊德：《精神分析引论新编》，商务印书馆1989年版，第56页。
⑥ 同上书，第61页。
⑦ [瑞士] H. B. 丹尼什：《精神心理学》，社会科学文献出版社1998年版，第5页。

(J. Kovel) 也对精神进行界定，其学说也值得我们参考。他说："为'精神'下定义不是一件容易的事情，因为精神现象根本不可名状，精神历史又不断变化。但我们至少可以区分精神的五种主要意义：（1）精神是活的力量，这是就受激励而言；（2）精神是一种超然存在，这是就远古精神而言——更一般地说，我们可以称其为另一种'精神存在'的概念；（3）精神是一种真实的意义，如在契约精神之中；（4）精神是对肉体，尤其是对受欲望驱使的肉体关系；（5）精神是一种神圣实体，如天主教的神圣精神。这五种含义显然没有统一的标准，受激励意味着超脱一般的自我能力的限制；了解精神的意义意味着透过事物明显的既定含义，把握其真相；最后，与神的关系最清楚地表明，精神因某种缘故外在于自我，又与自我有关。"① 可见，精神显然是一个多义词，其内涵十分丰富，在我们对精神概念进行使用时，表现出极大的灵活性。

（三）精神的本质

自人类诞生之日起，人类开始了对精神的孜孜不倦的探索，并且在历史的长河中建立了庞杂的精神体系，但马克思主义将精神与人的本质、人的实践和物质世界联系起来考察，无疑直指精神的内核，揭示了精神的本质。

辩证唯物主义认为精神是物质相对应的概念，是高度完善发达的物质——人脑的机能和属性，是外部客观世界在人脑中的主观映像，是人的一切心理活动和主观存在状态的综合。"观念的东西不外是移入人的头脑并在人的头脑中改造过的物质的东西而已。"② 同时，辩证唯物主义强调精神对物质具有能动的反作用，在一定条件下还起决定性的能动作用。毛泽东曾指出："我们承认总的历史发展中是物质的东西决定精神的东西，是社会存在决定社会意识；但是同时又承认而且必须承认精神的东西的反作用，社会意识对于社会存在的反作用，上层建筑对于经济基础的反作用。"③ 精神可以说"最生动、最集中、最突出地概括和凝聚了人

---

① [美] J.考夫尔：《马克思主义和精神》，引自于《全球化时代的马克思主义》，中央编译出版社 1998 年版，第 132 页。
② 《马克思恩格斯选集》第 2 卷，人民出版社 1995 年版，第 112 页。
③ 《毛泽东选集》第 1 卷，人民出版社 1991 年版，第 300 页。

类在漫长过程中发展起来的全部能动性。它最精致,最精微,最奇妙;最生动,最丰富,也最抽象;最普遍,也最具体,最有个性;最持久,也最活跃,永远变动不居,骚动不宁,生气勃勃,又直指人心……"[1]

马克思主义认为,精神是指"同物质相对立、和意识相一致的哲学范畴,是人的意识、思维活动和一般心理状态的总称"[2]。从层次上分,既包括欲望、冲动、幻觉、灵感、情感等不构成社会意识形式和精神成果的一切心理现象,也包括观念、思想、理论、理想、信念等人的高级思维活动的成果;从范围上分,既包括个体的思维、情感、意志等活动,也包括社会的风俗、观念、思想、理论、意识形态等;从内容性质上分,既包括正确的、高尚的、科学的、健康的、先进的思想观念,也包括错误的、卑劣的、荒谬的、丑恶的、落后的思想观念。

本文中的精神是相对于物质而言的,是指客观存在所决定的人的意识活动及主体在一定历史阶段所具有和显现的观念、风俗、习惯、道德、情操、理想、信念、意识形态等思想意识的总称。

二 价值的内涵

关于价值的内涵或本质,存在多种观点,有"本性说""情感说""抽象说""奥妙说""关系说""意义说"或"需要说""属性说"或"效用说""主体性说"或"态度说""劳动量说""时间说"等。比如李连科认为价值是客体与主体需要之间的一种特定(肯定或否定)关系,"价值是一种关系范畴,不表现为实体性、不表现为客体性、也不表现为主体性,而是表现为客体与主体之间的一种客观关系。他强调价值的客观性,自然价值、经济价值、审美价值、精神价值都是客观的"[3]。李德顺从主客体关系的角度来界定价值,价值特指主客体关系的一种内容,即客体对主体需要的满足、适合、接近或一致。他从主体的地位、作用等方面理解价值的本质和特性,认为"价值是主体对客体的作用的过程,

---

[1] 陈刚:《西方精神史》,江苏人民出版社2000年版,第6页。
[2] 李淮春主编:《马克思主义哲学全书》,中国人民大学出版社1996年版,第306页。
[3] 李连科:《价值哲学引论》,商务印书馆1999年版,第70、101页。

以需要和需要的满足为基本标志"。① 张岱年认为,"价值有三层含义,第一层是客体能够满足主体的需要;第二层是对需要的评价;第三层是对需要主体的评价。从不同需要之间包容与被包容的关系来看,整体的需要高于个人的需要;从人所异于禽兽的特有的需要来看,精神的需要高于物质的需要。人类的价值应该就人类与其他物类的比较而言,自我的价值应该就自我与别人、自我与社会、自我与人类的关系而言。人类所追求的最高价值是真、善、美。"② 袁贵仁主张立足于辩证唯物主义和历史唯物主义的立场,把价值学研究和人学、文化学研究结合起来,把现代哲学问题放到"人—文化—价值"的三维坐标中来审视和考察。他认为"价值是客体对于主体所具有的积极的或消极的意义。价值关系就是意义关系。这是人类活动的能动性、创造性的根源。人有多少种活动领域,就存在多少价值,因而价值有物质价值、精神价值和人的价值等存在形态,也有功利价值、真善美价值和自由价值等表现形式"。③ 王玉樑从效应上探讨价值的本质,认为"价值是客体对主体的效应,对主体生存、发展与完善的效应,价值可以使主体更美好,使人类社会发展完善"。④ 赵汀阳则认为"价值这一概念向来很含糊,它无疑是多义的,但其实可以分析为两个类型:(1) 关系型。在关系型中,某一事物是有价值的,当且仅当它满足某种主观需求或约定规范,(2) 自足型。在自足型中,某一事物是有价值的,当且仅当它能够实现其自身的目的。类型(2) 更为重要,因为几乎所有永恒性价值都属于类型(2),而类型(1)的价值总是消费性的、不确定的"。⑤

以上这些观点从不同角度、不同程度上反映出价值的某些外部或内部特性,为当代价值问题研究的深入进行提供了理论准备。马克思曾经指出,"如果说,人们不仅在实践中把这类物当做满足自己需要的资料,而且在观念上和在语言上把它们叫做'满足'自己需要的物,从而也是'满足'自己本身的物,——如果说,'按照德语的用法',这就是指物被

---

① 李德顺:《价值论》,中国人民大学出版社2007年版,第108页。
② 张岱年:《论价值的层次》,《中国社会科学》1990年第3期。
③ 袁贵仁:《价值观的理论与实践》,北京师范大学出版社2006年版,第4—6页。
④ 王玉樑:《当代中国价值哲学》,人民出版社2004年版,第7页。
⑤ 赵汀阳:《论可能生活》,生活·读书·新知三联书店1994年第1版,第19页。

'赋予价值',那就证明:'价值'这个普遍的概念是从人们对待满足他们需要的外界物的关系中产生的。"① 这说明马克思也是站在主客体关系的角度来理解价值本质的,但并没有把价值等同于关系。正如李德顺老师所谈到的"价值并不是任何实体(人和物、主体和客体)本身单方面的存在或属性,而是人类生活特有的主客体关系现象,是主客体统一的一种特定的质态"。② 因而,我们从以下三点来把握和认识价值的内涵。

(一)人的需要是价值的逻辑起点

马克思主义关于"人的需要"理论论述是非常丰富的,马克思在《黑格尔法哲学批判导言》中首次提出"人的需要",在《1844年经济学哲学手稿》中集中论述"人的需要",在《政治经济学批判大纲》中发展和完善了"人的需要"理论,在《德意志意识形态》中则将"人的需要"作为历史唯物主义的逻辑起点。可以说"需要理论"是马克思主义理论体系中的重要组成部分,也是思想政治教育的理论基础之一。

1. 需要是人的本性、本质。在某种意义上说,一切生命体都有需要。生命体要保证自身的生存和延续,他就必须通过与外界环境不断进行能量交换以此满足自己的需要。马克思在《德意志意识形态》一书中说:"个人有许多需要……由于他们的需要即他们的本性,以及他们求得满足的方式,把他们联系起来(两性关系、交换、分工),以他们必然要发生相互关系。"③ 人作为生命有机体的一种形式,也有生存和延续的需要,正是由于这种需要的本性,人与人之间才建立了各种各样的关系,同时也必须依赖一定的外部关系,在与外部关系进行物质、能量和信息的交换和交往中获得生存和发展。

2. 人的需要具有社会性。人的需要具有社会性,因为任何个人都是社会的人,都是生活在一定的社会环境和社会关系中的人。"作为确定的人,现实的人,就有使命,就有任务……这个任务是由于你需要及其与

---

① 马克思:《评阿·瓦格纳的〈政治经济学教科书〉》,《马克思恩格斯全集》第19卷,人民出版社1963年版,第406页。
② 李德顺:《"价值"与"人的价值"辨析——兼论两种不同的价值思维方式》,《天津社会科学》1994年第6期。
③ 《马克思恩格斯全集》第3卷,人民出版社1960年版,第326、514页。

现存世界的联系而产生的。"① 人的存在就必须遵循和担当一定的社会关系，因而人的需要不同于其他动物、生物的需要，人的需要的产生和满足方式都依赖于一定的社会实践。马克思指出："饥饿总是饥饿，但是用刀叉吃熟肉来解除的饥饿不同于用手、指甲和牙齿啃生肉来解除的饥饿。"② 人总是在一定的社会实践活动中满足自身的需要并推动社会实践水平的进一步发展和提高。

3. 人的需要具有目的性。人是一种实践性存在，在实践的基础上人的存在又是一种具有能动性即目的性的生命活动。马克思指出："动物和他的生命活动是直接同一的。动物不把自己同自己的生命活动区别开来。它就是自己的生命活动。人则使自己的生命活动本身变成自己的意志和自己意识的对象。他具有有意识的生命活动。""有意识的生命活动把人同动物的生命活动直接区别开来；正是由于这一点，人才是类存在物。"③ 人能够按照自己的目的、需要主动去选择客观事物、改造客观环境、创造客观条件、超越各种被给定的对象性关系限制，为实现自身的目的、满足自身的需要开展各种能动性、创造性的实践活动。

4. 人的需要具有层次性和发展性。人的需要是多方面的，"在现实世界中，个人有许多需要"。④ 从人类个体发展的角度看，需要是有层次的。马克思把需要分为由低到高的三个层次：生存需要、享受需要、发展需要。马克思认为，人类的需要是随着人们改造自然和社会的实践能力的不断增强而由低级向高级发展的，这是一个不断反馈、永无止境的历史发展过程。"已经得到满足的第一需要本身、满足需要的生活条件和已经获得的为满足需要的工具又引起新的需要。"⑤ 人们在满足了生理、生存等自然性需要的基础上，必然会产生劳动交往等社会性需要；在满足了衣食住行等物质需要的基础上，必然会产生"对科学的向往、对知识的

---

① 《马克思恩格斯全集》第 3 卷，人民出版社 1960 年版，第 329 页。
② 《马克思恩格斯选集》第 2 卷，人民出版社 1995 年版，第 10 页。
③ 《1844 年经济学哲学手稿》，人民出版社 2000 年版，第 57 页。
④ 《马克思恩格斯全集》第 3 卷，人民出版社 1960 年版，第 326 页。
⑤ 同上书，第 9 页。

渴望、他们的道德力量和他们对自己发展的不倦的要求"① 等精神需要。物质需要满足了，精神需要就会产生出来；低层次的精神需要满足后，高层次的精神需要就会激发出来，随着人的需要的无限发展，人的需要也日益丰富和全面，"人以其需要的无限性和广泛性区别于其他一切动物。"②

人的需要的社会性、系统性、目的性、层次性、发展性、历史性构成推动人类认识和实践活动不断发展的内在驱动力量。根据行为科学的理论，人的行为规律表现为：需要—动机—行为。人的能动性最原初的动力是人自身意识到的需要，马克思曾说："任何人如果不同时为了自己的某种需要和为了这种需要的器官而做事，他就什么也不能做。"③ 没有主体的需要和为着需要的满足，就没有价值主体性；没有主体的需要就没有认识和实践的必要性；没有情感和意志的参与，主体就没有内在的动力。因此，价值目标的形成来源于主体需要的匮乏，人会根据主体需要，自觉寻找价值客体，进行认识与实践，从而实现满足主体需要的目的。并且随着需要层次的提高和发展，人类总是确立一个又一个价值目标，价值目标会越来越高级，越来越自觉。在价值选择、价值评价、价值创造的过程中，主体需要也将决定其参与活动的积极性，人会根据主体需要，决定其对客体的兴趣程度，对价值客体作出价值评价，从而影响人的价值选择、价值创造活动。因此，人的需要是价值的逻辑起点。

（二）实践活动是价值的基础

马克思在劳动生产实践的基础上，把实践的自觉能动性和客观实在性统一起来，确立了科学的实践观。实践创造了人，实践是人赖以生存和发展的基本方式，实践活动目的就是按照人的需求和意志去改造外在世界，使对象成为满足人的需要的"为我之物"。因而实践是人类自觉自我的行为，是人的有意识有目的的创造性的现实活动，是主体与客体之间通过一定的中介发生相互作用的过程。不管哪一种具体形式的实践，都是人的对象性活动，都是人与世界的相互作用方式。比如物质生产实

---

① 《马克思恩格斯全集》第2卷，人民出版社1957年版，第107页。
② 《马克思恩格斯全集》第49卷，人民出版社1982年版，第130页。
③ 《马克思恩格斯选集》第1卷，人民出版社1971年版，第32页。

践，是人与物的相互作用方式；改造社会关系实践是人与人的相互作用方式；科学实践是人与研究对象的相互作用方式。在主体与客体相互作用过程中的丰富多彩的实践活动决定着价值的形成、实现和发展。

1. 实践是价值形成的基础。前面讲到人的需要是价值的逻辑起点，而人的需要产生于实践活动，人的需要的目的性、社会性都源于人的实践活动过程。实践是价值形成的源泉，不仅是指价值主体主观需求所反映的客观需要来源于实践，而且作为价值客体的对象性存在也来源于实践。价值作为以主体尺度为尺度的主客观的统一就是以反映主客体关系的内容而存在的。在主客体相互作用的过程中形成了价值。列宁说："必须把人的全部实践——作为事物同人所需要它的那一点的联系的实际确定者——包括到事物的完整的'定义'中去"①，这里所说的"事物同人所需要它的那一点的联系"就是指人与物的价值关系，其"实际确定者"即是实践，表明了实践是价值形成的基础。

2. 实践是价值实现的基础。价值实现是客体作用于主体，对主体产生实际的效应，这个过程是主客体相互作用中的客体主体化过程，因而价值实现必然内蕴于实践活动过程中。不管是物质价值，还是精神价值，抑或人的价值，其价值实现都是在主客体相互运动的实践中进行的。比如说思想政治教育价值的实现，也就是思想政治教育所蕴含的思想、认识、政治、道德等内容要为受教育者所接受，并内化为他们各自的某种深刻而稳定的心理结构，外化为一种现实的心理能量以及个体意识和行为习惯。②从一定意义上说，思想政治教育就是用马克思主义的世界观、人生观和价值观引导人们正确地认识和提升自己的需要，并努力为实现自己的需要而奋斗，因而是一个理论掌握群众的过程，是一个理论转化为物质力量的过程。思想政治教育的价值实现，就是在思想政治教育实践活动的基础上其价值由"潜在"到"显在"的过程。

3. 实践是价值发展的基础。价值不是凝固不变的，而是会随着实践活动不断发展变化的。一是处于价值关系中的主体与客体是不断发展变化的；二是在价值运动过程中，潜在价值向显在价值转变后，必然又会

---

① 《列宁全集》第40卷，人民出版社1986年版，第291—292页。
② 张耀灿、郑永廷等：《现代思想政治教育学》，人民出版社2006年版，第187页。

产生新的潜在价值因素。"环境的改变与人的活动的改变或自我改变的一致,只能被看作是并合理地理解为革命的实践"①,由此可见,价值关系中无论是客体状况的改变,还是主体自身的发展,都是在主客体之间的对象性的实践活动中获得"一致"的"改变"。

(三) 人的价值在于人的自我超越

人是自然性、社会性与思想性的存在物,是物性与神性的统一,人是一种精神性的存在。阿杜·巴哈曾把人性划分为三个等级:"在人性的世界里存在着三个等级,一是肉体等级;二是灵魂等级;三是精神等级。""从肉体的意义上说,人是动物王国的一部分。但与动物不同的是,人有理性的灵魂,有人的智慧。……当人不能向精神之窗敞开他的心智与良知,而把灵魂转向物质世界,转向他天生的肉体部分,那么他就从高处跌落下来,成为低层次的动物王国的臣民。"② 人的存在,不是一种纯自然的原始的客观存在,而是一种自由自觉的存在物。因为人有意识,才会把自己的生命活动当作对象来进行自觉地处理,而与一般动物的本能适应活动相区别。人之所以能成为宇宙的精华、万物的灵长,正是因为人是有意识的、有思想的社会存在。所以,"在社会历史领域内进行活动的,是具有意识的、经过思虑或凭激情行动的、追求某种目的的人;任何事情的发生都不是没有自觉的意图,没有预期的目的的。"③ "动物只是按照它所属的那个种的尺度和需要来建造,而人却懂得按照任何一个种的尺度来进行生产,并且懂得怎样处处都把内在的尺度运用到对象上去;因此,人也按照美的规律来建造。"④ 在这种对象性的活动中,人的目的性决定了人的价值性。"马克思的价值观念,就是指在劳动的基础上形成的人的目的性、发展性和超越性。"⑤ "人的肉体生活在物理时空,精神却完全超越了时空限制;人不能不依赖自然生存,人的生存又需要人

---

① 《马克思恩格斯选集》第 1 卷,人民出版社 1995 年版,第 55 页。
② 转引自〔瑞士〕H. B. 丹尼什:《精神心理学》,社会科学文献出版社 1998 年版,第 34 页。
③ 《马克思恩格斯选集》第 4 卷,人民出版社 1995 年版,第 247 页。
④ 马克思:《1844 年经济学哲学手稿》,《马克思恩格斯全集》第 42 卷,人民出版社 1979 年第 1 版,第 97 页。
⑤ 郑永廷:《现代思想道德教育理论与方法》,广东高等教育出版社 2000 年版,第 39 页。

不断去否定自然；人要受必然性支配，同时又能享受动物所没有的自由；人的存在是自我肯定，同时人又在不断地否定自我，如此等等。"①

因此，在价值哲学中，有的学者就从人作为人，人作为主体存在本身具有的内在价值来理解价值。比如何中华教授所说："所谓价值，既不是有形的、具体的存在所构成的实体，也不是客观对象与主体需要之间的满足与被满足的关系，而是人类所特有的绝对的超越指向。"② 万俊人教授认为："价值作为一种'属人的'或'人为的'、'合目的性的'意义，体现着人类的崇高理想和永恒追求。……价值是一种终极本质的意味表征。"③ 正因为人有思想，人才不仅存在，而且意识到自身的存在，并把自身的存在当作问题进行研究。因此，人的存在不止是有世俗的一面，更有超越的、精神性的一面，人总是在追寻生活的意义。人的价值恰恰在于不断地"自我超越"，在于"知己所未知，欲己所未欲，思己所未思，乐己所未乐——成己所未成"。④ 因此，人总是在适应中超越，在现实中创造，在已知中实现，在责任的承担中追求理想，在使命的背负中面向未来，在不断的超越中走向自由，成为自由全面发展的人。

三 精神价值及其特征

人的需要基本上可以分为两大类：一是物质生活的需要；二是精神生活的需要。价值是人在实践活动过程中，与客体进行相互作用，从而对人的需要产生的一定满足关系的体现。因此，满足人的物质需要的称为物质价值，满足人的精神需要的称为精神价值。精神价值是相对于物质价值而言的，是人在精神活动过程中，与客体进行相互作用，从而对主体的精神需要具有满足作用的综合体现。值得注意的是，"物的价值"不等同于"物质价值"，"精神的价值"也与"精神价值"是两码事。因为在人的现实实践活动中，物质与精神经常是不可分割的，"物质可以变精神，精神可以变物质"，就比如我们每天穿的衣服、吃的食物、住的房

---

① 高清海：《重新认识"人"》，《中国大学人文启思录》（第3卷），华中理工大学出版社1999年第1版，第193页。
② 何中华：《论作为哲学概念的价值》，《哲学研究》1993年第9期。
③ 万俊人：《真理与价值其关系拓论》，《人文杂志》1992年第6期。
④ 李德顺：《新价值论》，云南人民出版社2004年版，第183页。

子等，不只是具有提供遮羞蔽体、挡风遮雨、防止挨饿受冻等物质价值，人们也愈来愈考虑其赋有的审美和文化等精神价值。

价值是以人的社会实践活动为基础的，精神价值一方面通过人的社会实践得以实现，即用现有的精神现象或产品哺育并提升人的精神境界，完善人的发展；另一方面人们又在实践中创造精神价值，创造更加优质的精神产品促进社会的发展和人类文明进步。因而精神价值追求充分体现了人对精神生活的重视，表现为人对精神财富的追求，反映了人的精神需要的满足。精神价值与物质价值相比，具有以下特征：

第一，精神价值的无形性。精神价值是直接满足人的精神需要，比如对文化、教育、艺术、政治、科学、道德、宗教、哲学等的需要，人的精神需要是具体的但却不是有形的，往往通过对精神产品的生产和消费来满足。虽然精神产品的一定载体是物质的、有形的，但其赋有的精神价值的内容却是精神的、无形的，并且当一般的使用者在消费精神产品时，其内在的精神价值在感染和影响消费者的同时，并不会被消耗或者消失。比如读一本好书、看一场电影、欣赏一场音乐会、参观一个博物馆等，人们是受到其中所蕴含的思想、情感、精神的启发和教育。因而精神价值从这个意义上说是一种无形价值。

第二，精神价值的无价性。精神价值的大小难以用货币或者其他有形之物来进行衡量和判断，因为它的作用力有直接也有间接、影响力有近期也有长期，还能够反复传播、多次使用，因而其价值是难以估量的，是无价的。历史上的文化古迹、经典著作、思想讨论、人物故事对人类精神生活的影响是不可估测的，其巨大价值是难以估量的。

第三，精神价值的无限性。由于精神价值是一种无形价值，在影响人的思想、观念时不随对象的被消费而消失，反而随着使用者的增多其价值不断增值，其对象面愈广，其价值传播速度愈快、幅度愈强，从而其价值不断被无限放大、无限增值。因此，精神价值具有无限性、长久性。人类发展史上许许多多的优秀思想、文化、艺术品不会随着时间的流逝而黯淡光华，反而历久弥坚，在历史长河的洗刷中闪烁着耀眼的光芒，滋养着人类。

第二节 精神价值的相关概念

要更深刻地理解精神价值，可以通过与其相对或者相近的要素进行比较，下面通过对精神价值与物质价值的关系、精神价值与科技价值的关系以及精神价值与精神文化的关系对精神价值进行更深层次的剖析。

一 精神价值与物质价值

正如前面所说，满足人的物质需要的称为物质价值，满足人的精神需要的称为精神价值。精神价值是相对于物质价值而言的，是人在精神活动过程中，与客体进行相互作用，从而对主体的精神需要具有满足作用的综合体现。精神价值与物质价值的关系是对立统一的。主要体现在以下几个方面：

第一，精神价值与物质价值是相互依存的。物质价值是精神价值的客观基础。人在实践活动过程中，不断创造和使用工具，创造更多的物质价值，满足人的基本生存需要，同时也在改造和完善人类本身。在此基础上，人不仅能认识和改造外部客观世界，也能认识和改造内部主观世界。可以说，物质价值为精神价值的形成、实现和发展提供了物质基础。而物质价值的实现，也依赖于一定思想理论的指导，依赖于一定智力的发挥，依赖于人的思维去分辨，也依赖于人们用一定思想去总结、评判和宣传。

第二，精神价值和物质价值是相互渗透的。一方面在人们所创造的物质财富中，体现着物质价值的色彩，但也闪烁着精神价值的光芒。并且随着物质价值的发展，精神价值的渗透性更为突出。在人们的衣、食、住、行、用中，人们逐渐按照美的规律去打造，按照自身"内在尺度"去衡量，渗透的精神价值愈来愈大；另一方面在人们所创造的精神财富中，不仅体现了精神价值，也渗透着一定的物质价值。任何精神生产活动都要消费一定的物质资料，精神产品最终也要以一定的物质载体来表现。

第三，精神价值与物质价值是可以相互转化的。体现物质价值的物质财富，在脑力工作者的劳动创造活动中，它以物质资料的形式，转移到脑力工作者创造的精神产品中，转化成了精神价值。而体现精神价值的精神财富，在物质生产实践活动中，可以指导物质生产，也可以激发物质生产劳动者的劳动积极性，创造更多的物质价值，或者直接进入物质生产过程，转化成为具体的物质产品。

总而言之，精神价值与物质价值是统一的。精神价值虽是相对于物质价值而言，但两者不是互相排斥、绝不相容的，而是相互依赖、相互渗透、相互转化的统一整体。在社会生活的历史与现实中，有的把物质价值与精神价值割裂开来，要不就"一切向钱看""玩物丧志""见物不见人"，要不就提倡"精神万能""穷过渡""穷光荣"，这都是极其错误的思想和做法。我们不仅要"人穷志不短"，进而要"人富志更坚"，在物质价值与精神价值的不断增长和协调发展的过程中，促进社会的不断发展进步和人的发展提高。

二　精神价值与科技价值

科技是关于科学技术的简称。据《辞海》解释，"科学是关于自然界、社会和思维的知识体系"；关于技术，权威性的解释是"技术是为了满足社会需要而依靠自然界规律和自然界的物质、能量和信息，来创造、控制、应用和改造人的自然系统的手段和方法"。[①] 由此可见，科学是一种对自然、社会、思维客观规律的探索，回答"为什么"的问题，既具有为社会发展服务的外在经济价值，又具有文化、教育、哲学等内在的精神价值，其中，科学精神是科学价值的核心，以求真务实、开拓创新为其标志。技术是指利用客观规律，改造客观世界的手段、方法，回答"怎么做"的问题，技术价值主要在于提高劳动生产率，提高生产力水平，技术属于直接生产力，它通过具体现实的生产活动表现并实现巨大的物质价值，技术价值主要在于其经济价值。

随着文艺复兴和启蒙运动开启了现代化之门，在世界工业化、现代化的进程中，科学与技术的关系日益紧密。科学中有技术，技术中有科学，科学愈来愈技术化，技术也更加科学化，科学与技术已经成为一个辩证统一体。科技价值从内在固有价值而言，是物质价值与精神价值的

[①] 于光远主编：《自然辩证法百科全书》，中国大百科全书出版社1995年版，第95页。

统一。因为科学技术就其本性而言，也在追求真善美，追求与自然、社会、思维规律的相一致，之为真；追求与人道精神的相一致，之为善；追求自然与人和谐共处的真实图景，之为美。可见，精神价值是科技价值体系中的应有之义。但在现实的科技价值体系中，呈现出"单向度"发展的科技价值，就是经济价值突出而人文价值式微。

在西方社会，人类从中世纪的迷信无知中解放出来后，人们沉醉于科技所创造的辉煌业绩中，人们开始崇拜科技，开始进入了科技的权威统治时代。在"科学主义""理性主义"思潮的影响下，人们对科技顶礼膜拜，技术理性横行，确立了其在价值体系中至高无上的霸主地位。正是在此基础上，出现了"科技异化"，科技只关心技术的经济价值和工具价值，与本初的人文意义、精神价值愈来愈疏远，科学技术由追求真善美逐渐异化为一种奴役人的力量，技术使人日益"技术化"，使人日益工具化、手段化，成为机器的一部分。由于科技的发展给人类创造的巨大财富，人们把技术抽象化、理想化或神圣化，片面乐观地评价科技价值，人们的双眼被遮蔽了，看不到科技的有限性、局限性，反而认为科技是万能的，促成了技术理性的无限膨胀。在科学技术所开拓的生产力创造高度发达的物质文明的同时，自然危机不断，人与自然的关系愈发紧张，出现了严重的生态危机、能源危机和环境危机；社会危机层出不穷，社会中人与人的关系日益"平面化""冷漠化"，带来了社会公正缺失、社会道德失落、社会不安全因素激增；人自身内部的危机此起彼伏，人的意义世界失落，价值世界飘零，孤独、焦虑、郁闷、烦躁、空虚等各种不良情绪充斥人的心灵。

在资本主义所造成的人与自然关系的危机、人与社会关系的危机、人与自身关系的危机和发展困境，就是由于科技价值的片面化发展导致科技的物化、工具化所带来的结果。因此，我们不能片面地发展科技的经济价值，否认科技所需要和蕴含的人文价值、精神价值，而恰恰必须重视、挖掘、发掘其内在的精神价值。

三　精神价值与精神文化

一说到文化，似乎正如钱钟书所讲"你不说我还清楚，你越说我越糊涂"，据统计，学者们对文化的定义有两百多种。比如著名学者梁漱溟说:"你且看文化是什么东西呢?不过是那一民族的生活的样式罢了。"①钱穆先生说:"文化必由人类生活开始,没有人生,就没有文化。文化即是人类生活之大整体,汇集起人类生活之全体即是文化。"② 张岱年说:"文化有复杂的内容,包括哲学、宗教、科学、技术、文学、艺术、教育、风俗等,是一个包含多层次、多方面内容的统一的体系。"③ 综观文化两百余种定义,一般分为广义和狭义两类理解。

从广义来说,文化即"人化",指人类社会历史实践过程中所创造的物质财富和精神财富的总和。④ 张汝伦教授认为:文化"是人与自然、人与世界全部复杂关系种种表现形式的总和"。⑤ 还有学者对文化进行解剖,有两分说,即分为物质文化和精神文化;有三层次说,即分为物质、制度、精神三层次;有四层次说,即分为物质、制度、风俗习惯、思想与价值;有六大子系统说,即物质、社会关系、精神、艺术、语言符号、风俗习惯。⑥

从狭义上来说,文化仅限定于精神领域,主要指人类社会实践活动的精神产物,其主要内容包括哲学、艺术、宗教、语言和逻辑、自然科学以及其他人文、社会科学的知识,也包括人们的思想意识、思维方式、行为方式、生活方式、风俗习惯,以及教育、文化制度和社会组织形式等。⑦

由此可见,不管是从广义上理解文化,还是从狭义上理解,"精神文化"可以说真正表达出文化的生命本质。在文化这个复杂的体系中,精神文化主要包括了哲学、宗教、文学、艺术、道德和价值观念等,是人类实践活动所创造出的精神产物或文化成果。在人类追求、创造精神文化的过程中,体现了精神价值;在人类运用精神文化,用精神文化影响人的时候,也彰显了精神价值。因此,在精神文化的价值中包含了精神

---

① 梁漱溟:《东西文化及其哲学》,河北教育出版社1996年版,第33页。
② 钱穆:《文化与生活》,台湾乐天出版社1963年版,第3页。
③ 张岱年:《文化与哲学》,中国人民大学出版社2006年版,第43—44页。
④ 辞海编辑委员会:《辞海》(1999年版缩印本),上海辞书出版社2000年版,第1151页。
⑤ 张汝伦:《文化研究三题议》,《复旦学报》1986年第3期。
⑥ 衣俊卿:《文化哲学》,云南人民出版社2002年版,第71—83页。
⑦ 沈壮海:《先进文化论》,高等教育出版社2003年版,第73—76页。

价值，并且精神价值也内蕴于精神文化的体系中。

第三节 精神价值的外延

外延是指一个概念所概括的对象的数量或范围，精神价值追求的外延即精神在人的活动中的体现。人是社会的产物，也是社会的存在，人的一切活动从本质上而言都是社会的活动。作为社会意义上的人的活动与动物的活动有着根本的区别，"在社会历史领域内进行活动的，全是具有意识的、经过思虑和凭激情行动的，追求某种目的的人"。[①]"人则使自己的生命活动本身变成自己的意志和意识的对象。"[②] 换言之，人的活动受人的思想、精神影响和支配，人所到之处都有精神价值的体现。下面将从人的物质生产活动、科学实验活动、改造社会关系的活动、审美活动四个方面分析在不同活动领域中精神价值的体现。

一 物质生产活动

物质生产活动为人类提供基本的吃、穿、住、行等生活和生存资料，是人类社会存在和发展的基础，是人类最基本的实践活动。人们进行物质生产活动必须具备三个基本要素：人的劳动、劳动资料、劳动对象。人的劳动，即劳动力的支出，是指劳动者运用自己的体力和脑力改变自然使之适合人类需要的活动，这一要素是进行生产的主观条件；劳动资料，即劳动手段，主要是指人们在生产过程中用以改变和影响劳动对象的一切物质手段和物质条件；劳动对象，即劳动者在生产过程中所加工的一切物质资料。因此，物质生产活动是人的要素与物的要素相互结合的过程。

在物质生产活动中，人的精神因素始终贯穿于物质生产的全过程，并且是物质生产过程的各个环节得以顺利进行的必不可少的重要条件。在从事物质生产活动之前，劳动者总是根据实际需要及现有条件，经过思考选择所需要的劳动资料和劳动对象；在物质生产过程中，劳动者还

---

① 《马克思恩格斯全集》第 21 卷，人民出版社 1965 年版，第 341 页。
② 《马克思恩格斯全集》第 42 卷，人民出版社 1979 年版，第 96 页。

需要通过分析、判断等精神活动，适时调整人与物的结合方式，调节生产进度等；在物质生产完成后，人类所创造的一切物质成果，总是凝结着人类的智力、观念和思想，是人类智力、观念和思想的物化形态。由此可见，人的精神因素在物质生产活动中通过对人与物两方面要素的影响和改变，推动社会生产的前进甚至是巨大发展。在现代企业的物质生产活动中，精神因素的作用愈来愈彰显，发挥着主导的甚至决定性的作用。

在 20 世纪 40 年代以前，西方企业普遍采用亚当·斯密和泰罗的管理理论，这些管理理论基于工人工作只是为了金钱的"经济人"假设，用金钱收买工人的劳动，主要倾向于物本管理。1927 年至 1932 年，梅奥主持了管理学上有名的"霍桑实验"，其结论具有相当的震撼力，它冲击了"经济人"的假设，得出人是"社会人"，把人际关系、人的情感、价值观念等精神因素在企业生产经营中的作用凸显出来，形成了行为科学管理理论，注重对人的管理。50 年代，美国人从对日本企业的研究中得到巨大启示和收获，在 70 年代末总结出一种新的管理理论——企业文化理论。企业文化是企业在生产经营实践中，逐步形成的，为全体员工所认同并遵守的、带有本组织特点的使命、愿景、宗旨、精神、价值观和经营理念，以及这些理念在生产经营实践、管理制度、员工行为方式与企业对外形象的体现的总和。企业文化是一个企业的灵魂，是推动企业发展的不竭动力。它包含着非常丰富的内容，其核心是企业的精神和价值观。[①] 国际著名的兰德公司经过长期研究也发现，企业员工的共同追求、共同意志、共同情感等精神文化因素成为一个企业生产经营的核心竞争力。

在我们中国，以党的十一届三中全会召开为起点，改革开放的伟大实践已经走过了三十多年的光辉历程。在这段波澜壮阔的风雨之路中，我们取得了举世瞩目的伟大成就，也经受住各种严峻考验与挑战。我们之所以能保证改革开放和社会主义现代化建设航船始终沿着正确方向破浪前进，有一个非常重要的原因就在于在改革开放中我们有坚强的精神支柱和强大的精神动力，我们始终同心同德、奋勇向前。胡锦涛在纪念

---

① MBA 智库百科 http：//wiki.mbalib.com。

党的十一届三中全会召开 30 周年大会上的讲话中指出要"坚持党的十一届三中全会精神","党的十一届三中全会标志着我们党重新确立了马克思主义的思想路线、政治路线、组织路线,标志着中国共产党人在新的时代条件下的伟大觉醒,显示了我们党顺应时代潮流和人民愿望、勇敢开辟建设社会主义新路的坚强决心"。[①] 2013 年 11 月 9 日至 12 日中国共产党第十八届中央委员会第三次全体会议在北京举行,中央委员会总书记习近平作了重要讲话,全会高度评价党的十一届三中全会召开 35 年来改革开放的成功实践和伟大成就,认为"改革开放是党在新的时代条件下带领全国各族人民进行的新的伟大革命,是当代中国最鲜明的特色,是决定当代中国命运的关键抉择,是党和人民事业大踏步赶上时代的重要法宝"。[②] 所以,十一届三中全会不仅仅是一个会议,更代表着中国人民在改革开放与现代化建设中始终坚持与体现的一种精神、意识、观念和态度。这种精神、观念概而言之就是在马克思主义指导下,不断解放思想,开拓进取的精神。正是在这种精神的影响下,我们走上了中国特色社会主义道路,取得了改革开放举世瞩目的新成就,它是推进我们中国特色社会主义事业不断向前发展的精神力量。

二 科学实验活动

"科学"一词源于拉丁文的 scio,后又演变为 scientia,其本意是"知识""学问"。现代意义上的"科学",具有多重含义和多种用法,不过从最一般意义上而言,科学是知识体系,是理论化、系统化的关于事物规律的知识。"科学是在社会实践基础上探索客观世界的活动,它是以正确反映现实及其规律为内容,并通过概念、判断、推理、假说等逻辑思维形式表现出来的知识体系,是形成为理论体系的自然知识、社会知识和思维知识的总称。"[③] 随着现代科技革命的发生、发展,科学对人类社会的作用也愈来愈突出,"随着资本主义生产的扩展,科学因素第一次被

[①] 胡锦涛:《在纪念党的十一届三中全会召开 30 周年大会上的讲话》学习读本,人民出版社 2008 年版,第 5 页。

[②] 中国共产党第十八届中央委员会第三次全体会议公报,《人民日报》2013 年 11 月 13 日第 1 版。

[③] 肖前:《马克思主义哲学原理》,中国人民大学出版社 1994 年版,第 465 页。

有意识地和广泛地加以发展、应用，并体现在生活中，其规模是以往的时代根本想象不到的"。①

科学实验活动作为一种帮助人们解决认识世界问题的活动，其基本原则就是求真唯实，其基本特征就是永无止境地探求未知，追求真理，探索客观世界的本来面目。科学实验活动的直接目的和最高价值即在于达到对客观世界的真理性认识。因此，在科学实验活动这一伟大的人类事业的实践过程中，自始至终都有科学精神与之为伴。科学精神是把科学与其他社会实践活动区别开来的标志，也是科学之所以为科学的标识。可以说，科学精神就是不懈追求真理的精神和敢于坚持真理的勇气，它具有丰富的内涵，具体表现在求实精神、探索精神、理性精神、创新精神四个方面。

第一，求实精神。世界是不依人的主观意志的客观存在，科学实验活动要求人们进行一切求知活动时应该遵循"实事求是"的态度，要求正确认识客观世界的变化及其内在规律。"'实事'就是客观存在着的一切事物，'是'就是客观事物的内部联系，即规律性，'求'就是我们去研究。"② 科学追求真理，不盲从、不迷信、不妄下结论。因此，求实唯真是科学精神的首要要求。科学精神，就是彻底的唯物主义精神，也即实事求是精神。

第二，探索精神。由于客观世界的无限性和复杂性，在科学认识活动中，人们总是在未知的世界中探索。面对着无限的不确定性，科学研究不仅需要高智商，更需要坚韧不拔的探索精神。古往今来，科学家就是在无数的失败和挫折中进行着科学探索，科学发展就是经历实践、认识、再实践、再认识不断曲折反复的过程，就是不断探索真理、不断追求真理、不断坚持真理这样一个艰难过程。马克思曾指出："在科学的入口处，正像在地狱的入口处一样，必须提出这样的要求：'这里必须根绝一切犹豫；这里任何怯懦都无济于事。'"③ 正是在科学活动中敢于冒险、

---

① 《马克思恩格斯文集》第 8 卷，人民出版社 2009 年版，第 359 页。
② 《毛泽东选集》第 3 卷，人民出版社 1991 年版，第 801 页。
③ 吴鑫基、温家诗编著：《在科学的入口处：30 位天文学家的贡献》，湖北少年儿童出版社 2008 年版。

敢于尝试、敢于探索，才使得人类认识未知世界的可能性大大增强，才将极大地推动着科学的发展。

第三，理性精神。人们从事物的现象和偶然事件中获得的感性材料是复杂的、粗糙的、模糊的、混乱的，尚不能使人的认识达到事物的内在本质和规律。因此科学活动主体必须借助理性思维方式、抽象思维能力，在丰富而真实的感性材料的基础上，经过分析、思考、研究，最终形成对事物内在本质和规律的认识。正如毛泽东所说："要完全地反映整个的事物，反映事物的本质，反映事物的内部规律性，就必须经过思考作用，将丰富的感觉材料加以去粗取精、去伪存真、由此及彼、由表及里的改造制作工夫，造成概念和理论的系统，就必须从感性认识跃进到理性认识。"[①] 有了理性精神的指导，从而就可以在一定程度上避免了思想和行为的盲目性、自发性。

第四，创新精神。人们在尊重客观规律的基础上，可以充分发挥人类特有的主观能动性，创新精神则集中体现了这一点。科学的生命在于锐意进取、开拓创新，创新精神是一种勇于创立新思想新事物的精神，表现在不满足已知，不断追求新知；不墨守成规，敢于探索新方法；不唯书唯上，坚持独立思考；不喜欢一般化，敢"标新立异"等。科学领域之所以不断涌现新发明、新发现、新创造，就在于科学认识主体思想解放、思维转变、观念更新，大胆改革创新。一部科学史，就是一部在实践和认识上不断开拓创新的历史。

三　改造社会关系的活动

马克思指出：人的本质是一切社会关系的总和。改造社会关系的活动是人类发展最普遍，最宽泛的实践基本形式，它是指在一定的历史条件下，人与人之间相互往来，进行物质、精神交流的社会活动，也可称为社会交往。社会交往有别于人与自然的主客体的交往，它是主体间交往或人际交往，正是人与人之间的交互作用形成了人们的社会关系，即形成了所谓社会。马克思曾说："社会——不管其形式如何——究竟是什

[①]《毛泽东选集》，人民出版社 1991 年版，第 325 页。

么呢？是人们交互作用的产物。"① 个体与社会是一种辩证的统一体。

从社会关系的主体而言，社会关系包括个人与个人之间的关系、个人与群体之间的关系、个人与国家之间的关系、群体与群体之间的关系。从不同的角度，可以把改造社会关系的活动划分为：个人交往与群体交往；直接交往与间接交往；物质交往、精神交往、两性交往等。人际之间的改造社会关系的活动一般具有自觉性、中介性和客观性的本质特征。首先，人际之间的改造社会关系的活动是自觉地、有意识地进行的。人与人在进行交往时自知自己所从事的活动，并且活动是在某种自觉目的支配下进行，在活动过程中也可以调整目的和变换活动方式；其次，人际之间的改造社会关系的活动需要凭借一定的中介进行。交往中介包括语言、通信手段、运输工具和货币等，在人际交往的经济、政治、军事、法律、道德等各个领域都有体现；最后，人际之间的改造社会关系的活动是一种客观的活动。人们之间的社会交往必须借助一定的规范才能进行，而这些社会交往的规范是由物质生产的状况所决定的。因此，改造社会关系的活动的规模、程度及基本方式都是受生产发展水平所决定的历史条件制约的。

由于改造社会关系的活动主体具有自主性、自为性，交往的目的、意识水平等都存在差别，因此个人利益与他人利益、个人利益与社会利益之间不可避免地存在着不一致性。为了消除社会交往主体间的冲突，为了相对公正地处理个人利益与他人利益、社会利益的矛盾，在改造社会关系的活动的实践基础上需要寻求一定的"交往共识"，形成各种形式的政治、法律制度和伦理规范来调节和制约这种矛盾和冲突，维护人类社会的稳定与和谐发展。

四　审美活动

美是客观存在与主观感受的具体统一。审美活动作为人把握世界的特殊方式，是人在感性与理性的统一中，按照"美的规律"来把握现实的一种自由的创造性实践。美，是自由的象征。审美，是自由的运动。马克思认为自由的选择、自由的创造和自由的享受是人的审美活动的特

---

① 《马克思恩格斯选集》第 4 卷，人民出版社 1995 年版，第 320 页。

质，因为审美是以情感、想象为中介，以形象为载体的全身心的运动，是对人的自由本质的全面肯定。

在审美活动中，审美主体是自主的、自由的，审美尊重个人的主观情趣。比如有的人欣赏"阳春白雪"的高雅，有的人喜欢"下里巴人"的通俗；有的人喜欢大草原、戈壁滩，有的人欣赏风光旖旎的江南水乡；有的人爱看喜剧，有的人钟情悲剧；……在审美活动中，审美主体自由地往来于纯净、纯洁的精神世界，超越了各种名利欲求的束缚。中国传统审美认为，美在意象，审美活动就是要在物理世界之外构建一个意象世界；意象世界照亮真实的世界，这个真实的世界就是中国美学所说的"自然"，它不是逻辑的"真"，而是存在的"真"，是一个充满生命的有情趣的世界；审美活动是人的超理性的精神活动，"美"在意象。中国传统美学给予"意象"的最一般的规定，是"情景交融"。但是这里说的"情"与"景"，不能理解为互相外在的两个实体化的东西，而是"情"与"景"的欣合和畅、一气流通。比如看到圆月，不再只是想到月饼，而是团圆或宁静；看到高大的松树，不再是仅仅想到木材，而是钦佩其坚韧、高洁的品质；看到裸体艺术，不再是勾起本能性欲，而是对艺术的由衷赞美；看到古建筑，不再是计算其平米和利益，而是对人类智慧的惊叹；……

审美的范围极其广泛，包括自然界、建筑、音乐、舞蹈、服饰、陶艺、饮食、装饰、绘画、人性等等。人的审美追求，在于提高人的精神境界、促进与实现人的发展。我们需要不断追问自己的心灵，不断提高自己的审美情趣。

以上是从物质生产活动、科学活动、社会交往活动、审美活动这四个领域进行的考察，但在实际生活中，这种区分只具有相对意义，因为人的实践活动是综合性活动。但不管是哪一类实践活动，都打上了人的精神烙印，都体现了人的精神价值追求。

第二章

精神价值研究的理论基础与知识借鉴

在对精神价值的内涵与外延界定和阐述的基础上，开展精神价值研究同样需要正确的思想理论做指导。本文从宏伟的马克思主义经典著作及马克思主义中国化的最新成果中寻找出相关的理论进行梳理，作为研究精神价值的理论基石，并对古今中外精神价值追求的相应理论成果进行历史性概括，寻求精神价值研究的重要史料来源。

第一节 马克思主义关于精神价值研究的指导理论

在马克思主义经典著作及马克思主义中国化的最新成果中，并没有专门提出精神价值这一概念及针对性阐述。但是在马克思主义关于人的本质理论与人的精神需要理论、精神生产与精神发展理论、物质与精神关系理论、精神文明与社会主义核心价值体系建设理论、人的全面发展理论对精神价值研究具有很强的指导性，下面就从这几个方面进行阐述。

一 人的本质理论与精神需要理论

（一）人的本质理论

本质是指事物的根本性质，指组成事物的各个基本要素的内在联系，只能通过理性认识才能把握。本质是事物之所以存在的根据，是一类事物之所以区别于他类事物的最根本的特征。因此，人的本质是人与动物相区别的内在根据，是人在实践活动中形成的人的根本属性。马克思认为人的本质表现在三个方面：第一是实践性本质。马克思在《1844年经济学哲学手稿》中说："一个种的全部特性、种的类特性就在于生命活动的性质,而人的类特性恰恰就是自由的自觉的活动。"①"全部社会生活在本质上是实践的。"② 人与人的社会不仅是在劳动实践过程中产生的,也是在劳动实践基础上不断发展的。人在实践中积极地改造自然、改造社会、发展人类。人的实践活动与一般动物的本能支配活动最大的区别在于人的实践是目的性、价值性与客观性的统一,人的实践是在思想、观念、精神指导下进行的活动,如果失去精神指导的实践就与动物本能支配的活动无异了。马克思说:"蜘蛛的活动与织工的活动相似,蜜蜂建筑蜂房的本领使人间的许多建筑师感到惭愧。但是,最蹩脚的建筑师从一开始就比最灵巧的蜜蜂高明的地方,是他在用蜂蜡建筑蜂房以前,已经在自己的头脑中把它建成了。劳动过程结束时得到的结果,在这个过程开始时就已经在劳动者的表象中存在着,即已经观念地存在着。他不仅使自然物发生形式变化,同时他还在自然物中实现自己的目的。"③ 实践是有意识、有目的的活动,是人的理智、情感、意志等本质力量的对象性活动,是人的自觉性和自由精神运动的最现实表现,也是一种革命性的、批判性的活动。实践是改造客观世界与主观世界相统一的活动,是认知与行为相统一的活动,是遵循规律与遵循目标相统一的活动,人类在自己的"生活活动"中按照"任何物种的尺度"和"内在固有的尺度"的统一去创造"属人的世界",从而实现人类的"历史"与"发展"。人的"生活活动"具有创造性、开放性、未完成性和无限的可能性,充分地展现了人的存在方式和发展方式。因而,实践是人以一种主体性的方式来批判性地处理自己同外部世界的关系,能动地创造人的社会历史存在和社会生活,建构自己所追求的理想世界的最根本最现实的途径,是人作为主体的创造性本质的具体表现形式和实现形式。

第二是社会性本质。马克思在《关于费尔巴哈的提纲》中指出:"人的本质不是单个人固有的抽象物,在其现实性上,它是一切社会关系的总和。"④ 马克思认为,现实的人既需要社会关系,又受制于社会关系。

---

① 《马克思恩格斯选集》第1卷,人民出版社1995年版,第46页。
② 同上书,第56页。
③ 《马克思恩格斯全集》第23卷,人民出版社1972年版,第202页。
④ 《马克思恩格斯选集》第1卷,人民出版社1995年版,第56页。

"社会关系"不是某一方面的社会关系,而是一切社会关系。社会关系"分成物质的社会关系和思想的社会关系。思想的社会关系不过是物质的社会关系的上层建筑,而物质的社会关系是不以人的意志和意识为转移而形成的,是人维持生存的活动的(结果)形式。"①"物质的社会关系"最根本的就是生产关系,是在物质生产过程中形成的人与人之间的关系,主要包括生产资料的所有制关系、人们在生产中的地位及其相互关系、交换关系、分配关系、消费关系等。"思想的社会关系"即耸立在社会经济基础之上的上层建筑,包括两大部分。一部分是人们的政治交往关系制度化所形成的政治法律制度以及军队、警察、法院、监狱、政府机关等设施,以及与之相适应的一套组织,可以称之为政治上层建筑;一部分是人们的精神交往关系规范化和意识形态化所形成的社会意识形态,包括政治、法律、文艺、道德、宗教、哲学等各种服务于统治阶级的思想体系,可称为思想上层建筑。因此思想的社会关系主要包括政治关系、法律关系、道德关系、宗教关系等等。"思想的社会关系"对每个社会成员的精神活动都有着规范作用和导向作用,不同的社会关系在某种程度上也决定了一个人的本质及其发展。比如一个虔诚的宗教徒的人生信仰对象是神灵,一个彻底的唯物主义无神论者的人生追求是人自由而全面的发展;一个道德高尚的人会不断朝着真善美的方向前进,一个卑鄙无耻的人肯定是走向堕落、贪婪和腐化。

因此,在社会关系这个系统中,物质的社会关系与思想的社会关系不是简单的拼凑在一起,而是作为一个整体,是具有一定的秩序与规律的有机整体,以"总和"的形式存在并发挥作用的。物质的社会关系决定思想的社会关系,思想的社会关系又反作用于物质的社会关系。人的生存与发展,既需要物质的社会关系,也需要思想的社会关系,要同时呼吸"物质的空气"和"精神的空气",人的存在要受到具体的社会关系的制约,人的发展也表现在历史的社会关系变革之中。

第三是精神性本质。人的存在,不是一种纯自然的客观存在,而是一种自由自觉的存在物。因为人有意识,才会把自己的生命活动当作对象来进行自觉地处理,而与一般动物的本能适应活动相区别。人之所以

---

① 《列宁选集》第1卷,人民出版社1995年版,第19页。

能成为宇宙的精华、万物的灵长，正因为人是有意识的、有思想的社会存在。所以，"在社会历史领域内进行活动的，是具有意识的、经过思虑或凭激情行动的、追求某种目的的人；任何事情的发生都不是没有自觉的意图，没有预期的目的的"。① 因而，马克思才说"只有精神才是人的真正的本质"。②

人的本质是实践性、社会性、精神性的有机结合的总体特性，在这三者中，精神性处于核心地位。

(二) 精神需要理论

"需要"一词在人们的日常生活中运用非常广泛，也是一个含义非常多的概念。《辞海》中把"需要"定义为"人对一定客观事物需求的表现"。黄楠森等主编的《人学词典》中认为"作为一般范畴，'需要'是有机体、人和整个社会的一种特殊状态，即摄取状态"。在心理学上把需要（need）看作为个体和社会的客观需求在人脑中的反映，是个人的心理活动与行为的基本动力。没有对象的需要是不存在的，需要也总是伴随满足需要的对象的不断扩大而增加。它通常以一种"缺乏感"体验着，以意向、愿望的形式表现出来，最终导致为推动人进行活动的动机。1943年，美国著名的心理学家马斯洛在《人的动机理论》一文中提出了"需要层次论"（Hierachy of Human Needs Theory）。他把人的需要按重要性和层次性排成一定的次序，从基本的（如食物和住房）到复杂的（如自我实现）。当人的某一级的需要得到最低限度满足后，才会追求高一级的需要，如此逐级上升，成为推动人继续努力的内在动力。马斯洛的需求层次理论反映了人类行为和心理活动的共同规律，在某种程度上也可以说，表达的是从物质需要到精神需要发展的过程。

马克思针对"人的需要"的理论论述是非常丰富的，他在《黑格尔法哲学批判导言》中首次提出"人的需要"，在《1844年经济学哲学手稿》中集中论述"人的需要"，在《政治经济学批判大纲》中发展和完善了"人的需要"理论，在《德意志意识形态》则将"人的需要"作为历史唯物主义的逻辑起点。可以说"需要理论"是马克思主义理论体系

---

① 《马克思恩格斯选集》第4卷，人民出版社1995年版，第247页。
② 《马克思恩格斯全集》第3卷，人民出版社1972年版，第319页。

中的重要组成部分。

第一，人的需要具有层次性，其中，精神需要是最高层次的需要。从人类个体发展的角度看，需要是有层次的。马克思把需要分为由低到高的三个层次：生存需要、享受需要、发展需要。马克思认为，人类的需要是随着人们改造自然和社会的实践能力的不断增强而由低级向高级发展的，这是一个不断反馈、永无止境的历史发展过程。"已经得到满足的第一个需要本身，满足需要的活动和已经获得的为满足需要用的工具又引起新的需要。"[①] 随着人的需要的无限发展，人的需要也日益丰富和全面，"人以其需要的无限性和广泛性区别于其他一切动物。"[②] 生存需要是最基本的需要，是其他需要产生和发展的基础，也是人类社会产生和发展的前提；享受需要是人追求生活质量的提高，优化自己生活条件的需要；发展需要是人的固有的本质力量，是人的精神本质的解放，是人自由而全面的发展。生存需要、享受需要和发展需要描绘出了人的需要发展层级递进的规律性，反映了人类需要由低级到高级、由简单到复杂、由物质需要到精神需要的发展过程。其中，精神需要是人的最高层次的需要，也是人之所以为人的重要标志。

第二，精神需要以物质需要为基础，又具有一定的相对独立性。精神需要是相对于物质需要而言的，精神需要以物质需要为基础，是从满足物质需要的实践活动中产生出来的一种高级的、复杂的需要。人们满足了"吃、喝、住、穿"的物质需要后才会产生"从事政治、科学、艺术、宗教"等精神文化生活及其他较高层次的需要。这就意味着，人的精神需要只有在物质需要获得基本满足的前提下才能产生和发展，物质需要比精神需要有优先性。但是，人的精神需要一经产生，便作为相对独立的因素，强烈地影响和制约着人的行为，也影响和制约着包括物质需要在内的其他需要。所以，在一定的条件下，精神需要对人行为的支配作用比物质需要更大，而且在一定意义上有时还起决定作用。因此，马克思更重视精神需要，因为精神上的解放，才是人最终解放的标志。而人的精神需要的产生和满足不可能在人的头脑中自动自发地实现，必

[①] 《马克思恩格斯全集》第8卷，人民出版社1960年版，第32页。
[②] 《马克思恩格斯全集》第49卷，人民出版社1982年版，第130页。

须通过学习、教育等各种方式去激发、引导和满足其需要。

第三，精神需要指向人的自由而全面发展。马克思强调人的全面发展是一个逐步实现的过程，指出人类发展依次经历"人的依赖关系"形态、"物的依赖关系"形态和"建立在个人全面发展和他们共同的社会生产能力成为他们的社会财富这一基础上的自有个性"① 形态的三个阶段。人的全面发展的满足，形成了社会发展的终极目标。人的自由而全面的发展，表明人将发展成为自由、自觉、自为的主体，不仅仅是外在条件、外在环境的满足，而且是人的内在特性——精神本质的解放与超越。精神世界的全面而自由的发展是人的全面发展的一个主要方面。倘若人没有精神需求，缺乏人的精神价值追求，人的全面发展便是畸形的和虚无的，那就只不过是"片面的、抽象的个人""作为单纯的劳动人的抽象存在"。因此，人的精神需要的满足体现为人类从必然王国向自由王国跃进的历史过程，"作为一个完整的人，占有自己的全面的本质"。②

二 精神生产、精神发展理论

马克思认为人类社会的生产主要是由三种生产组成，是一个有机的整体，是全面生产：一是物质资料的生产，即"物质生产"，它是人类第一种生产活动，也是整个人类社会得以存在和发展的最基本的前提；二是人口的生产，即人的生育，这种生产是人类能够世代繁衍延续下去的关键；三是精神生产，在《德意志意识形态》中，马克思写道："思想、观念、意识的生产最初是直接与人们的物质活动，与人们的物质交往，与现实生活的语言交织在一起的。观念、思维、人们的精神交往在这里还是人们物质关系的直接产物。表现在某一民族的政治、法律、道德、宗教、形而上学等的语言中的精神生产也是这样。"③ 马克思的精神生产理论是历史唯物主义的重要组成部分，它是马克思考察、分析人类社会的理论基础。

精神生产是在物质生产的基础上产生并随之发展的。在物质生产实

---

① 《马克思恩格斯全集》第 46 卷（上），人民出版社 1979 年版，第 104 页。
② 《马克思恩格斯全集》第 42 卷，人民出版社 1979 年版，第 123 页。
③ 《马克思恩格斯选集》第 1 卷，人民出版社 1995 年版，第 72 页。

践的基础上，人的意识逐步发展，自我意识开始形成，社会分工开始出现。但是"分工只是从物质劳动和精神劳动分离的时候起才开始成为真实的分工"。① 也就是说，随着社会生产力的提高，产品日益丰富，社会中有一部分人专门承担物质劳动，有一部分人专门从事精神劳动。因此，社会的生产从此便分成了两种：一种是物质生产；另一种是精神生产。马克思认为，到了这时，人类社会的分工才真正形成了。

精神生产是"思想社会关系"的生产，是人们在一定物质条件下，进行的科学、艺术、宗教、法律、道德、哲学等社会意识的生产，是一种生产精神产品的实践活动。精神生产作为人类所特有的一种实践活动，生产出的精神产品，能够满足人们日益丰富和提高的精神生活的需求，其中包括现实的和想象的、享受的和发展的需要，并且在精神生产过程中，从事精神生产的主体自身也得到了不断提高和发展。由于精神的特质具有超越性，因而精神生产能超越一定的主客观条件的限制，精神生产的劳动者具有无限广阔的活动空间，主体活动的自由度在精神生产中可以得到最大的发挥和展现。人在精神生产的过程中，还能"按照美的规律"来生产，能根据人的内在精神需求去改造世界，追求"真、善、美"。人之成为人就在于"不受肉体需要的支配也能进行生产，并且只有不受这种需要的支配时才进行真正的生产"。从这个意义上可以说，人类精神生产才是"真正的生产"，或者说精神生产代表了人的自由的最高水平。在进行精神生产的过程中，人的精神也得以发展，精神发展将呈现由依附向自由发展、由片面向全面发展的态势。

（一）精神发展由依附向自由发展

人的发展是一个递进的过程，最初的形态是人依赖人，人的关系只是自然血缘关系和协议服从关系，为的就是在与自然的抗争中获取基本的生存资料，此时可以说是别无选择；第二阶段高度发展的商品生产，瓦解了人们的直接依赖关系，人就不再依赖人，而是依赖生产过程，进而依赖生产过程的产物——商品，"以物的依赖性为基础的人的独立性，是第二大形态"；"建立在个人全面发展和他们共同的社会生产能力成为

---

① 《马克思恩格斯选集》第1卷，人民出版社1995年版，第82页。

他们的社会财富这一基础上的自由个性，是第三个阶段"。① 人们能够在实践活动中摒弃人身依附因素和金钱、货币等物化因素对人与人之间社会关系的禁锢和束缚，谋求个人独立自主自由发展，从而实现精神自觉、自愿和自主。

（二）精神发展由片面向全面发展

在资本主义社会中，"精神空虚的资产者为他自己的资本和利润欲所奴役；律师为他的僵化的法律观念所奴役……一切'有教养的等级'都为各式各样的地方局限性和片面性所奴役"②，工人也沦为了机器的附庸，针对这种因劳动的异化而导致人的身体及能力的畸形和片面发展状况，以及少数人的发展总以多数人牺牲为前提和条件的不平等发展状况，马克思指出"共产主义是私有财产即人的自我异化的积极扬弃……人以一种全面的方式，也就是说，作为一个完整的人，占有自己的全面的本质"。③ 人不再片面发展体力，而是体力与智力的全面发展；不再片面发展智商，而是智商与情商的全面发展；不再片面发展技术水平，而是技术水平与精神素养全面发展。

总之，精神生产是人生命活动的最高表现形式，人类在精神发展的过程中超越有限走向无限，从必然王国走向自由王国，实现人的自由而全面的发展。

三 物质与精神关系理论

物质与精神的关系是世界的最基本关系，两者之间的矛盾是世界的最基本矛盾。因此，物质与精神的关系问题又称哲学的基本问题。恩格斯在1886年写的《路德维希·费尔巴哈和德国古典哲学的终结》一书中第一次对此作出了明确而精辟的表述。辩证唯物主义关于物质与精神关系的理论，是整座辩证唯物主义大厦的理论基石。辩证唯物主义认为，物质与精神是对立统一的，相互作用、相互影响，两者相辅相成，在一定条件下还可以相互转化。

---

① 《马克思恩格斯全集》第46卷上，人民出版社1979年版，第104页。
② 《马克思恩格斯全集》第20卷，人民出版社1971年版，第317页。
③ 《马克思恩格斯全集》第42卷，人民出版社1979年版，第120页。

(一) 精神能动反映物质

1. 从产生的过程来看，物质在先，精神在后，物质决定精神。马克思曾说过，"思想、观念、意识的生产最初是直接与人们的物质活动，与人们的物质交往，与现实生活的语言交织在一起的。观念、思维、人们的精神交往在这里还是人们物质关系的直接产物。"① 因此，物质决定精神，人的意识、观念来源于现实的物质世界，社会存在决定着人的思想。"人们在自己生活的社会生产中发生一定的、必然的、不以他们的意志为转移的关系，即同他们的物质生产力的一定发展阶段相适合的生产关系。这些生产关系的总和构成社会的经济结构，即有法律的和政治的上层建筑竖立其上并有一定的社会意识形式与之相适应的基础。物质生活的生产方式制约着整个社会生活、政治生活和精神生活的过程。不是人们的意识决定人们的存在，相反，是人们的社会存在决定人们的意识。"②

2. 从精神的内容来看，一切观念都是对客观存在的反映。正如马克思所说，"观念的东西不外是移入人的头脑并在人的头脑中改造过的物质的东西而已。"③ 精神的内容不是自生的，而是人脑对外在物质世界的主观映像。并且，人脑对客观存在的反映也不是像照镜子一样的机械反映，而是能动的、创造性的反映。"外部世界对人的影响表现在人的头脑中，反映在人的头脑中，成为感觉、思想、动机、意志，总之，成为'理想的意图'，并且通过这种形态变成理想的力量。"④ 毛泽东也曾经在《人的正确思想是从哪里来的？》一文中说过，"人的正确思想是从哪里来的？是从天上掉下来的吗？不是。是自己头脑里固有的吗？不是。人的正确思想，只能从社会实践中来……整个认识过程的第一个阶段，即由客观物质的主观精神的阶段，由存在到思想的阶段。"⑤

因此，从精神的产生看，物质是基础，物质不仅能被精神所反映，并且精神是对物质的能动反映。

---

① 《马克思恩格斯选集》第1卷，人民出版社1995年版，第30页。
② 《马克思恩格斯选集》第2卷，人民出版社1995年版，第159页。
③ 同上书，第217页。
④ 《马克思恩格斯选集》第4卷，人民出版社1995年版，第228页。
⑤ 《毛泽东文集》第8卷，人民出版社1999年版，第320页。

（二）精神转化为物质

1. 精神会对物质世界进行"观念的建造"。马克思说："蜘蛛的活动与织工的活动相似，蜜蜂建筑蜂房的本领使人间的许多建筑师感到惭愧。但是，最蹩脚的建筑师从一开始就比最灵巧的蜜蜂高明的地方，是他在用蜂蜡建筑蜂房以前，已经在自己的头脑中把它建成了。"① 毛泽东说："思想等等是主观的东西，做或行动是主观见之于客观的东西，都是人类特殊的能动性。这种能动性，我们名之曰'自觉的能动性'，是人之所以区别于物的特点。"② 人的精神具有目的性与计划性，会根据人自己实践的需要进行自觉选择，能对材料进行"去粗取精、去伪存真、由此及彼、由表及里"的加工制作，把握事物的本质与规律，制定好工作计划、行动方案、设计蓝图等。人们通过逻辑分析方法、知识经验、情感意志等要素能动地对客观存在进行一系列的改造，列宁说，"人的意识不仅反映客观世界，并且创造客观世界。"③ 说的就是在人们进行现实客观的创造活动前，人们就已经在头脑中进行了"观念的建造"，意识可以通过"思维操作"实现对客观事物的超前的、观念的改造，指导并通过实践把理想变成现实，从而改变、创造世界。

2. 精神在客观的实践活动中转化为物质。列宁指出"世界不会满足人，人决心以自己的行动来改变世界"。④ 在形成了思想观念的基础上，人们可以将思想观念作用于物质世界，将思想观念外化出来，使思想变成现实，创造出物质世界的新形态，从而将"观念的东西转化为实在的东西"。马克思在《〈黑格尔法哲学批判〉导言》中曾经指出："批判的武器当然不能代替武器的批判，物质力量只能用物质力量来摧毁；但是理论一经掌握群众，也会变成物质力量。理论只要说服人，就能掌握群众；而理论只要彻底，就能说服人。"⑤ 理论是精神的集中体现，理论掌握群众就会变成物质力量，也就是说精神可转化为物质。当然，人们必须从实际出发，努力认识和把握事物的发展规律，形成正确的、科学的

---

① 《马克思恩格斯全集》第 23 卷，人民出版社 1972 年版，第 203 页。
② 《毛泽东选集》第 2 卷，人民出版社 1952 年版，第 477 页。
③ 《列宁全集》第 55 卷，人民出版社 1990 年版，第 182 页。
④ 列宁：《哲学笔记》，人民出版社 1974 年版，第 229 页。
⑤ 《马克思恩格斯选集》第 1 卷，人民出版社 1995 年版，第 9 页。

认识，在正确的认识指导下，通过物质的活动——实践，展开正确的行动，从而将精神的力量转变成现实的物质力量。精神通过实践反作用于物质的过程，也就是精神自身的"物化"过程。人的精神正是通过实践而能动地认识世界，又通过实践而能动地改造世界。

因此，精神不仅是物质的反映，而且在一定条件下可以转化为物质，甚至可以创造出新的物质形态。

四　精神文明建设与社会主义核心价值观建设理论

精神文明建设是社会主义现代化建设的一个重要方面。党的十一届三中全会以来，以邓小平为代表的党中央对社会主义精神文明建设的战略地位、主要内容、根本任务、指导方针等，进行了系统、明确的阐述，形成了社会主义精神文明建设理论。

邓小平指出："在社会主义国家，一个真正的马克思主义政党在执政以后，一定要致力于发展生产力，并在这个基础上逐步提高人民的生活水平。这就是建设物质文明。过去很长一段时间，我们忽视了发展生产力，所以现在我们要特别注意建设物质文明。与此同时，还要建设社会主义的精神文明，最根本的是要使广大人民有共产主义的理想，有道德，有文化，守纪律。"因此，在社会主义现代化建设过程中，在建设物质文明的同时，必须建设精神文明。

邓小平认为，建设高度的社会主义精神文明，是建设有中国特色社会主义的一个重要组成部分，是社会主义的优越性的集中体现。邓小平详细阐述了社会主义精神文明的主要内容、重要作用以及物质文明建设与精神文明建设的关系等基本问题。精神文明建设具有非常丰富的内容，邓小平对此作了科学的概括，他说："所谓精神文明，不但是指教育、科学、文化（这是完全必要的），而且是指共产主义的思想、理想、信念、道德、纪律、革命的立场和原则，人与人的同志式关系，等等。"将社会主义精神文明明确划分为教育科学文化和思想道德两个方面，实际上提出了精神文明建设的主要任务是思想道德建设与科学文化建设。对社会主义精神文明的作用，邓小平作了高度概括，他指出："最根本的是要使广大人民有共产主义的理想，有道德，有文化，守纪律。"也就是说，建设社会主义精神文明最根本的就是要解决人的问题，即根据社会主义现代化建设事业的要求培养社会主义新人。在论述物质文明建设与精神文明建设的关系时,邓小平明确指出:"不加强精神文明建设,物质文明建设也要受破坏,走弯路。""没有这种精神文明,没有共产主义思想,没有共产主义道德,怎么能建设社会主义?"我们要追求的是富强、民主、文明的社会主义现代化国家,只有两个文明都搞好,才是中国特色的社会主义,在社会主义现代化建设的整个过程中,必须始终"两手抓,两手都要硬"。他一再主张,两个文明必须相互配合、相互支持、相互满足。忽视任何一方,现代化建设必将误入歧途。

1986年党的十二届六中全会通过了《中共中央关于社会主义精神文明建设指导方针的决议》,对社会主义精神文明的战略地位进行了科学的定义:"我国社会主义现代化建设的总体布局是:以经济建设为中心,坚定不移地进行经济体制改革,坚定不移地进行政治体制改革,坚定不移地加强精神文明建设,并且使这几个方面互相配合,互相促进。全党同志必须从这个总体布局的高度,正确认识社会主义精神文明建设的战略地位。"1996年党的十四届六中全会再次以专文《中共中央关于加强社会主义精神文明建设若干重要问题的决议》再次强调了这一思想。《决议》指出,"根据党在社会主义初级阶段的历史任务,根据新中国成立以来特别是改革开放以来的历史经验,我国社会主义精神文明建设,必须以马克思列宁主义、毛泽东思想和邓小平建设有中国特色社会主义理论为指导,坚持党的基本路线和基本方针,加强思想道德建设,发展教育科学文化,以科学的理论武装人,以正确的舆论引导人,以高尚的精神塑造人,以优秀的作品鼓舞人,培育有理想、有道德、有文化、有纪律的社会主义公民,提高全民族的思想道德素质和科学文化素质,团结和动员各族人民把我国建设成为富强、民主、文明的社会主义现代化国家。这是精神文明建设总的指导思想,也是精神文明建设总的要求。"[①] 此后,社会主义精神文明与中国特色社会主义文化是相一致的,党的十五大进一步提出了建设中国特色社会主义的文化纲领,指出:"在当代中国,发展先进文化,就是发展有中国特色社会主义的文化,就是建设社会主义

---

① 《十一届三中全会以来党的历次全国代表大会中央全会重要文件选编》下卷,中央文献出版社1997年版,第377页。

精神文明"。2011年中共十七届六中全会通过了《中共中央关于深化文化体制改革推动社会主义文化大发展大繁荣若干重大问题的决定》，充分认识到推进文化改革发展的重要性和紧迫性，要更加自觉、更加主动地推动社会主义文化大发展大繁荣。实际上，党的十二届六中全会《决议》、十四届六中全会《决议》和十七届六中全会《决定》在本质上是一致的，是一脉相承的，都是在强调精神文明建设。《决定》指出："社会主义核心价值体系是兴国之魂，是社会主义先进文化的精髓，决定着中国特色社会主义发展方向。"并提出以建设社会主义核心价值体系为根本任务，坚持用社会主义核心价值体系引领社会思潮，这深刻揭示了社会主义核心价值体系在文化建设中的灵魂作用，进一步强调了思想道德建设的重要性。文化是社会的灵魂，价值观是文化的精髓。党的十八大报告进而强调，要倡导富强、民主、文明、和谐，倡导自由、平等、公正、法治，倡导爱国、敬业、诚信、友善，积极培育和践行社会主义核心价值观，这充分展现了我们党高度的文化自觉和价值自信。

党的十八大提出积极培育和践行社会主义核心价值观，是中国特色社会主义经济、政治、文化、社会关系的价值反映，代表着人民群众在实践过程中凝聚起来的精神追求。富强、民主、文明、和谐，体现了中国特色社会主义现代化的价值目标，符合我们党领导人民寻求民族复兴的共同愿景。自由、平等、公正、法治，是我们党坚持科学发展、坚持以人为本、坚持执政为民、坚持依法治国实践的价值体现。爱国、敬业、诚信、友善，体现了中华民族传统美德、中国共产党人革命道德和社会主义道德的精华，是人民群众对文明风尚、社会道德的情感和理性追求。社会主义核心价值观适应当代中国社会发展需要和广大人民群众的共同期盼，从不同层面规范了国家、社会和公民的核心价值追求，为我们坚持和发展中国特色社会主义提供了根本价值遵循。这些内容相互联系、相互贯通，是一个有机整体，缺一不可，既体现了社会与个体发展的潜能与活力，又明确了发展所应遵循的方向与规范，因而对我国社会和人的发展，具有坚定正确方向、实现远大目标、提供强大动力、遵循基本准则的主导作用。

五　人的全面发展理论

马克思、恩格斯针对当时资本主义社会中以物的依赖性为基础的工人的片面性、工具性、有限性的发展状况进行深刻的批判，提出了"人的全面发展"的理论。马克思主义人的全面发展理论对人的全面发展及其客观规律作了科学的把握，并将其作为"自由人的联合体"这种未来社会形式的本质特征、基本原则和价值目标，体现了科学性与价值性的高度统一。

马克思曾说："人以一种全面的方式，也就是说，作为一个完整的人，占有自己的全面的本质。"① 按照马克思、恩格斯的观点，人的全面发展的内涵主要包括三层含义：第一层是主要由人的体力和智力构成的人的劳动能力的发展，人的劳动能力的全面发展是人的全面发展的核心。人的发展是随着劳动实践而历史地发展的，人通过劳动，在改造客观世界的同时改造自身，在劳动中获得自身的发展。人类社会发展的历程证明，劳动的产生就是人类的产生，劳动的异化就是人类的异化。劳动的解放和发展就是人类的解放和发展。因此，人的劳动能力的全面自由发展是人的全面发展的核心内容；第二层是人的社会关系的全面发展。人的社会关系的全面发展是人的全面发展的关键。马克思认为，人是社会的人，人是在社会关系中生存和发展的，"这些社会关系实际上决定着一个人能够发展到什么程度"。② 马克思认为，一个人的发展取决于他直接或间接进行交往的其他一切人的发展。正是在交往中，人与人在心理、情感、信息诸方面得到交流、受到启发，从而丰富自己、充实自己、发展完善自己。因此，个人必须积极参与社会生活各个领域，同其他个人从而也同整个世界的物质生产和精神生产进行普遍的交往，逐渐摆脱个体的、地域的和民族的狭隘性，在交往中形成丰富而全面的社会关系；第三层是人的个性的全面发展，即个人自由个性的生成、培育和建构。自由个性的充分发挥，既是人的全面发展的综合体现和最高目标，也是人的全面发展的根本内涵。人的行动或活动具有自主性、能动性和创造

---

① 《马克思恩格斯全集》第 42 卷，人民出版社 1979 年版，第 123 页。
② 《马克思恩格斯全集》第 3 卷，人民出版社 1960 年版，第 295 页。

性，而每个人活动的自主性、能动性、创造性是构成人的个性的基本内涵。只有独立才能自主，只有自主才能自由。个性发展是马克思主义关于人的全面发展的本质内容。马克思还具体考察了实现人的全面发展的历史过程，提出了人的全面发展将要经历三个阶段的学说。"三阶段"说论证了人的全面发展的过程性、阶段性和长期性。

马克思主义人的全面发展理论在我国社会主义的建设过程中与我国的具体实践相结合，实现了新的发展。毛泽东认为："筋骨者，吾人之身；知识、感情、意志者，吾人之心。身心皆适，是谓俱泰。"[1] 并由此提出了"德智体全面发展"的思想，将德育、智育、体育作为社会主义新人全面发展的三个基本方面。后来邓小平根据我国现代化建设对人的要求，提出了"四有"新人理论。他说："我们提出要教育人民成为'四有'人民，教育成为'四有'干部。'四有'就是有理想、有道德、有文化、有纪律。"[2] "一定要提醒大家，就是在建设具有中国特色的社会主义社会时，一定要坚持发展物质文明和精神文明，坚持五讲四美三热爱，教育全体人民做到有理想、有道德、有文化、有纪律。"[3] 此后，培育社会主义"四有"新人成为我国精神文明建设的根本任务和教育的目标，在实践层面也大大促进了人的全面发展。

《在庆祝中国共产党成立八十周年大会上的讲话》中江泽民用了较长篇幅论述了人的全面发展问题，在新的历史条件下发展了马克思主义关于人的全面发展的理论。江泽民认为，促进人的全面发展是"马克思主义关于建设社会主义新社会的本质要求"，从而揭示了社会主义的本质与人的全面发展的内在关联，既进一步深化了对社会主义本质的认识，又丰富了人的全面发展的内涵，这是对人的全面发展理论的一种更高、更广的阐释。同时，江泽民把社会主义社会人的全面发展具体化为人的内在发展和外在发展。人的内在发展即各种素质的全面发展，强调"思想和精神生活的全面发展"，也就是从心理和生理、物质和精神、存在和本质来看人的自由个性的生成、培育、建构和获得。人的外在发展指的是

---

[1] 《毛泽东早期文稿》，湖南出版社1990年版，第70页。
[2] 《邓小平文选》第3卷，人民出版社1993年版，第205页。
[3] 同上书，第110页。

人的各种关系的发展。一是人与自然关系的和谐，二是人与人、人与社会关系的和谐。根据现代社会人的关系丰富性与复杂性，特别是环境污染、生态破坏导致人的生存与发展危机，江泽民提出人与自然、人与社会的和谐发展，具有现实针对性，发展了马克思主义关于人的全面发展的理论。胡锦涛提出的"以人为本"的科学发展观则是马克思主义人的全面发展理论中国化的又一次历史性飞跃。"以人为本的根本含义，就是坚持全心全意为人民服务，立党为公，执政为民，始终把最广大人民的根本利益作为党和国家工作的根本出发点和落脚点，坚持尊重社会发展规律与尊重人民历史主体地位的一致性，坚持为崇高理想奋斗与为最广大人民利益的一致性，坚持发展为了人民、发展依靠人民、发展成果由人民共享。"[1] "以人为本"思想是对人的认识问题上的新突破，是对马克思主义人的全面发展理论的拓展与升华。2013年3月17日，中国新任国家主席习近平在党的十二届全国人大一次会议闭幕会上，向全国人大代表发表自己的就任宣言，在将近25分钟的讲话中，习近平主席9次提及"中国梦"，44次提到"人民"，他强调"中国梦归根到底是人民的梦，必须紧紧依靠人民来实现，必须不断为人民造福。生活在我们伟大祖国和伟大时代的中国人民，共同享有人生出彩的机会，共同享有梦想成真的机会，共同享有同祖国和时代一起成长与进步的机会"。[2] "中国梦"具有多个维度，其价值维度就是要实现人的全面发展，其要求的"三个共同享有"，划清了中国梦与其他梦的区别，划清了正当个人利益与极端个人主义的界限，体现了个人发展与国家目标的一致、个人价值与社会责任的统一。之后党的十八大明确把"促进人的全面发展"纳入中国特色社会主义道路的内涵之中，并且强调，"不断在实现发展成果由人民共享、促进人的全面发展上取得新成效"。这标志着中国特色社会主义把实现人的自由全面发展作为终极价值追求，极大提升了"中国梦"的吸引力、凝聚力和感召力。

---

[1] 胡锦涛：《在新进中央委员会的委员、候补委员学习贯彻党的十七大精神研讨班上的讲话》，《人民日报》2007年12月18日。

[2] 习近平：《中国梦归根到底是人民的梦必须紧紧依靠人民来实现》，新华网 http：//news. xinhuanet. com/politics/2013—03/17/c_ 115053330. htm，2013年3月17日。

马克思主义关于人的全面发展理论指出了人的精神价值追求的条件和阶段，明确了人的精神价值追求的方向和目标，并将人的精神发展视为人的全面发展的重要保证，是完整、科学的人的发展理论。

第二节 精神价值追求的知识借鉴

精神价值追求的历史贯穿于人类发展的整个过程。纵观人类发展历史，无论古今中外，对人的精神价值追求都进行了深刻的思考，积累了丰硕的研究成果，这是当代精神价值追求研究的重要知识来源。

一　中国古代关于精神价值追求的文化传承

党的十八大以来，以习近平同志为核心的党中央高度重视和弘扬中华优秀传统文化，本着择其善者而从之、其不善者而去之的科学态度，将其作为治国理政的重要思想文化资源，将其融入中国道路，实现了对传统文化的完美"超越式传承"。"中华文化源远流长，积淀着中华民族最深层的精神追求，代表着中华民族独特的精神标识，为中华民族生生不息、发展壮大提供了丰厚滋养。中华传统美德是中华文化精髓，蕴含着丰富的思想道德资源。不忘本来才能开辟未来，善于继承才能更好创新。要认真汲取中华优秀传统文化的思想精华和道德精髓，大力弘扬以爱国主义为核心的民族精神和以改革创新为核心的时代精神，深入挖掘和阐发中华优秀传统文化讲仁爱、重民本、守诚信、崇正义、尚和合、求大同的时代价值，使中华优秀传统文化成为涵养社会主义核心价值观的重要源泉。"[①] 中华文明以其持续性和包容性，造就了气度恢宏的文化景象，在精神修养和价值追求方面有着深刻的思考和探索。

1. 忧国爱民的精神追求

"古之欲明明德于天下者，先治其国；欲治其国者，先齐其家；欲齐

---

① 2014年2月24日在中共中央政治局第十三次集体学习时的讲话，《习近平论中国传统文化——十八大以来重要论述选编》，http://theory.people.com.cn/n/2014/0303/c40531—24507951.html。

其家者,先修其身;欲修其身者,先正其心……心正而后身修,身修而后家齐,家齐而后国治,国治而后天下平。"① 这是古代儒家思想中知识分子所尊崇的信条。君子士大夫的生命价值是与社会、国家、天下紧紧联系在一起的,他们以"以天下为己任"的高度社会责任感,对国家和民族的前途自觉关心并用毕生心血去追求。在国泰民安时期,居安思危,防患于未然;在国家危难时期,立志变革创新,奉公尽忠,以身殉国。数千年的历史长河中,我们不难看到众多"居庙堂之高而心忧其民"的士大夫,他们为民请命、为民做主、为民鞠躬尽瘁。在我国传统文化中蕴含着极其丰富的爱民思想。早在商周时期,鉴于商纣王因暴戾统治丧失政权的教训,周公为提出了"民可近,不可下,民惟邦本,本固邦宁"②的思想。春秋时期齐国思想家管仲最早提出了"以人为本",在《管子·霸言》中说道:"夫霸王之所始也,以人为本。本治则国固,本乱则国危。"③可见,中国古代思想家都非常重视民众的力量与作用,把民众置于国家之根基的地位。在《晏子春秋》这部史籍中记载了晏子和叔向的一段对话,晏子回答叔向所提出来的治国问题,曰:"卑而不失尊,曲而不失正者,以民为本也。"④儒家代表人物的孟子也提出了"保民而王,莫之能御也。"⑤"得天下有道:得其民,斯得天下矣。得其民有道:得其心,斯得民矣。得其心有道:所欲与之聚之,所恶勿施尔也。"⑥"民之为道也,有恒产者有恒心,无恒产者无恒心。苟无恒心,放僻邪侈,无不为己,及陷入罪,然后从而刑之,是罔民也……贤君必恭俭礼下,取于民有制。"⑦道家创始人老子从"贵以贱为本"的朴素辩证法出发提出"爱民治国"的政治主张。他认为,君主当"以百姓心为心"⑧。范仲淹"先天下之忧而忧,后天下之乐而乐"的思想,犹为彰显了古代爱民忧民为民的伟大情怀。

---

① 《礼记·大学》。
② 《尚书·五子之歌》。
③ 《管子·霸言》。
④ 《晏子春秋·内篇问下》。
⑤ 《孟子·梁惠王上》。
⑥ 《孟子·离娄上》。
⑦ 《孟子·滕文公上》。
⑧ 《道德经·第四十九章》。

2. 自强刚毅的精神诉求

"自强"即自尊、自重、自立、自胜之意。"天行健,君子以自强不息"正是中华民族的精神心态,体现了中国传统文化蕴含的奋发进取、顽强拼搏、永不停息的精神,也是千百年来中国人对理想执着追求的真实写照。在中国的神话故事中有"盘古开天辟地""女娲补天""夸父追日""精卫填海""愚公移山"等,这些无一不透射出奋发进取、刚健有为的精神。孔子为了救民救世,颠沛流离,视死如归,要献身于"弘道"。孔子认为士君子要刚强有力,以天下为己任,甚至"知其不可而为之",深刻影响后来的儒生及中国人的思想。其学生曾参说:"士不可以不弘毅,任重而道远,仁以为己任,不亦重乎?死而后已,不亦远乎?"①孟子说:"自弃者,不可与有为也","故天将降大任于斯人也,必先苦其心志,劳其筋骨,饿其体肤,空乏其身,行弗乱其所为"②。荀子讲:"以修身自强,则名配尧禹。"③ 朱熹讲:"学者自强不息,则积少成多;中道而止,则前功尽弃。其止其往,皆在我而不在人也。"④ 唐人李咸用《送人》诗说:"眼前多少难甘事,自古男儿当自强"等等。

自强不息、刚毅坚卓的精神被中国历代文人所传承,绵延至今。这种精神也形成了强大的民族凝聚力和向心力,在中华民族的历史上,多少人承载着这种历史责任感和使命感,推动中国不断革故鼎新,在无数次天灾人祸面前挽救中华民族的命运,推动中国人团结一致,不断建设中国的强国富民之路。

3. 崇德重道的精神求索

中华文化注重道德是举世闻名的,中国人历来把道德当作人的本质属性,重视人的道德存在。在《易经》中就有记载:"地势坤,君子以厚德载物",周公提出"以德配天"。道德不是外在的强制,而是人的本性需要,是人与动物相区别的根本标志。"仁义礼智"并非外铄于人,而是人所固有的。孔子云:"主忠信,徙义,崇德也。""先事后得,非崇德

---

① 《论语·泰伯》。
② 《孟子·告子》。
③ 《荀子·修身》。
④ 《四书章句集注·论语集注》。

与?"① 道德在人们生活中具有非常重要的意义,人类尊崇道德,把道德完善作为最高理想去追求。幸福生活的本质内容是道德的完善,"孔颜乐处"是高尚幸福生活的代名词。长期以来,人们认为食无求饱、居无求安,而是以求道为最高满足。"安贫乐道"强调了人们在贫贱时也不能忘记道义,贫困中反而能磨炼追求道义的坚强意志。不管是身处什么样的生活环境,贫贱与富贵都不能决定人的价值,而是人的德行高低。"贫而乐道""富而好礼"是人们所应有的人生态度,也形成了中华民族崇德重道的精神素质。实践道德是人类最理想完满的生活,它不仅能使人近仁达仁,不忧不惧不惑,而且能使"民德归厚",从而实现"天下归仁"。

4. 仁爱礼义的精神探求

在礼崩乐坏的春秋战国时期,儒家开始倡导"仁爱礼义",希望恢复良好秩序、践行规范行为,由此也成为中国处理人与人关系的准则和完善自我的标准。孔子把"仁"作为最高的道德原则、道德标准和道德境界。孔子说:"仁者爱人"②,"孝悌也者,其为仁之本与"③,"唯仁者能好人,能恶人"④,"为仁由己"⑤,"仁远乎哉,我欲仁,斯仁至矣"⑥。"仁"是内在于人的,人皆有之,其核心就是爱人。仁是完美的道德品质,礼是完善的制度规范,仁是礼的精神支柱,礼是仁的外在体现,故孔子曰:"克己复礼为仁,一日克己复礼,天下归仁焉。"⑦ 孟子也强调恻隐、羞恶、恭敬(辞让)、是非之心,这四心是仁义礼智之端,人人都有。孟子说:"仁也者,人也;合而言之,道也。"⑧ "由仁义行,非行仁义也"⑨,"仁义礼智,非由外铄我也,我固有之也"⑩。孟子把仁同义联系起来,把仁义看作道德行为的最高准则。孟子继承了孔子关于义是成

---

① 《论语·颜渊》。
② 《论语·颜渊》。
③ 《论语·学而》。
④ 《论语·里仁》。
⑤ 《论语·颜渊》。
⑥ 《论语·述而》。
⑦ 《论语·颜渊》。
⑧ 《孟子·尽心下》。
⑨ 《孟子·离娄下》。
⑩ 《孟子·告子上》。

为君子的前提，君子须"义以为上""见利思义"的见解，更明确、更直接地主张舍生取义。作为君子，应当维护和实践道义，做到"富贵不能淫，贫贱不能移，威武不能屈"①，这是大节的表现，"生亦我所欲也，义亦我所欲也；二者不可得兼，舍生而取义者也"。② 在治理国家时，孟子也把仁义道德看作是治理天下国家的根本原则，"何必曰利，亦有仁义而已矣"。③ 荀子把义作为人与动物的本质差别，"水火有气而无生，草木有生而无知，禽兽有知而无义，人有气，有生，有知，亦且有义，故最为天下贵也。力不若牛，走不若马，而牛马为用，何也？曰：人能群，彼不能群也。人何以能群？曰：分。分何以能行？曰：义。故义以分则和"。④ 董仲舒认为人们应当贵义轻利，要使得"民之皆趋利而不趋义"的状况得以扭转，就必须教化他们，做到"夫仁人者，正其宜不谋其利，明其道不计其功"。⑤

儒家确立的仁爱礼义思想对于铸造中华民族的精神品格，产生了重大而深远的影响，中华民族重理性、讲节操，中华儿女团结友爱、助人为乐、忠诚国家和事业，形成了中华民族的集体主义和爱国主义的优良传统。

5. 乐群贵和的精神谋求

中国传统文化实质上是整体文化，非常强调群体的重要，因为人之所以区别于禽兽，就在于人能"群"，因此提倡乐群贵和，也突出表现在各个领域。在政治领域中，强调国家的大一统；在社会领域中，个人、家庭、国家紧密相联；在文化领域中，兼收并蓄、和而不同；在伦理领域中，牺牲小我、顾全大局。在复杂多变的自然与社会环境中，个体必须结成整体，才能求得生存和发展。这种独特的生存意识逐渐升华为整个民族的群体意识，形成整体主义价值观。"和"，指的是和谐、协调。孔子强调"君子和而不同，小人同而不和"，"礼之用，和为贵"⑥，为了

---

① 《孟子·滕文公》。
② 《孟子·告子上》。
③ 《孟子·梁惠王上》。
④ 《荀子·王制》。
⑤ 《汉书·董仲舒传》。
⑥ 《论语·学而》。

实现这种和,他主张"己欲立而立人,己欲达而达人"①,"己所不欲,勿施于人"②,要推己及人、正己正人、成己成物,内圣外王,实现民胞物与、天下一家。

因此,君臣要团结,邻里要帮扶,要以德交友、严己宽人、敬老爱幼、扶危济贫,"亲仁善邻""讲信修睦""天时不如地利,地利不如人和",民间所说的"冤家宜解不宜结""和气生财""家和万事兴""国和民气旺"等等都充分反映了乐群贵和的思想。

"乐群贵和"精神决定了中国人的政治运转、价值理念和生活方式,造就了中华民族整体协调、崇尚中和的民族个性。罗素曾经这样评价中华民族的民族精神,他说:"到现在为止,我只找到一个答案:中华民族是世界上最耐心的民族,她用几个世纪的时间来思考别的国家花几十年思考的问题。她在本质上是不可摧毁的,而且能等得起。……如果世界上有'骄傲到不肯打仗'的民族,那么这个民族就是中国。中国人天生的态度就是宽容和友好,以礼待人并希望得到回报。假如中国人愿意的话,他们的国家将是最强大的国家。但他们希望的只是自由而不是支配。"③

二 西方关于精神价值追求的知识借鉴

西方文明,从轴心时代、中世纪、文艺复兴时期到当代,在精神价值追求方面的理论探索和社会实践既有可供我们借鉴的优秀成果,也有让我们警醒的教训。下面以时间为序,对不同时期的主要思想进行阐述和分析。

1. 古代西方关于精神价值追求的思想

浓厚的人本主义色彩是古希腊文明的典型特征。随着生产力的发展,人类对自然界的认识和改造能力不断提高,这也促使人类对其自身存在的认识不断深化,于是,人类由最初的、原始的"自然神"崇

---

① 《论语·雍也》。
② 《论语·颜渊》。
③ [德]黑格尔等著,何兆武、柳卸林主编:《中国印象——世界名人论中国文化》,广西师范大学出版社2001年版,第456页。

拜逐渐转向对人自身的关注。在古希腊时期，这种重神向重人的转变得到进一步的发展，智者学派的普罗泰戈拉提出了：人是万物的尺度，是存在事物存在的尺度，也是不存在事物不存在的尺度。把人的地位"神"化。苏格拉底则提出"认识你自己"，把对人关注的重点，由外在转向内在。柏拉图继承了苏格拉底的人本主义思想，把理性视为人的本质规定，并将灵魂分为三部分，即理性、意志和情欲，理性是最高统帅，意志次之，情欲最低，人生最高境界在于理性战胜情欲，三部分协调融洽，人就有了智慧、勇敢、节制等美德，就成为"自己的主人"。继而亚里士多德提出"人是理性的动物"的著名命题。他认为人的本性在于理性，理性是灵魂中较高的部分，是与经验相关的抽象的思维能力，是为人类所特有的。这些构成了早期人本主义思想的核心。

中世纪基督教文化完全笼罩着当时的欧洲社会，人们虔信上帝是绝对完美的、无限的，世间的一切都由上帝主宰，人的个性被压制，人的意志被磨灭，人的地位、价值和尊严被抹杀。文艺复兴运动致力于使人从上帝的阴影中走出来，"人的重新发现"使人的地位得到全面的提升。"人的重新发现"就是以具体的人性来反对抽象的神性，以对凡人幸福的追求来反对中世纪的禁欲主义。正如雅各布·布克哈特所说"文艺复兴于发现外部世界之外，由于它首先认识和揭示了丰满的完整的人性而取得了一项尤为伟大的成就"。[①] 文艺复兴之后，人的地位、价值和尊严逐渐得到重新认识，人的个体性存在得到充分的肯定甚至是有意识地突出，社会主体和个体的创造力得到了极大的释放，也使早期人本主义思想得以传承和发展。

古代西方在发现人、认识人的路上做出了开创性的贡献，对后来资本主义的发展也起到了积极作用。它强调尊重人、理解人，反对神性桎梏、张扬人性解放，这是值得肯定的。但它从本质上来讲是一种抽象的人性观，脱离具体的历史条件，脱离人的社会性、现实性、实践性，这是抽象意义上的"人"。

---

① [瑞士] 雅各布·布克哈特：《意大利文艺复兴时期的文化》，何新译，商务印书馆1997年版，第302页。

2. 中世纪西方关于精神价值追求的思想

中世纪是基督教统治的时代。在这一时期，宗教信仰这种文化传统是占绝对统治地位的意识形态。"超越力量是宗教信仰的内涵所在。""所谓超越力量是指：人间之苦、恶、死的最后诉求，万物存在之充足理由，以及使个人产生绝对依赖感的对象。"① 在这种浓重的宗教氛围下，人生目标是绝对超越的，它不在于此世与此岸，而在于来世和彼岸。在中世纪，虽然教会的强权以及在精神上的不宽容被启蒙思想家称为"黑暗的一千年"，但是也可以看到中世纪西方人对精神价值追求的重视程度，著名意大利思想家克罗齐指出："教会史以一种精神价值作为它的主题。"②

人的精神需要一个家园，即坚定不移的信仰。有信仰的人才有生存之根。中世纪西方人通过信仰上帝和苦行禁欲来洗涤现世的罪恶，拯救自己的灵魂，从某种意义上而言他们的精神得到了一定的安顿，也激励着他们束缚自己的物欲、肉欲，向善行善。但中世纪把人对真、善、美的追求都统一于对上帝的信仰与敬畏，这是一种被宗教异化的精神价值追求。在他们的生活中，没有人，只有神，要对上帝绝对信仰，完全剥离了人的现实根基，完全压抑了正常的人性，精神上的统治是非常无情残酷的，因此也借上帝之名酿成了一幕幕的人间惨剧。

但由于宗教有着稳定社会、国家的作用，在近现代，各国结合自身需要对宗教进行改革，将宗教发展成为资产阶级统治的工具。以美国为代表的发达国家，将传统宗教发展成为公民宗教。塞缪尔·亨廷顿认为："宗教与爱国主义相交织在一起，就表现为公民宗教，公民宗教使美国人得以将世俗政治与宗教社会结合在一起，使宗教信仰与美国精神不仅没有矛盾，而且还相互支持和印证。"③ 美国公民宗教是以美国信念为准则的信仰活动，使美国民众相信，上帝选择了美国，美国的存在、发展、事业都是在完成上帝的使命。基督教文化既是美国文化的内核，也是公民宗教的承载，宗教与国家政治、法律、道德、文化紧紧相连。美国宗

---

① 傅佩荣：《哲学与人生》，东方出版社 2006 年版，第 244 页。

② [意] B·克罗齐：《历史学的理论和实际》，[英] D·安斯利英译，傅任敢译，商务印书馆 1986 年版，第 162 页。

③ [美] 塞缪尔·亨廷顿（Samuel Huntington）著，程克雄译：《我们是谁？——对美国国家特性的挑战》，新华出版社 2005 年版，第 86 页。

教已深入社会各领域，为美国提供了道德伦理标准、精神支柱以及核心价值观，以美国为信仰对象的国家宗教、政治宗教，内核是政治，外表是宗教，政治是目的，宗教是手段。[①]

3. 近代西方关于精神价值追求的思想

在与中世纪"非人"统治的较量中，在与"神性主义"的抗争中，人的价值重新被发现，西方在17世纪至18世纪爆发了启蒙运动，启蒙思想家们号召人们应该用理性之光驱散黑暗，宣传自由、平等和民主。在自由、平等、民主之光的导引下，启蒙思想家们有力地批判了封建专制主义，反对宗教愚昧，为美国独立战争与法国大革命等资产阶级革命做好了充分的思想准备和舆论宣传。1775年美国政治家帕特里克·亨利提出："不自由，毋宁死。"1776年美国独立，制定的《美国独立宣言》中提出"人人生而平等，他们都从他们的'造物主'那里被赋予了某些不可让渡的权利，其中包括生命权、自由权和追求幸福的权利"。1789年8月26日法国的《人与公民权利宣言》第一条则宣称："人们生来是而且始终是自由的，并且在权利方面是平等的。"随着资产阶级革命的胜利、资本主义国家的诞生，自由、平等、民主的精神深入人心，在他们的政治、经济、法律、道德、文学、艺术等领域的各个方面得以充分体现，渗透于他们的婚姻、饮食、穿着、教育等日常生活中。

与此同时，个人主义逐渐上升到理论层面，并与实践相结合，在现代民主政治、法律、文化和资本主义市场经济制度中，都体现出是以个人主义为基础的。在政治上，个人的政治诉求是自由、平等、人权，民主宪政则要着力维护个人权利、保护私人利益；在经济上，市场经济制度对个人的经济追求予以肯定，并鼓励每个人充分发挥自己的能力去创造物质财富；在文学艺术上，给予宽松、开放、自由的市场，让个人体验、情感、意志、理想等实现充分表达；在生活方式上，每个人都可以自由追求自己的幸福生活。Y·阿里耶利在《美国意识形态中的个人主义和民族主义》一书中说道："个人主义使这个民族所特有的姿态、行为方式和抱负具有了合理性。它赋予过去、现在和未来一种统一和进步的前

[①] 郑永廷、江传月等：《宗教影响与社会主义意识形态主导研究》，中山大学出版社2009年版，第193页。

景。它表明了这个民族特有的社会政治组织各种异质成分的统一指向,一种与美国人的经验相吻合的社会组织理想。"① 他们推崇个人与尊严,个人的权利神圣不可侵犯,个人主义已成为美国人的身份标识,已成为美国人的精神支柱,是以美国为代表的西方文明的核心价值。

4. 现代西方关于精神价值追求的思想

随着资产阶级登上了历史舞台,他们的经济实力在不断增强,势力在不断壮大,其对政治利益的要求也愈来愈强烈。在此背景下,功利主义思想顺势而生,并对西方社会伦理、道德、立法、经济和政治等领域产生广泛影响。边沁的《道德与立法原理导论》和《政府片论》发表,也标志着功利主义的成熟。边沁认为人性是趋乐避苦的,"痛苦和快乐"操纵着人类的一切所思所言所行。在《道德与立法原理导论》书中他开宗明义地说:"自然把人类置于两个至上的主人'苦'与'乐'的统治之下,只有它们两个才能指出我们应该做些什么,以及决定我们将要怎样做。在它们的宝座上紧紧系着的,一边是是非的标准,一边是因果的环链。"② 因此,快乐就是善,痛苦就是恶。能给人带来或趋向快乐、幸福的就是功利,而与之相背离的就是祸害。

功利主义不仅取消了上帝和天国一类的超验目标,而且使人与人之间(即人类共同体内部)的道德制约大大地趋于宽松。③ 道德不再那么刚性,不再以宗教为皈依,道德就是争取最大多数凡人的最大幸福。幸福生活的标准就是以快乐为尺度,是在感性的、具体的生活体验中去衡量的。快乐是可以量化的,是可以最大化的,其他一切价值都可以归结为快乐,所以一切价值都可以量化,从而一切价值都可以用货币去度量,可以说功利主义为资本主义社会的量化制度提供了伦理学和价值论的根据。也因为功利主义所蕴含的享乐主义和"最大幸福原则"与人的欲望释放一致,与资本主义发展要求一致,功利主义已经成为资本主义意识形态的一个组成部分。虽然功利主义对资本主义的发展起到了进步作用,

---

① "Catholicism"(J) Boston QuaKerly Review, IV, 1841, p.320. 转引自史迪文·卢克斯《个人主义》第 28 页。

② 边沁:《道德与立法原理导论》,时殷弘译,商务印书馆 2002 年版,第 57 页。

③ 卢风:《启蒙之后——近代以来西方人价值追求的得与失》,湖南大学出版社 2003 年版,第 228 页。

虽然它博得了大众的赞同，但并不意味着它在理论上和价值导向上正确。因为不可能把人所追求的一切内在价值都归结为快乐，并且对人进行行为评价只看效果不考虑行为动机和过程，这是非常片面的，此外由于它不关心人的德性培养导致了现代人道德自律水平下降。

19世纪下半叶，近代自然科学获得长足发展，科学技术取得重大进步，机器、工具的作用和地位愈来愈凸显，思想、理论、知识的工具作用不断增强。在孔德、米尔、斯宾塞崇尚科学的实证主义思想的影响下，实用主义作为实证主义的一个分支便产生了，在皮尔士、詹姆斯、杜威的推动下，实用主义进而成为美国20世纪居于主导地位的哲学思潮，也是当代西方影响最大的哲学流派之一。冯友兰先生在《三松堂自序》中对实用主义作了简单扼要的概括，他说"实用主义的特点在于它的真理论。它的真理论实际是一种不可知论。它认为，认识来源于经验，人们所能认识的，只限于经验。至于经验的背后还有什么东西，那是不可知的，也不必问这个问题。这个问题是没有意义的。因为无论怎么说，人们总是不能走出经验范围之外而有什么认识。要解决这个问题，还得靠经验。所谓真理，无非就是对于经验的一种解释，对于复杂的经验解释得通。如果解释得通，它就是真理，是对于我们有用。有用就是真理"。[1] 总之，实用主义强调以人的价值为中心，以实用、有用作为判断真理的标准，一切以行为决定走向。杜威是实用主义最著名的代表，他继承和发展了实用主义的基本原理和理论内容，提出了他的实验主义和工具主义，并把实用主义推广到政治、道德、军事、教育等领域，对美国社会产生广泛的影响。美国外交史学家小塞西尔·克拉布认为："实用主义便是美国的信条。"[2] 实用主义标榜的实效、民主、乐观主义、冒险精神已内化为美国人的性格特点，已成为他们遵循和信奉的价值观念和精神图腾。

实用主义强调"生活""行动"和"效果"，这无疑有肯定的一面，在一定的历史条件下也发挥了积极作用。但他们在强调个人的行动、个体的能动时，往往否定了客观规律性，否定了间接知识、系统知识的价

---

[1] 冯友兰：《三松堂自序》，生活·读书·新知三联书店2009年版，第214页。
[2] 徐大同：《西方政治思想史》，高等教育出版社1992年版，第135—136页。

值，否定了理论学习的重要，这样必然导致非理性主义和机会主义。在现代社会中，普遍蔓延的相对主义也是实用主义导致的后果之一。因为实用主义否定客观真理，导致在现代社会相对主义不再被看作是无法确定知识的最大障碍，反而在道德和价值领域广泛流行，一切都是不确定的，一切都看作是相对的，这就致使一些人在价值体系中丧失是非观念，毫无确定原则，没有统一标准。

第三章

精神价值追求的层次与作用

党的十七大报告第一次提出:"到二〇二〇年全面建设小康社会目标实现之时,我们这个历史悠久的文明古国和发展中社会主义大国……成为人民享有更加充分民主权利、具有更高文明素质和精神追求的国家。"[①] 党的十八大明确提出两个百年奋斗目标:"在中国共产党成立一百年时全面建成小康社会,在新中国成立一百年时建成富强民主文明和谐的社会主义现代化国家。"[②] 这是在新世纪新阶段中国共产党领导人民进行社会主义建设的始终不渝的奋斗目标,追求价值目标是人的能动性活动的本质特征,是人的活动区别于动物活动的一个根本标志。精神价值追求体现了人的高层次需求的满足,这种满足需要的层次越高,人脱离动物就越远,人对自己本性的占有也就越充分。本章拟从精神价值追求的主体层次和内在层次的角度,对精神价值追求进行层次分析并挖掘精神价值追求对于个体、社会、民族的意义所在。

第一节 精神价值追求的层次[③]

精神价值追求的主体有个体、群体、民族三个层面之分,并且人的精神价值追求不是在同一个水平进行的,总是由低到高不断发展,从而

[①] 《高举中国特色社会主义伟大旗帜 为夺取全面建设小康社会新胜利而奋斗——在中国共产党第十七次全国代表大会上的报告》,《人民日报》2007年10月15日。

[②] 《坚定不移沿着中国特色社会主义道路前进 为全面建成小康社会而奋斗——在中国共产党第十八次全国代表大会上的报告》,《人民日报》2012年11月9日。

[③] 本节内容已发表于《理论月刊》2013年第1期。

体现出人的精神价值追求的层次性。

一 精神价值追求的主体层次

主体，是具有认识和实践能力的、借助一定实体工具和思维工具达到认识并改造客体目的的个体和群体，是具有一定自主性、能动性和创造性的人。按类型可分为个体主体和群体主体。[①] 民族作为范围最广的群体主体，其精神价值追求对于国家、人类有着更重要的意义。因此，从主体角度来分，精神价值追求有个体精神价值追求、群体精神价值追求、民族精神价值追求三个层面。

（一）个体精神价值追求

所谓个体，就是能够独立设定对象的单个人，指处在一定社会关系中，在社会地位、能力、作用上有区别的、有生命的现实个人。个体精神价值追求，是个体在生活实践中，根据个体精神需要，有倾向性地选择或创造一定的手段和方式满足其需要的过程。在个体精神价值追求中，所进行和得到的是"灵魂"的塑造与升华。

个体精神价值追求表现在个体的实践活动、人际交往、学习娱乐、审美倾向、道德情操、意志品质、人生理想等方面。个体精神价值追求是高度个性化的，因为每一个体的内在精神需要、生活环境和条件及个性特点都不一样，当然形成形色各异、参差不齐的个体精神价值追求。个体的精神需要是随着时代的发展而不断发展的，对于同一个体而言，其个体精神价值追求的目标、层次也会不断变化；对于不同时代的不同个体而言，个体精神价值追求将烙上不同时代的时代特征；对于同一时代的不同个体而言，个体精神价值追求的状态也存在一定差异。因此，个体精神价值追求表现出很强的独立性、自主性和差异性。

中国古代儒家认为内圣外王的人生境地是一个由内及外，逐步提升的过程，并把这些境地的层次归结为"格物""致知""诚意""正心""修身""齐家""治国""平天下"，即"致知在格物，物格而后知至，知至而后意诚，意诚而后心正，心正而后身修，身修而后家齐，家齐而

[①] 郑永廷、高国希等：《大学生自主创新理论与方法》，人民出版社2009年版，第125页。

后国治，国治而后天下平"①。美国心理学家马斯洛根据人的多样化需要，提出了"需要层次理论"，即人有生理、安全、社交、尊重和自我实现的需要。这五个层次的需要是递进的，高层次需要主要是精神需要，如社交需要，是指感情与归属上的需要；尊重需要，包括自尊、自信、自豪等心理上的满足感和名誉、地位、不受歧视等方面的满足感；自我实现需要，是指人实现自身理想和价值的需要。因而，个体精神价值追求也是按照一定层次的递进关系展现的，下面将从精神价值追求的活动范围出发，考察个体精神价值追求从"个体"到"个体—他人"到"个体—社会"这样一个逐步拓展、递进的过程。

第一，个体层面。在这一层面，社会中的每个人，不论性别、年龄、民族、性格、文化程度、地域等的差异，作为个体而言都具有的精神价值追求。因而这一层面的精神价值追求具有普遍性和个体性，每个人都具有相应的精神渴望和追求，并且主要是从满足个体最基本精神需要的层面出发。人是社会关系的总和，由此人是社会人，不可避免地与他人建立某种关系，在社会关系中交往、合作。而在处理人与人关系时，首要的是尊重，每个人都渴望受到他人的尊重，需要尊重自己，也需要尊重别人，尊重是建立良好关系的前提。在尊重的基础上，人与人进一步建立感情。朋友之间的友情、恋人之间的爱情、家人之间的亲情，都是我们每个人所渴望和追求的情感，也是人际关系的纽带。这是任何一个社会形态下覆盖整体的精神价值追求，这也是任何一个人维持自身精神存在的最基本的状态。

第二，"个体—他人"层面。"对于各个个人来说，出发点总是他们自己"②，但现实中的个人又是处于一定的社会关系之中，于是个别行动往往需要同社会秩序保持一致。"夫道之所由起，起于二人以相互之际，与宗教、法律同为维持群治之具，自非绝世独生，未有不需要道德者。"③因此第二层面的精神价值追求不再停留于仅仅从"自己"出发，而是将"自己"与"他人"联系在一起，追求道德人格的塑造。道德不是

---

① 《礼记·大学》。
② 《马克思恩格斯全集》第3卷，人民出版社1960年版，第86页。
③ 《陈独秀文章选编》上卷，生活·读书·新知三联书店1984年版，第194页。

天生的，道德人格的塑造也即塑造一个负责任的道德自我，是以责任为基础将道德判断和道德行为联结起来。从人的内在发展来说，道德层面的精神价值追求是自我完善、自我发展的基础和力量，使人拥有良好的道德品质、正确的道德观念、高尚的道德行为，做一个品行优秀的人；从人的外在发展而言，道德层面的精神价值追求是处理好个体和群体之间关系的前提和基础，不仅仅对自己负责，也对家庭、他人负责，责任让人们正确地认识道德生活的规律和原则，正确地选择自己的行为和道路。

第三，"个体－社会"层面。到了这一层面，个体将跳出日常活动范围的局限，将自我融入一个更大更广的社会范围，确立一定的社会理想和目标，自觉维护国家利益，为民族发展而努力；将"自我"与社会、国家、民族紧密联系在一起，表现为对理想信念的追求。理想信念是指人们对未来的向往、追求以及对理论的真实性和实践行为的正确性的确认，一旦形成，就会成为持久的活动动机，成为激励人的巨大力量。一个人如果树立了正确、崇高、远大的人生理想，并具有实现其人生理想的坚定的信念、高尚的情操、顽强的意志，则说明个体追求精神价值的高远与深厚。被称为"西部歌王"的民族音乐作曲家王洛宾，就是一位信念坚定的传奇人物，他先在国民党内任职，后投奔共产党，一生中坐过国民党的牢、也在"文革"中受到迫害，前后将近二十年，还患有癌症，可他坚强地活到了80多岁，而且谱出了远播海外的许多著名的民族歌曲，如《在那遥远的地方》《掀起你的盖头来》《达坂城的姑娘》等等，并且大部分歌曲是在监狱中谱写的。他为什么有这样顽强的生命力？他说："我只有一个信念，就是要让民族音乐走向全世界。"东北抗日联军第一路总司令杨靖宇将军，在日本侵略军的重重包围下，顽强奋斗半个多月，断粮五六天，誓死不投降，直到壮烈牺牲。日本鬼子怎么也不明白，杨靖宇将军在长时间被围于冰天雪地里，在完全断粮的情况下，究竟是什么力量支撑着他顽强地进行战斗。他们剖开杨靖宇将军的遗体，看到胃里一粒粮食也没有，只要野草、树皮、棉絮。到底是什么精神使杨靖宇将军有了这么坚强的意志，是实现国家独立、民族解放的崇高理想，是坚定不移的革命信念支撑着他。因此，当一个人立为国奉献之志，立为民服务之志，树立崇高目标，对未来美好社会有积极构想和行动，其精神价值追求则又攀升到一个新的高度。一个人的理想信念越崇高，越坚定，其精神价值追求就愈高远，精神境界就愈高尚。

（二）群体精神价值追求

群体是相对于个体而言的，但不是任何几个人就能构成群体。所谓群体是指相互联系、彼此顾及且具有显著共性的多个人的集合。① 群体是个体有条件的特殊组合，有明确的成员关系，有持续的互动关系，有共同规范，有共同的目标导向。可见群体有其自身的特点：成员有共同的目标；成员对群体有认同感和归属感；群体内有结构，有共同的价值观等。

群体精神价值追求，是群体主体在群体生活实践中，根据群体精神需要，有倾向性地选择或创造一定的手段和方式满足其需要的过程。在群体精神价值追求中，所进行和得到的是"群魂"的塑造与升华。

社会上有各种各样的群体，比如不同的阶级、不同的阶层、不同的民族、不同的党派、不同的团体等，在特定的时空中，不同的人群集合体在其共同实践活动基础上产生了群体意识或群体精神。对于一个群体来说，主观上的相互认可、相互信任所形成共同的群体精神价值追求，是分工协作的基础和方向一致的动力。群体的价值和力量就在于其成员思想和行为上的一致性。群体精神是共同性和特殊性的统一，相对于群体内部，它是共同的；相对于其他的群体，它又是特殊的。群体精神与个体精神是一般与个别的关系，二者既相互区别，又相互联系、相互转化。群体精神是基于个体和个体精神之上而存在的，并不是超然独存的精神本体。在群体精神的熏陶下形成个体精神的过程，其中就包含着群体精神向个体精神的转化；而个体精神转化为群体精神，在历史上和现实中都是经常发生的。

群体精神价值追求可以分为群体利益、群体愿景两个层次。

第一层次是群体利益。美国社会学家莱特·米尔斯（Wright Millis）认为，群体精神的形成和存在，需要具备以下三个条件：（1）合理地、自觉地了解自我的群体利益；（2）否定或者抗拒另一群体的利益；（3）

---

① Olmated, Mand Hare, A (1978). *The Small Group*, 2nd Ed. New York: Random House, p. 11.

准备用集体的手段达成本群体的利益。① 以利益为纽带，可以让零零散散的个体集合成为一个群体，任何一个群体都是在追求、实现共同的群体利益的基础上存活的。个人利益与群体利益生死相依，在一个群体中往往要求群体的成员要把群体利益置于个人利益之上，只有群体利益实现了，个人利益才有保障。因此，群体要能够代表成员的利益并发挥群体优势为成员谋利益，"有福同享，有难同当"。群体不仅仅是人的集合，更是能量的结合。一个优秀的群体组织是能够充分利用和发挥群体每个成员的个体优势去做好工作，不断地鼓励和刺激群体成员充分展示自我，最大限度地发挥个体潜能，这样群体自然迸发出如原子裂变般的能量。当每个人都为着群体利益在努力奋斗，就会形成"人人为我，我为人人"的一种思想观念，从而成员之间彼此相互信任、合作、协同工作，因此微软老板比尔·盖茨说："大成功靠团队，小成功靠个人。"

第二层次是群体愿望。愿望在西方国家也叫愿景，英文名为Shared-Vision，其含义是一种描绘组织目的、使命和核心价值理念的未来发展"蓝图"，是一个组织最终希望实现的美好前景。② 美国著名心理学家马斯洛说："杰出团队的显著特征，是具有共同的愿景与目标。"愿景不等同于简单的目标，愿景描绘的是所要创造的未来的景象，它具有价值观和使命感的特性，而目标主要是指在实现愿景的过程中，各个具体阶段所要完成的任务和要克服的障碍。可以说，拥有共同愿景是一个群体组织获得成功的重要因素之一。我们可以来看看一些世界500强企业和中国优秀企业的愿景。惠普公司："为人类的幸福和发展做出技术贡献"；波音公司："领导航空工业，永为先驱"；GE愿景："重视实际和价值"；J&J公司愿景："强调人类健康信条"；沃尔特·迪士尼公司愿景："带给千万人快乐"；3M公司愿景："创造性地解决那些悬而未决的问题"；索尼公司愿景："体验发展技术，造福大众的快乐"；沃尔玛公司愿景："给普通百姓提供机会，使他们能买到与富人一样的东西"；华为公司愿望："在电子信息领域实现顾客的梦想，并依靠点点滴滴、锲而不舍的艰苦追求，

---

① [美]C.莱特·米尔斯：《白领——美国的中产阶级》，杨小东等译，浙江人民出版社1987年版，第363—364页。

② http://baike.baidu.com/view/162436.htm.

成为世界级领先企业";联想集团愿望:"高科技的联想、服务的联想、国际化的联想"。可见,成功的群体组织具有一个获得一致共识、大家愿意全力以赴的、有意义的愿景和目标。群体组织的愿景能够为内部成员指引方向并提供推动力,让成员自觉为组织贡献力量。群体的共同愿景一旦为群体成员所接受,在任何情况下,都能起到指引方向的作用,可以使团队个体提高绩效水平,使群体充满活力,促进成员间的沟通,从而有助于把全部的精力放在实现群体预期目标上。共同愿景作为一种远见,比一般具体的目标要宽、要大、要高。追求实现群体愿景,是在群体利益的基础上,进一步发展、壮大群体组织的必经之路。

(三) 民族精神价值追求

民族是人们在历史上形成的一个有共同语言、共同地域、共同经济生活以及表现在共同文化上的共同心理素质的稳定的共同体。[①] 民族精神价值追求,是民族主体在民族生活实践中,根据民族精神需要,有倾向性地选择或创造一定的手段和方式满足其精神需要的过程。在民族精神价值追求中,所得到的是对其民族"国魂"的塑造,最终建立起整个民族的共同精神家园。

民族精神是反映在长期的历史进程和积淀中形成的民族意识、民族文化、民族习俗、民族性格、民族信仰、民族宗教,民族价值观念和价值追求等共同特质,是指民族传统文化中维系、协调、指导、推动民族生存和发展的精粹思想,是一个民族生命力、创造力和凝聚力的集中体现,是一个民族赖以生存、共同生活、共同发展的核心和灵魂。民族精神是一个民族在历史长期发展当中,所孕育而成的精神样态。它是种族、血统、生活习俗、历史文化、哲学思想等等所熏陶、融汇而成的文化慧命,也可说是一个民族的内在心态和存养。民族精神表现在一个民族的节操、气度、风范和日常行为上。尤其表现在一个民族处于逆境中,所呈现出的镇定自若、奋发有为、自强不息、不屈不挠的操守和心情上。民族精神也是一个民族的魂,是一个民族的独特人格的彰显,是一个民族的慧根。同一民族之间,必须有其相同的文化意识、生活习俗、道德规范、忧患心态与哲学思想,否则必形成民族间的分歧。因此,民族精

---

① 《斯大林全集》第 2 卷,人民出版社 1955 年版,第 294 页。

神乃是一个民族的命脉所系,是民族同心、同德的关键,更是民族绵延、发展的重要枢纽。

民族精神是一个民族意志力、凝聚力和协同力的集中体现,是民族凝聚力形成和发展的基础,是经济实力、科技实力和国防实力得以发挥更大作用的资源,在一定的条件下形成物质转化力量。[1] 民族精神是维系和支撑一个民族生存和发展的精神力量,是民族的守护神,正如马克思、恩格斯所说:"只要这些民族存在,这些神也就继续活在人们的观念之中;这些民族没落了,这些神也就随之灭亡"。[2] 列宁认为民族精神就是爱自己的国家,"爱国主义就是千百年来巩固起来的对自己祖国的一种深厚的情感。"[3] 斯大林在《马克思主义和民族问题》中指出了构成民族的文化心理特点,"还必须注意到结合成一个民族的人们在精神形态上的特点。各个民族之所以不同,不仅在于他们的生活条件不同,而且在于表现在民族文化特点上的精神形态不同。"[4] 毛泽东曾在中共八届二中全会讲话中说过:"人总是需要一点精神的。"[5] 邓小平说过:"我们这么大一个国家,怎样才能团结起来、组织起来呢?一靠理想,二靠纪律。组织起来就有力量。"[6] 江泽民同志也曾经指出:"一个民族、一个国家,如果没有自己的精神支柱,就等于没有灵魂,就会失去凝聚力和生命力。有没有高昂的民族精神,是衡量一个国家综合国力强弱的一个重要尺度。综合国力,主要是经济实力、技术实力,这种物质力量是基础,但也离不开民族精神、民族凝聚力,精神力量也是综合国力的重要组成部分。"[7] 胡锦涛在党的十七大报告中强调:"要弘扬中华文化,建设中华民族共有精神家园。"习近平总书记2013年3月17日在党的十二届全国人大一次会议闭幕会上的讲话中指出:"中华民族具有5000多年连绵不断的文明历史,

---

[1] 詹小美:《民族精神论》,中山大学出版社2007年版,第228页。
[2] 《马克思恩格斯选集》第4卷,人民出版社1995年版,第250页。
[3] 《列宁选集》第3卷,人民出版社1995年版,第608页。
[4] 《斯大林全集》第2卷,人民出版社1979年版,第294页。
[5] 中共中央文献研究室编:《毛泽东邓小平江泽民论思想政治工作》,人民出版社1997年版,第138页。
[6] 《邓小平文选》第3卷,人民出版社1993年版,第111页。
[7] 中共中央文献研究室编:《毛泽东邓小平江泽民论思想政治工作》,人民出版社1997年版,第14页。

创造了博大精深的中华文化，为人类文明进步作出了不可磨灭的贡献。经过几千年的沧桑岁月，把我国 56 个民族、13 亿多人紧紧凝聚在一起的，是我们共同经历的非凡奋斗，是我们共同创造的美好家园，是我们共同培育的民族精神，而贯穿其中的、最重要的是我们共同坚守的理想信念。"

共有的精神家园，就是共有的精神、文化、意志、价值、观念、情感、理想、目标和追求。任何一个民族的文化，都是这个民族对世界和自身的历史认知和现实感受的凝结，是这个民族最深层的精神追求和行为准则的积淀。中华民族共有精神家园就是整个中华民族的共同精神依托，是连接中华儿女的精神纽带，是中华民族赖以生存和发展的精神宝藏，是中华民族团结奋进、实现民族复兴的精神动力。一个国家、一个民族，只要坚守住这个民族的共有精神家园，就会具有向心力、凝聚力和创造力，就会使民族子女源源不断地产生和强化其民族自豪感与自信心，这样就会形成巨大的合力，创造属于这个国家和民族的时代辉煌。

作为一个民族的精神价值追求的共有精神家园中，大致可以分为遵守规范、爱国精神、民族理想这三个层次。

第一层次是遵守规范，即遵守一定的民族规范，包括风俗习惯、道德规范和法律规范。民族规范是在一个民族形成和发展过程中自然形成和自觉设立的，用以约束民族成员行为和调节民族成员关系的，具有普遍意义的原则和要求。这也是将一个民族与另一个民族区分开来的基本标识之一，我国 56 个民族的风俗不同，世界 2000 多个民族的习惯各异。遵守民族规范，这是一个民族成员最简单、最起码、最普通的行为准则，也是维系一个民族生存的最基本的价值准则。

第二层次是爱国精神。爱国是一种自愿的情感和行为，表现在爱祖国的大好河山、爱祖国同胞、爱祖国的灿烂文化、爱自己的国家等，体现在政治、法律、道德、艺术、宗教等整个上层建筑之中，而且渗透到社会生活各个方面。爱国精神是千百年来历史凝聚而成的对自己祖国的一种最深厚的感情，是对哺育了我们的乡土、国土怀有深切的依恋，为维护祖国的利益和尊严不断奉献的精神风貌。这是建立在自觉的思想感情基础上，并由此激发产生的努力、奋斗、牺牲等自愿行为，是相对较高的精神价值。

第三层次是民族理想。民族理想是一个民族生存和发展的方向，是使一个民族具有整体向上的超越性的精神。民族理想分为近期目标、远期目标和终极目标，通过这些目标的整合与引导，从而推动全体民族成员为着共同的理想目标而奋斗，民族理想也成为一个民族的精神支柱。在我们中国，建设中国特色社会主义，把我国建设成为富强、民主、文明、和谐的社会主义现代化国家，是我国各族人民在社会主义初级阶段的共同理想，实现共产主义是我们的最高理想。正是因为有了共同的民族理想，我们民族才有凝聚力和生命力。邓小平同志经常讲道："为什么我们过去能在非常困难的情况下奋斗出来，战胜千难万险使革命胜利呢？就是因为我们有理想，有马克思主义信念，有共产主义信念。"[1]

因此，民族精神价值追求所最终建立的民族共有精神家园，对内能引导人超越自发走向自觉、超越个体走向民族、超越世俗走向崇高，增强社会民众的契合度，强化民族的内聚力；对外能使自己民族在全球化浪潮所带来的日益激烈的国际竞争环境中，在强势文化的强大攻势下，民族意识不是淡化而是强化，民族信心不是消退而是增强，民族认同不是否定而是肯定，民族实力不是弱小而是壮大，民族精神以一种无形的、潜在的精神力量推动国家不断发展，增强国际竞争力。因此，一个民族，如果缺失了民族精神共有家园，即使经济发展短时间内非常迅速、成绩斐然，但从长远来看必然丧失前进发展的动力，在国际社会中难以跻身于世界现代民族之林。

二 精神价值追求的内在层次

人的精神需要多种多样，人的精神世界丰富多彩，人的精神生活精彩纷呈，人的精神价值追求也是多姿多彩的，这就是精神价值追求的无限性与丰富性。人不仅追求人际关系的和谐、情感世界的丰富、自我价值的实现，也追求真、善、美的统一。人的精神价值追求并不是在同一个水平进行的，而总是由低到高不断发展的，从而体现出人的精神价值追求的层次性。

古往今来，哲学家们对人的精神价值追求的层次也有进行探索和研

---

[1] 邓小平：《一靠理想二靠纪律才能团结起来》（1985年3月7日），《邓小平文选》第3卷，第110页。

究。古希腊哲学家柏拉图在《理想国》中，把世界划分为"现象世界（可见世界）"和"理念世界（可知世界）"。人们由感觉或"现象世界"到达"理念世界"需要经历一个艰难的思想攀登的过程，这个过程由低到高可分为四个阶段，即想象和可感事物的影像、意见和可感事物、理智、理性和理念世界逐步上升的过程。我国古代儒家把人生境界等同于道德境界，并按范围和层次分为君子、仁人、圣人几种不同层次的道德人格境界。宋代禅宗常用三种境界来说明悟的境界，第一境是"落叶满空山，何处寻行迹"，比喻精神的漂流，没有得到禅境的指引；第二境是"空山无人，水流花开"，形容已经破除法执与我执，超脱了客观性与主观痴迷，使精神获得一定的自由但尚未悟道；第三境是"万古长空，一朝风月"，这是形容在顿悟中获得永恒的体验高峰，是超越时间与空间的永恒。这些精神上的自我超越描述，虽然有唯心色彩，但也把教徒的精神境界分出了层次。丹麦著名哲学家祁克果把人生划分为三阶段，第一阶段是感性存在（美感阶段）；第二阶段是理性存在（伦理阶段）；第三阶段是信仰存在（宗教阶段）。感性境界是最低层的直接性的境界，伦理境界是一种升华的过渡的境界，宗教境界是最高境界，实现了与上帝的直接沟通。这虽然是从神学角度进行的划分，但也说明了教徒人生道路的三阶段（三境界）是一个由低级到高级的上升过程。

美国心理学家亚伯拉罕·马斯洛于1943年在《人类激励理论》论文中将需求分为五种，像阶梯一样从低到高，按层次逐级递升，分别为：生理上的需求、安全上的需求、情感和归属的需求、尊重的需求、自我实现的需求。晚清一代宗师王国维在《人间词话》中说："古今之成大事业、大学问者，罔不经过三种之境界：'昨夜西风凋碧树。独上高楼，望尽天涯路。'此第一境界也。'衣带渐宽终不悔，为伊消得人憔悴。'此第二境界也。'众里寻他千百度，蓦然回首，那人却在灯火阑珊处。'此第三境界也。"[①] 这一诗意的描述道出了人生的精神体验。近代著名哲学家冯友兰先生以心、性为其立论的依据，把人生境界由低到高分为四个层次，即自然境界、功利境界、道德境界、天地境界。自然境界，顺习；功利境界，为利；道德境界，行义；天地境界，事天。"天地境界"可以

---

① 王国维：《人间词话》，上海古籍出版社2005年版，第21页。

使人的生活获得最大的意义,使人生具有最高价值。[①] 但冯友兰先生把人生境界的形成,主要归之于人的觉解,看作人们"尽心"的一种结果,这有一定的局限性。当代著名哲学家张世英先生认为人生境界并不限于主观的觉解,而要考虑形成境界的客观因素,他按照人的自我的发展历程、实现人生价值和精神自由的高低程度,把人的生活境界分为四个层次,即欲求境界、求知境界、道德境界和审美境界。[②] 境界指引着每一个人的生活和实践,一个只有低级境界的人,必然过着低级趣味的生活;一个有着诗意境界的人,则过着诗意的生活。

毛泽东在《纪念白求恩》一文中讲道:"一个人能力有大小,但只要有这点精神,就是一个高尚的人,一个纯粹的人,一个有道德的人,一个脱离了低级趣味的人,一个有益于人民的人。"这里毛泽东从人生意义、志趣、修养、品质、人格五个层次提出了做人的境界。邓小平在1980年提出来的"有理想、有道德、有文化、有纪律"的"四有"新人也从纪律约束、文化知识、道德品质、理想目标四个方面阐述了培养人才四个层次的标准。胡锦涛在清华大学建校100周年大会对清华大学同学和全国青年学生提出三点希望:第一,希望同学们把文化知识学习和思想品德修养紧密结合起来;第二,希望同学们把创新思维和社会实践紧密结合起来;第三,希望同学们把全面发展和个性发展结合起来。[③] 胡锦涛从德、才、知、行、全面、个性等方面为青年学生的健康成长指明了方向,青年们要努力陶冶高尚情操,提升精神境界,在实践中发现新知、运用新知,在解决问题中增长才干,提高创新能力,实现全面发展与个性发展的协调促进。党的十八大以来,习近平总书记对青年成长成才问题作出了一系列重要论述。这些重要论述,指明了当代青年成长成才的正确方向,明确了广大青年追逐梦想的历史担当。2013年6月28日,习近平总书记在党的全国组织工作会议上的讲话指出,没有理想信念,或理想信念不坚定,精神上就会"缺钙",就会得"软骨病"。一个精神上

---

① 冯友兰:《冯友兰学术文化随笔》之《人生的境界》,中国青年出版社1996年版,第66页。
② 张世英:《人生的四种境界》,《新华文摘》2010年第7期,第34—37页。
③ 《人民日报》,2011年4月25日第1版。

"缺钙"的人，是不可能承担时代所赋予的历史重任的。有理想就有人生的精神动力，有信念就能开辟美好未来。中国梦是全国各族人民的共同理想，也是青年一代应该牢固树立的理想追求。中国特色社会主义是我们党带领人民历经千辛万苦找到的实现中国梦的正确道路，也是当代青年应该牢固确立的人生信念。2013年5月4日，习近平总书记在同各界优秀青年代表座谈时告诫青年同志，要把理想信念建立在对科学理论的理性认同上，建立在对历史规律的正确认识上，建立在对基本国情的准确把握上。当代青年必须牢固树立中国特色社会主义共同理想，为实现中华民族伟大复兴的中国梦不懈奋斗。"志当存高远"，一个人的理想志愿只有同国家的前途、民族的命运相结合才有价值，一个人的信念追求只有同社会的需要和人民的利益相一致才有意义。①

以上所述，都是按照人生境界或精神需求的层次，所进行的由低到高的递进划分。一般来说，低层次境界是高层次境界形成的基础；高层次境界蕴涵、支配和影响着低层次境界。在现实生活中，各种层次的境界会相互交织、渗透，并且人的境界层次不会一成不变，而是受各种因素影响会呈现递进或下滑的变化，但在一定阶段或一定条件下，每个人往往总是要以某一层次的精神境界或人生境界为主导。在前人论述的基础上，本文从人的现实生活出发，按照精神发展的顺序和人生价值的高低，将精神价值追求由低到高划分为以下四个层次。

第一层次是求利的精神价值追求。所谓求利，就是追求眼前的、现实的物质利益。在当代社会，求利不只是谋求生存的物质条件，还包括金钱、物质财富、生活奢侈品、高雅生活环境的追求。这种以获取物质利益为主导目标和思维理念的内在活动，就是求利的精神价值追求层次。这种层次的精神价值追求，主要是人的本能欲望在起作用，集中体现着人的自然本质，因而是人最起码、最低等的精神价值追求层次。

第二层次是求知的精神价值追求。所谓求知，就是追求知识、技能。在当代社会，求知不只是学习书本知识，还包括掌握信息技术、运用高科技产品、开展科学研究和技术改造、在网络领域进行学习和虚拟实践

---

① 《习近平的"青年成才"观：让增长本领成为青春搏击的能量》，人民网－中国共产党新闻，2015年05月04日。

等。这种以学习、掌握、运用知识、技能为价值目标和思维理念的内在活动,就是求知的精神价值追求层次。由于有些知识蕴涵着人文精神,有些知识在传播、理解和运用过程中伴随着价值观念,求知者在求知过程中,也会受知识的熏陶和技能的启迪,内在精神得到充实,境界得以提高。因而,求知的精神价值追求层次,比求利的精神价值追求层次要高。但如果求知者的主要目的是为了掌握科技手段而为自己谋求物质利益,而不是运用科技为社会创造财富,这样求知者的精神价值追求层次,仍然处于求利的精神价值追求层次。

第三层次是求德的精神价值追求。"德"是指内心的情感或者信念,用于人伦,则指人的本性、品德。"德"的本意为顺应自然、社会和人类客观需要去做事,不违背自然发展,去发展自然,发展社会,发展自己的事业。适应、遵循自然、社会的规律为人、做事,就是讲"道","道"只有通过人们的思维意识才能认识和感知,而"德"则是"道"的载体,是"道"的体现,是人们通过感知后所进行的行为。因而,"求德"是在求利、求知过程中求真向善,合情合理,和谐协调。"求德"既以求利、求知为基础,又超越了求利、求知范围与价值目标,把认识、思维由局限于个体,扩展到与自然、社会、他人相适应和促进,是较高层次的精神价值追求。

第四层次是求美的精神价值追求。人在具有合规律性与合目的性的自由创造活动中体现的人的本质力量是推动历史发展和社会进步的力量,"社会的进步就是人类对美的追求和结晶"。[①] 所谓美,是事物和谐发展的客观属性与功能激发出来的主观感受,是客观实际与主观感受的具体统一。美,作为一种精神自由的象征,对美的追求成为人类文明持续发展的重要动力。审美反映了人的超越性、解放性、自由性本质,是真和善的统一与升华。人的审美追求,在于提高人的精神境界与综合素质,促进人的全面发展,创建和谐美好的世界。因而求美是精神价值追求的最高层次。

上述四个层次,是对人的精神价值追求进行的大致划分,一般来讲,人的精神价值追求都是一个由低层次向高层次的发展过程。高层次的精

[①] 转引自秦麟征:《和平与发展的未来》,载《国外社会科学》1986 年第 10 期。

神价值追求有赖于低层次的精神价值追求。但高层次的精神价值追求一经产生，便支配和影响着低层次的精神价值追求。并且高层次的精神价值追求往往也体现、渗透于低层次的精神价值追求中。各层次的精神价值追求之间相互联系、相互渗透、相互影响，构成了人的精神价值追求的有机整体。人的精神价值追求层次应该随社会的发展而发展，随人的发展而发展；社会的发展与人的发展，也离不开人们精神价值追求层次的提升。所以，提升自己的精神层次，是社会发展的需要，也是个人发展的需要。

第二节　精神价值追求的作用与意义

人生在世，我们总是会不断追求更高、更远的目标，这离不开一定精神价值的支撑。精神价值追求对于社会实践的主体来说，具有非常重要的意义，随着社会的发展，精神价值追求的作用也日趋突出。因此，下面就来深入挖掘精神价值追求对于个体、社会、民族到底有何意义。

一　提升精神境界，实现人生超越

综观世间万象，观看人间百态，我们都不禁感慨万分，人与人怎么会有如此大的差别，有的人能成为教育家，有的人却只能沦为教书匠？有的人把职业当作事业甚至志业来做，而有的人仅仅是把职业当成混饭吃的行当？其中的差别在哪？实际上就在于境界的不同，而境界的高低则在于其精神价值追求的层次。

哲学家冯友兰先生把人生境界分为四个层次，由低到高依次是：自然境界、功利境界、道德境界和天地境界。自然境界是在人的生物本能范畴内求解人生的意义，是未达自我意识、"日用而不知"的按本能生活的生存状态；功利境界是在物质利己的前提下求解人生的意义，人自觉地追逐物质利益，在"有我"的觉醒下不断向社会和他人索取利益的状态；道德境界属于较高境界，是在利他的原则下求解人生的意义，不是索取而是付出、牺牲和奉献，因而达到了"无我"状态；最高境界是天地境界，达到了天人合德，是在宇宙的范畴内求解人生的意义，达到了"超我"的状态。

在《道德经》中，老子也把为官的境界分为四个等级："太上，不知有之；其次，亲而誉之；其次，畏之；其次，侮之。"① 为官的最高境界是去为百姓做事却不宣扬，不哗众取宠，不邀赏居功，利他而又忘我；其次，是为百姓办实事做好事，百姓赞扬他，夸奖他，亲近他，这是第二境界；第三等是整天以官自居，板着脸孔，摆出拒人于千里之外的姿态，让百姓害怕他，对其敬而远之；最低等的是当官不为民做主，反而贪赃枉法，欺上瞒下，横行如恶霸，惹得民怨四起，百姓对其深恶痛绝。

可见，人的精神价值追求不同，做人的境界就不同，为人处世的态度和行为也大不相同。人如果有崇高的精神价值追求，就不会徘徊彷徨，迷茫空洞，无聊郁闷，而是有坚定的目光、坚卓的勇气和坚毅的脚步，朝理想目标迈进。人生境界的提升过程，也就是人不断提升精神价值追求的过程，是人的自我觉解和觉悟的过程。钱钟书先生说过，做人的"成功不仅意味着事业上取得成就，还包括人生境界的提升"。我们可能到达不了最高的境界，但只要有崇高的精神价值追求，"虽不能至，然心向往之"，人的境界也会随之不断提升。

二 注重人格塑造，促进全面发展

人格也称个性，《中国大百科全书教育卷》中对人格条目的解释是："人格（个性）"用以指个人心理面貌、心理格局，在内容上包含人的性格、气质、能力等，其中主要是人的性格。在哲学上，所谓"人格"指的是人整体的精神面貌，包括人内在的思想境界、道德品质、心智观念所到达的高度，以及表现于外的言行举止所反映出的能力、个性、气质、兴趣和理想等。马克思曾经指出："主观性是主体的规定，人格是人的规定。"在马克思看来，养成一定的人格，就是具备了人之为人的根本性质，人在社会生活中的主体身份、主体地位、主体资格决定了人格。科恩在《自我论》中写道："马克思主义哲学把个人看作主体即创造的活动因素"，"人格作为主体性的体现，早已经被认为是同创造、精神修养和克服时间地点的限制分不开的。而无人格则总是同消极被动、不自由、

---

① 《道德经》第 17 章。

心胸狭隘和没有尊严联系在一起的"。①

健康、理想人格不是一朝一夕形成的，而是贯穿于人的一生发展过程中。中国古代儒家创始人孔子塑造了以"圣贤""君子"为代表的理想人格，仁、义、礼、智、信、孝、悌、忠、直、谦、勇、惠、温、良、恭、俭、让……集中于"君子"一身，是非常高尚、十分完美的，孔子本人也在毕生追求这种理想人格，成为"君子"。可见，理想人格是人一种自觉、自为的追求，体现于人的精神价值追求过程中。崇高的精神价值追求能促使人珍惜时间，勤勉有为；让人学会既要自尊，又要尊人；让人懂得关心社会进步，促进人类发展；让人明白多贡献，少索取，多劳作，少享受；让人知道学而不厌，行而不止；在困难中成长，在挫折中进步，在失败中成功。因此，人在崇高的精神价值追求过程中，塑造了健康、理想的人格，丰富、提升了人的意义存在。

三 增强精神动力，凝聚民族力量

马克思主义唯物辩证法中的矛盾规律揭示了事物发展原因和动力问题。在影响事物发展变化的原因中有内因与外因之别。内因指事物运动变化的内部原因，即事物自身的矛盾性；外因指事物的外部原因，即一事物与他事物的外部联系或外部矛盾。事物的运动变化是内因和外因共同作用的结果，但内因和外因所起的作用又有区别。内因决定事物的性质，规定事物的发展；外因能加速和延缓事物发展进程，局部地改变事物发展的性质。外因是变化的条件，内因是变化的根据，外因总是通过内因才能发挥作用。

在人成长成才的过程中，需要外在环境和因素的推动，更需要内在精神力量的自觉推动。并且外在的压力必须转化成为内在的动力，才能在个体主体实现自我发展的过程中发挥积极作用。一个人进步过程中的内因主要是指本人主观能动性的发挥，具体表现在理想、志向、进取精神、意志、毅力、勤奋、战胜困难、挫折、逆境的勇气等。一个人的进步快慢和程度主要取决于本人的主观努力。在相同的条件下，个人主观

---

① [苏联]科恩：《自我论》，佟景韩、范国恩、许宏治译，生活·读书·新知三联书店1986年版，第178页。

努力的程度不同,所取得的成绩和做出的贡献就会有很大的差别。因此,只能充分发挥自己的主观能动性,即内在动力,才能不断进步,取得更大的成绩。

在人成长发展的内因中,理想志向作为崇高的精神价值追求,其内在驱动力的价值尤为凸显。马克思在十七岁时中学毕业论文中最后一段写道:"如果我们选择了最能为人类福利而劳动的职业,那么,重担就不能把我们压倒,因为这是为大家而献身;那时我们所感到的就不是可怜的、有限的、自私的乐趣,我们的幸福将属于千百万人,我们的事业将默默地、但是永恒发挥作用地存在下去,而面对我们的骨灰,高尚的人们将洒下热泪。"[①] 伟大的革命导师马克思正是因为在青少年时代就确立了为人类幸福而工作的伟大理想,才能穷其一生自觉为人类解放事业而奋斗。周恩来在十二岁时就提出"为中华之崛起而读书!"周恩来总理从小就立下远大的志向,树立了崇高的人生目标,然后,为实现这个目标坚持不懈,奋斗不止,为人民,为国家做出突出贡献。范仲淹在划粥断齑的苦境中,刻苦求学,胸怀"先天下之忧而忧,后天下之乐而乐"的伟大抱负,成为宋代著名的政治家、思想家、军事家、文学家。"天行健,君子以自强不息",在历史上,无数仁人志士,早立志、立大志、立恒志,为中华民族的富强而奋斗,为个人的成长而努力。人的发展需要内在、自觉的动力,崇高的精神价值追求不断满足人的这种需要,是人发展的动力源泉,并且还增强了在实现目标过程中的方向性、目的性和稳定性。

系统科学理论告诉我们,社会是一个由诸多子系统、各要素构建而成的有机联系的整体,各子系统、各要素之间是相互依存、相互影响和相互作用的,彼此之间的相互运动和运转合力发挥出社会作为有机整体的功能。如果要最大化、最优化地发挥社会作为整体的功能,就要有效地整合社会系统内部各子系统和各要素之间离心的力量,最大限度地降低内耗,从而获得有机整体有效的发展。能够发挥这种整合作用的就是一个社会、民族、国家共同的精神价值追求,意大利理论家安东尼奥·格兰西曾形象地把这种凝聚功能称之为"社会水泥","在保持整个社会

[①] 《马克思恩格斯全集》第1卷,人民出版社1995年版,第459—460页。

集团的意识形态上的统一中,意识形态起了团结统一的水泥作用"。①

任何一个民族、国家都可以通过自己独特的民族精神营造一种文化氛围,在这种强大的精神感召、认同中把不同的、分散的、个别的民族个体凝聚起来,形成统一的理想信念,共同的精神价值追求。这种共同的精神价值追求也为社会各个成员间复杂交往提供了共同的精神理想和信念准则,调节并规范着个体的行为。这种凝聚功能的发挥,不是外在的、强制性的,而是一种"集体无意识",已经潜移默化为社会成员的自觉、自愿的意向和行动,人们一直在遵循,但其发挥影响的过程又似乎很难察觉。并且,民族精神创造愈持久,同类价值意识的积淀就愈深厚;自我意识融合的同化愈强烈,个体与群体目标的契合就愈彻底;同类价值意识愈普遍,共同体的聚合力就愈高扬。② 中华民族历史悠久,上下五千年,炎黄子孙共同努力奋斗,用勤劳、勇敢的双手,在几千年的历史发展中,不断与困难、灾难斗争,不屈不挠,创造了灿烂的文化和璀璨的文明。积淀至今,民族凝聚力已成为我们中华民族最宝贵的财富,成为中华民族不断前进的源泉,成为中华民族抗拒任何困难的精神支柱。在艰难困苦的革命战争年代,惊天动地的井冈山精神、长征精神、延安精神、红岩精神、西柏坡精神等革命精神把成千上万劳苦大众动员起来、凝聚起来,推动了革命的发展与成功;在社会主义时期,自力更生精神、雷锋精神、铁人精神、焦裕禄精神、"两弹一星"精神凝聚了全党和全国各族人民艰苦探索、开拓创业,有力推进了我国现代化建设。在推进改革和中国特色社会主义现代化建设的伟大实践中,解放思想、实事求是、与时俱进精神、敢于面向世界的竞争精神、抗洪精神与抗击非典精神以及抗震救灾精神凝聚了全球华人,万众一心,战胜一次次危难,推动我国经济社会持续、快速发展。

四 引导社会发展,保障社会稳定

导向是引导一定的事物或人朝着预定方向发展的一种活动,精神价值追求之所以能成为社会发展的导向,在于以下几个特点:一是实践性。

---

① 宋惠昌:《当代社会意识形态》,中央党校出版社1992年版,第25页。
② 詹小美:《民族精神论》,中山大学出版社2007年版,第63页。

精神价值追求作为一种特殊的社会活动，不仅能改变社会主体的思想认识，还能促使社会主体采取相应的积极行动；二是主动性。精神价值追求不是对社会现实状况的消极反应和适应，而是社会主体积极、自觉、主动的社会活动方式；三是针对性。精神价值追求主体的不同决定了其对不同的导向对象、不同的导向目标都有不同的导向要求，导向具有具体的针对性；四是鲜明性。精神价值追求是明确、清晰的而不是含糊、笼统的，追求什么、抵制什么，提倡什么、反对什么，旗帜鲜明、一目了然。

一个社会要发展，必须有科学、崇高的精神价值追求作为社会发展的导向；任何一个发展中的民族，都会不断根据历史发展的各种规律，结合本国国情和时代特点，形成正确的精神价值追求，指导本民族在追求和创造价值的实践活动中不断前进。一个社会的精神价值追求犹如一面思想旗帜，旗帜是一个社会时代特殊的标志物，代表了社会的进步；代表了社会发展的动力；是社会前进的"灯塔"，发挥着"指引""引航""规范""矫正"的作用。伟大的旗帜就是伟大时代的标志；旗帜正确，方向才能正确；旗帜伟大，时代才能伟大。没有旗帜的时代就是"黑暗"的时代；旗帜正确的年代是"党心、民心"积极进取的年代。当今，中华民族在高扬马克思主义、中国特色社会主义理论的伟大旗帜下，把全体社会成员的意志、利益和感情紧紧地统一起来，引导中华民族各族人民朝着实现中国特色社会主义共同理想、实现中华民族的伟大复兴前进。

社会稳定以人的思想稳定为前提。思想稳定首要表现在社会公众对占主导地位的社会意识形态持普遍信奉和认可的态度，人们按照主流意识形态提供的价值标准和规范进行价值判断和选择。这样社会大众就有了最基本和必要的价值共识，在统一的思想基础上，各异的社会个体、群体就能有效整合起来，形成安定、有序、发展的社会局面。反之，如果一个社会没有明确的精神价值追求，没有共同的核心价值体系，这个社会就会陷入动乱不安中。正如美国思想家威廉·A. 多诺休在《新自由——美国社会生活中的个人主义与集体主义》一书中所指出："如果一个社会没有主导的价值观，个人随意选择接受某个规范或价值，随意放弃他不同意的东西，这对于社会的存在是颠覆性的；道德的大杂烩是道德的灾难,它将破坏自由的美妙前景。"[1] 江泽民也讲道"历史和现实都表明,一个社会,没有共同的精神支柱及其以此为基础的思想上的稳定,是很难保持社会政治稳定的。"[2] 习近平总书记在全国宣传思想工作会议中强调,意识形态工作是党的一项极端重要的工作,及时有效传达党的主张、弘扬社会正气、大力宣传社会主义核心价值体系和道德体系,引导人们增强道路自信、理论自信、制度自信。[3] 因此,在社会经济成分、组织形式、物质利益、就业方式日益多样化,人们思想活动的独立性、选择性、多变性、差异性明显增强的社会中,共同的、高层次的精神价值追求可以让社会中的成员在精神上有所遵奉,行为上有所依循,心理上形成一定的安全感和信任感;并且还可以有效缓解甚或消除社会成员间因摩擦、矛盾和隔阂引起的离散及不稳定现象,促进社会成员自觉、主动维护社会的安定、团结和发展。总之,一个社会用共同的精神价值追求即主导价值去引领多样差异的社会思潮,能增强社会机体的整合性,最大限度地形成社会思想共识,从而达到社会稳定的目的。

五 创造物质财富,推动精神生产

实践是连接人的主观与客观世界的桥梁,通过实践,能将人的精神物化为直接的客观存在。马克思说:"自然界没有制造出任何机器,没有制造出机车、铁路、电报、走锭精纺机等等。它们是人类劳动的产物,是变成了人类意志驾驭自然的器官或人类在自然界活动的器官的自然物质。它们是人类的手创造出来的人类头脑的器官,是物化的知识力量。"[4] 在马克思看来,从某种程度上来说物质就是精神的物化,是物化的知识力量。

物质财富的增长体现了社会生产力水平的提高,生产力是一个系统,由多种要素构成,独立的实体性要素包括劳动资料、劳动对象和劳动者。在这三个基本要素中,劳动者不但是必不可少的要素,也是生产力构成

---

[1] 郑永廷、江传月:《主导德育论》,人民出版社2008年版,第45页。
[2] 江泽民:《论"三个代表"》,中央文献出版社2001年版,第125页。
[3] 《习近平:意识形态是党极端重要的一项工作》,中国网,2013年8月21日。
[4] 《马克思恩格斯全集》第46卷(下),人民出版社1980年版,第219页。

中最重要的要素。劳动者作为人的因素，是生产力中能动的存在物、生产资料的创造者，是活的劳动。马克思把劳动者称为"最强大的一种生产力"，列宁把劳动者称为"全人类的首要的生产力"。① 人是社会生产力中最积极、最活跃的因素，是起决定性作用的因素。人的因素包括人的科学文化知识、劳动技能和人的思想政治觉悟、道德水平。二者相互联系、相互作用，构成人的素质的统一体。生产力的发展离不开人的科学文化知识与劳动技能的提高，更离不开人的思想觉悟与道德水平的提高。人的思想道德素质，即人的思想水平、道德面貌、劳动态度以及事业心、责任感、敬业精神等，不仅直接影响生产力及其要素的作用方式和人自身的发展状况，而且还决定人的科学文化素质的性质和方向，影响人的智力和体力发挥的程度，影响劳动者技术水平、劳动能力和创造性的发挥。

毛泽东曾说过在一定条件下，"物质可以变成精神，精神可以变成物质"。② 江泽民也对此进一步做出了新的阐发："按照马克思主义的唯物辩证法观点，在一定条件下，精神可以变物质，精神的力量可以转化为物质的力量。强大的精神力量不仅可以促进物质力量的发展，而且可以使一定的物质技术力量发挥出更好更大的作用。"③ 如果人重视精神价值，不断提高思想觉悟和认识水平，生产劳动的积极性和主动性被充分调动起来，就会以高昂的精神状态积极学习文化知识和科学技术，提高科学文化素质；就会以认真的精神状态自觉地改进生产工具，革新工艺，采用新技术，提高操作技能和劳动效率，在生产过程中发明创造，发展社会生产力，创造巨大的物质财富。精神价值追求并不仅仅只是在精神、思想领域活动而已，它最终要落实到物质的生产力的提高之上。灿烂的精神之花，必然会结成丰硕的经济之果，这是规律发展的必然表现。

在资本主义的发展历史上，德国著名政治经济学家马克斯·韦伯，根据欧洲宗教文化深厚的实际，结合资本主义社会的需要与特点，提出了新教伦理。新教伦理，促进了资本主义精神的产生，资本主义精神推

---

① 肖前：《马克思主义哲学原理》，中国人民大学出版社1993年版，第324页。
② 《毛泽东著作选读》下册，人民出版社1986年版，第840页。
③ 江泽民：《在全国抗洪抢险总结表彰大会上的讲话》，《人民日报》1998年9月28日。

动了资本主义生产关系的建立和发展，从而适应和解放了生产力，创造了巨大的物质财富。马克斯·韦伯认为资本主义的兴起"并不是投入该行业的新资金流，而是新的精神，即资本主义精神"。"凡是资本主义精神出现，并且能够发挥作用的地方，它就能生产自己的资本和货币供给，作为达到其目的的手段。"[①] 他认为在任何一种经济模式背后都必然存在着一种无形的精神力量，这种精神力量与这种经济模式的文化背景有密切的渊源，在一定条件下，这种精神、价值观念决定着这种经济模式的成败兴衰。

日本在"二战"之后经济恢复发展很快，其中一个很重要的因素就是企业管理中的文化因素。日本企业非常注重"软"管理，即注重员工的道德、价值观念、团队精神等精神层面的宣传和教育，形成良好的人际关系。比如三洋电机的三大精神、索尼公司的四大精神、本田汽车的五大精神、松下电器的七大精神，这些是为全体员工所认同并遵守的、带有本组织特点的使命、愿景、宗旨、精神、价值观和经营理念，是一个企业的灵魂，有效地凝聚企业员工共同努力、积极工作，为企业创造源源不断的物质财富。我国 500 家先进企业的党政领导者在深化改革的过程中，由于重视、培养提高管理人员和职工队伍的思想素质和业务素质，企业的精神面貌、风气、传统好，经济决策正确，因而已经数十年实现利润平均每年递增 15%—20%。[②] 历史实践证明，物质文明的进步离不开精神文明的推动，精神价值在一定条件下转化为物质财富的增长，愈是重视精神价值，经济发展愈持久。

精神财富，与物质财富相比其一般不可量化，包括各种精神产品、艺术、音乐、文字、舞蹈，还有思想理论和精神等等，通过精神生产这种特殊的社会实践活动创造出来。精神生产是社会生产系统中的一个组成部分，一般指劳动主体在精神劳动过程中所进行的一系列创造性活动，比如艺术创作、文学写作、科学发明、理论思想的构建等。在精神生产过程中，精神生产者是主体、能动要素，他们的内在要素、主体素质如

---

① ［德］马克斯·韦伯：《新教伦理与资本主义精神》，四川人民出版社 1986 年版，第 42 页。

② 郑永廷：《现代思想道德教育理论与方法》，广东高等教育出版社 2000 年版，第 58 页。

他们的文化水平、知识修养、理论水平、思维能力和道德素养等，决定了精神产品的多少与质量的好坏。如果精神生产者有良好的道德素养、有较高的理论思维水平、有强烈的社会责任感和使命感，就能创造出启迪心智、净化灵魂、提升审美情趣、促进人类创造力的精神产品，为人类增添宝贵的精神财富。比如航空领域的世界级权威、空气动力学学科的第三代擎旗人、工程控制论的创始人、20世纪应用科学领域的杰出科学家钱学森正是有着坚定的信念和执着的追求，为中国火箭、导弹和航天事业的发展作出了不可磨灭的巨大贡献。他曾经说过："我的事业在中国，我的成就在中国，我的归宿在中国。""我姓钱，但我不爱钱。"在他心里，国为重，家为轻，科学最重，名利最轻。五年归国路，十载两弹成。他是知识的宝藏，是科学的旗帜，是中华民族知识分子的典范。他留给世人的治学精神、高尚品德和爱国情怀等宝贵的精神财富永远将激励亿万中国人不断前进。

反之，如果精神生产者本身都不注重高尚、美好、正确的精神价值追求，而是急功近利，为金钱而生产，那么此时此刻的精神生产就将受市场经济的价值规律所支配。一切以经济利益为中心，内容粗俗，粗制滥造，结果导致文化市场的不健康、不平衡、不科学发展。且看当今文化市场中，升华人的精神世界的高、精、尖原创精神产品被挤压、遗弃，以披露隐私、描写性爱、算命测字等低俗、庸俗的精神垃圾泛滥充斥整个市场。邓小平同志曾说过："思想战线上的战士，都应当是人类灵魂的工程师。"[1] 精神生产者作为人类灵魂的工程师，应注重高尚、美好的精神价值追求，提高自身思想道德素质，自觉肩负为社会、为人类服务的神圣使命，"以科学的理论武装人，以正确的舆论引导人，以高尚的精神塑造人，以优秀的作品鼓舞人"[2]，"精品之所以'精'，就在于其思想精深、艺术精湛、制作精良"。"优秀的文艺作品，最好是既能在思想上、艺术上取得成功，又能在市场上受到欢迎。要坚守文艺的审美理想、保持文艺的独立价值，合理设置反映市场接受程度的发行量、收视率、点击率、票房收入等量化指标，既不能忽视和否定这些指标，又不能把这

---

[1] 《邓小平文选》第3卷，人民出版社1993年版，第40页。
[2] 江泽民：《论党的建设》，中央文献出版社2001年版，第125页。

些指标绝对化，被市场牵着鼻子走。""文艺工作者要自觉坚守艺术理想，不断提高学养、涵养、修养，加强思想积累、知识储备、文化修养、艺术训练，努力做到'笼天地于形内，挫万物于笔端'。除了要有好的专业素养之外，还要有高尚的人格修为，有'铁肩担道义'的社会责任感。在发展社会主义市场经济条件下，还要处理好义利关系，认真严肃地考虑作品的社会效果，讲品位，重艺德，为历史存正气，为世人弘美德，为自身留清名。"[①] 从而创作出优质的精神产品满足人们的精神需求，创造宝贵的精神财富流传于后世。

[①]《习近平总书记在文艺工作座谈会上的重要讲话》，新华网，2014年10月15日。

第 四 章

当代青年精神价值追求的背景与发展

人是环境的产物，人的发展必然刻上时代背景的烙印。改革开放以来，社会主义市场经济体制的建立、社会主义政治文明建设的开展、多元文化的交汇、社会信息化的快速发展等一系列外在环境的变化极大地推动了当代青年的精神价值追求，不仅发展出新的精神价值追求，提升了精神价值追求的层次，还丰富了精神价值追求的内容以及为精神价值追求提供了更广阔的视野。

第一节　市场经济条件下精神价值追求的新发展

我国的经济体制从计划经济走向社会主义市场经济的改革发展道路，这期间经历了四个阶段。第一阶段是1979—1982年，实行"计划经济为主，市场调节为辅"的经济管理原则；第二阶段是1983—1986年的"有计划的商品经济"；第三阶段是1987—1992年的"国家调节市场，市场引导企业"；第四阶段是1992年以后，确立和建设"社会主义市场经济体制"。1992年春，邓小平在南方谈话中进一步指出："计划多一点还是市场多一点，不是社会主义与资本主义的本质区别。计划经济不等于社会主义，资本主义也有计划；市场经济不等于资本主义，社会主义也有市场。市场经济是中性在外国它就姓资在我国就姓社。"

改革开放30多年来，特别是党的十四大明确提出建立社会主义市场经济体制以来，中国人的主动性、积极性、创造性得到了前所未有的释放，中国社会发生了翻天覆地的变化，不仅人们的物质生活得到极大改善和提高，而且人们的精神状态也随之发生了深刻改变。

一　市场经济的自主性推动主体精神的发展

计划经济时代，政府对生产、资源分配以及产品消费事先进行详细而完整的计划，一切依指令行事。在计划经济体制之下，国家、政府是经济活动的主体，也是利益的主体，个体不具备独立的经济利益，无法成为独立的利益主体，每个人的经济生活、日常生活基本受到政府干预，个人的自主性、独立性被束缚、限制，个人长期依附于"单位"或"组织关系"，具有明显的依赖性。而与计划经济的经济形式所不同的是，市场经济以独立的个体为活动的主体和利益的本体，要建立自主经营、自负盈亏、自我发展和自我约束的经济运行体制，这必然地要求市场主体具有独立自主的精神。因此，主体精神是社会主义市场经济的必然要求。

所谓主体精神，就是存在于人内心的思想、情感，是主体进行实践活动的内在动力，其本质是自主性、目的性和创造性的统一。[1] 社会主义市场经济体制的正式确立，消除了计划经济体制下不变的人身依赖关系，把个人从对指令性计划、行政命令和长官意志的人格依附中解放出来，成为独立、自由的经济主体。作为市场主体，"他应当是具有自立（能力）、自主（意志）、自律（素质）和自由（状态）性质的个人，即普遍具有独立人格的人"。[2] 社会主义市场经济体制的日趋完善，为当代青年的主体精神的发展提供了广阔的舞台。社会主义市场经济体制的深化发展，各项制度、规则的日益完善一方面在社会发展的各个领域营造出公平竞争、自主抉择、自担责任的责、权、利分明的发展环境；另一方面在最广泛的层面上促进了独立个人在我国的生成与发展，不仅仅是在市场行为当中，在一切社会活动当中，独立的个人都有以主体的身份自主选择和自主发展的客观要求。在市场经济机制的培育与锻炼下，当代青年学会了自主选择，并对自己的选择负责，逐渐成长为自立、自主、自律和自由的人。

具有主体精神的青年在活动中表现出极强的独立性和主动性，表现

---

[1] 朱春玉：《主体精神是现代市场经济精神的核心》，《郑州大学学报》1998年第1期，第25页。

[2] 高清海等：《人的"类生命"与"类哲学"》，吉林人民出版社1998年版，第387页。

为个体自由地、独立地支配自己言行的一种状态,是主体"能够自觉地支配、控制自己的行为,并能自我创造和自我发展的特性"[①]。他们能自己主宰自己,不依附于他人他物,是自立、自为和自强的人。他既是自我意识、行为的主导者和控制者,能够也必须自主选择自己的行动目标和行为方式,又是外部客观环境的积极调控者,自主处理自身所面临的所有情况。同时,他还能借助自身固有的本质力量,通过实践活动不断解剖自我,不断思考总结,从而超越自我和重塑自我。具有主体精神的人偏向于独立,能够自作主张,不依赖别人。从整体上看,主体精神凸出是当代青年的突出特点,他们有主见、有追求、不盲从;他们自主学习、自主生活、自主择业;他们注重充实自我、调节自我、发展自我,这些都是时代特征的体现,是青年成长的标志。

马克思认为:"人应当了解自己,使自己成为衡量一切生活关系的尺度,按照自己的本质去估价这些关系,真正依照人的方式,根据自己本性的需要来安排世界。"[②] 在现代市场经济体制下,独立的利益主体为了争取自身利益的最大化,就必须投身市场竞争,自主地进行市场的决策,把握市场的机遇,并自行担当市场的风险。因此,市场经济推动了当代青年主体精神的培育。

二 市场经济的竞争性促进竞争精神的发展

竞争,是自然界和人类社会一个普遍的现象。竞争,就是为同一个目标而进行的争夺、争斗。竞争的结果是优胜劣汰。竞争是一种实力的较量,强者胜利,弱者失败;竞争也是智慧的较量,能者上,庸者下。《现代汉语词典》对竞争的解释是,竞争是为了自己方面的利益而跟别人争胜。《古今汉语词典》对竞争的定义是,竞争是为了自己或本集团的利益而跟别人争胜。"竞争"在我国古已有之。《诗·商颂·长发》便有"不竞不絿"之说,《庄子·齐物论》也讲到"有竞有争",郭象注:"并逐曰竞,对辩曰争。"可见,从人类诞生之日起,人们对有限资源和财富的争夺从未停歇。从阶级斗争到派系之争,从唇枪舌剑到流血征战,从

[①] 段春华:《人的现代化与思想政治教育》,天津人民出版社2000年版,第62页。
[②] 《马克思恩格斯全集》第1卷,人民出版社1979年版,第65页。

考场竞争到体育竞赛,从经济竞争到文化竞争,竞争是无处不在、无时不有。但是传统社会中,竞争范围、竞争手段、竞争目的、竞争后果都与现代社会有着极大的差别,这源于现代社会市场经济体制的建立。

市场经济是一种竞争型的经济形态,竞争是市场经济的基本要素和主要运行机制,也是市场经济的必然产物和永恒主题。在市场经济体制下,社会资源的供给、配置都主要由市场来调节,利益本位成了市场经济的价值取向,利益的归属必须通过竞争来确定。正如马克思所言,在市场上,"他们不承认任何别的权威,只承认竞争的权威,只承认他们互相利益的压力加在他们身上的强制"。[①] 在市场经济社会中,竞争已成为人们的一种人生态度、一种生存和发展的方式。在当今时代背景下,竞争具有普遍性、多样性的特点。首先,竞争具有普遍性。竞争体现在社会生活的方方面面,渗透到社会的各个领域,通过竞争求得发展已成为人们的普遍共识;其次,竞争具有多样性。随着经济社会的不断发展,竞争行为已经不仅仅局限于经济领域,在政治、文化、体育、军事、教育等各个领域表现都非常普遍和突出,成为一种无处不在、无时不有的广泛的社会现象。

社会主义市场经济是一种竞争型的经济,竞争是残酷而激烈的。社会竞争的实质,是精神资源的竞争,是人的精神素质的竞争。广泛而多维开展的市场竞争必然对竞争主体的精神素质有较高要求,即拥有竞争精神。竞争精神是一种勇往直前、不甘落后、不断进取的精神。在竞争精神的激励下,人的主观能动性就能最大限度地被调动起来,人的无限潜能才能最大化地被激发出来;在竞争精神的鼓励下,无论身处哪种困境都不会心生绝望,不管遇到什么困难都始终不会丧失斗志。市场主体具备竞争精神,是适应市场经济发展的必然要求,市场主体只有具备竞争精神,才能在市场经济条件下更好地发展自我。

当代青年认清形势发展的要求,并积极主动参与市场竞争,敏锐把握发展机遇,积极创造发展条件,在竞争精神的激励下,勇于竞争、善于竞争、乐于竞争,在竞争中去实现自我价值。

现在每年都有大量的青年大学生投入到竞争激烈的创业激流中,将

---

① 《马克思恩格斯全集》第 23 卷,人民出版社 1982 年版,第 394 页。

自己的思想、点子、才华、能力投身于创业，通过创业实现自我价值。2010年12月1日，中国校友会网和《21世纪人才报》发布"2010中国大学创业富豪榜"。① 其中，渡口网络总裁金津蝉联大学创业富豪榜榜首，以身家12亿的绝对优势稳坐"2010中国大学创业首富"宝座，金龙机电的金美欧以3.5亿财富居第二，成为"最年轻女亿万富豪"，星漫科技的彭海涛以3亿财富列第三。统计显示，2010年上榜"亿万富豪"有16人，"千万富豪"达50人，财富合计高达52.8亿，人均财富5227万；"少年班神童"蝶变亿万富豪，千万富豪首现"高考状元"；"90后"千万富豪现身，上榜女富豪10强占2席；创业富豪扎堆IT业，无人涉足房地产；华科大和复旦大学造富能力最强，浙江、上海、湖北和北京上榜富豪人数最多；"80后"成为创业富豪榜生力军。这充分说明了当代青年极富有市场经济发展所要求的竞争精神，并在竞争精神的激励下，不仅实现了自我价值，还创造了巨大的社会财富。

表4—1　中国校友会网2010中国大学创业富豪榜上榜富豪年龄构成

年龄段	上榜富豪人数	资产上千万的富豪人数	资产较多的上榜富豪（2010财富）
70后	28	25	万学教育：张锐（2亿），浙江盘石：田宁（1.5亿），本香集团：燕君芳（1.5亿）
80后	72	40	渡口网络：金津（12亿），金龙机电：金美欧（3.5亿），星漫科技：彭海涛（3亿）
90后	1	1	丁叮文化：丁仕源（1200万）

第二节　民主法治建设进程中精神价值追求的新推进

马克思主义认为，经济是政治的基础，政治是经济的集中表现；经济决定政治，政治对经济具有反作用。从历史发展来看，先有经济关系的变化，这种变化反映到人们的思想上形成一定的政治观点，然后在一定的政治观点指导下建立起相应的政治制度。因而，有什么样的经济基

---

① 中国校友会网：www.cuaa.net。

础,就要求建立什么样的政治上层建筑。政治上层建筑不是消极地被决定的,它对自己的经济基础又具有能动的反作用。"当政治文化等等上层建筑阻碍着经济基础的发展的时候,对于政治上和文化上的革新就成为主要的决定的东西了。"① 不同国家需要根据自身的发展阶段、具体国情选择和建构适合自身发展要求的民主政治制度。我国的民主政治制度是在追求民族独立、国家富强和社会进步的长期奋斗和探索中逐步形成的,既体现了民主政治的基本价值与普遍原则,又具有鲜明的中国特色。坚持走中国特色社会主义政治发展道路,是历史的选择、人民的选择。党的十八大以来,从我国改革发展新形势和人民群众新期待出发,对坚持走中国特色社会主义政治发展道路和推进政治体制改革提出了总体要求、作出了重要部署。习近平总书记指出:"中国特色社会主义制度,坚持把根本政治制度、基本政治制度同基本经济制度以及各方面体制机制等具体制度有机结合起来,坚持把国家层面民主制度同基层民主制度有机结合起来,坚持把党的领导、人民当家做主、依法治国有机结合起来,符合我国国情,集中体现了中国特色社会主义的特点和优势,是中国发展进步的根本制度保障。"② 在我国大力推进社会主义民主政治建设新形势下,民主精神、法治精神、和谐精神也随之有了进一步发展。

一 社会主义民主发展进程中民主精神的发展

在市场经济体制下,人人都是利益主体,都具有独立自主性,因而必然要求进行政治体制改革。我国政治体制改革,就是建设社会主义民主政治,发展社会主义制度文明,最终的民主目标是实现五个方面的有机统一的民主,即民主选举、民主立法、民主行政、民主司法、民主监督。社会主义民主是我国政治发展始终不渝的奋斗目标,党在社会主义初级阶段的基本路线,就提出了要把我国建设成为富强、民主、文明的社会主义国家。邓小平强调:"没有民主就没有社会主义,就没有社会主

---

① 《毛泽东选集》第1卷,人民出版社1991年版,第325、326页。
② 习近平:《紧紧围绕坚持和发展中国特色社会主义学习宣传贯彻党的十八大精神》,中国共产党新闻网,2012年11月17日。

义的现代化。"① 江泽民提出:"社会主义愈发展,民主也愈发展。我们要在实践中积极探索规律,不断推进有中国特色社会主义民主政治的发展,使它在二十一世纪展现出更加蓬勃的生命力。"② 胡锦涛在党的十七大报告中谈道:"人民民主是社会主义的生命。发展社会主义民主政治是我们党始终不渝的奋斗目标。"2013年3月17日,习近平总书记在党的十二届全国人大一次会议闭幕会上发表重要讲话指出:"我们要坚持党的领导、人民当家做主、依法治国有机统一,坚持人民主体地位,扩大人民民主,推进依法治国,坚持和完善人民代表大会制度的根本政治制度,中国共产党领导的多党合作和政治协商制度、民族区域自治制度以及基层群众自治制度等基本政治制度,建设服务政府、责任政府、法治政府、廉洁政府,充分调动人民积极性。"

民主从其字面上来看(源于希腊文 demos:人民;kratein:统治),代表着由人民统治。"人民统治"正是民主的本质,把民主与专制区分开来。马克思主义认为,民主就是人民当家做主,马克思曾在《黑格尔法哲学批判》中写道:"民主制的独有特点,就是国家制度无论如何只是人民存在的环节,……不是国家制度创造人民,而是人民创造国家制度。"③"民主",就是"人民当权"。④ 列宁也强调指出,苏维埃民主就是"让群众自下而上地直接参加全部国家生活的民主"。⑤ 由民主的实质可以看出,人民是民主政治的主体,是国家权力的主体。"真正的民主应该是人民主权、人民意志的实现,就是人民自己创造、自己建立、自己规定国家制度,以及运用这种国家制度决定自己的事情。概括地说,民主应是人民当家做主。"⑥ 承认、保障和不断扩大人民权利,是民主政治的基本含义,民主政治的创造,根源于人民的主体意识,民主政治的发展,取决于民主主体意识。因此,政治民主化的推进与实现必然要求人民作为民主主体具有民主精神。

---

① 《邓小平文选》第2卷,人民出版社1994年,第168页。
② 江泽民:《执政党必须高度重视解放和发展生产力》,《人民日报》2000年5月31日。
③ 《马克思恩格斯全集》第1卷,人民出版社1995年版,第281页。
④ 《马克思恩格斯选集》第3卷,人民出版社1995年版,第312页。
⑤ 《列宁全集》第29卷,人民出版社1985年版,第162页。
⑥ 李铁映:《论民主》,人民出版社2001年版,第26页。

刘少奇指出："民主精神是什么？就是平等精神。"[1] 有学者认为，民主精神是指一种文化在社会政治生活和公众生活中所具有的以人民为主体、以公意为依归的精神品质。[2] 民主精神至少包括平等精神、自由精神、法治精神、宽容精神、参与精神等。[3] 随着我国政治民主化进程的发展，人民的民主精神也在不断推进，从村民自治、公民维权、"开放决策"等几个方面都可见一斑。

村民自治，简而言之就是广大农民群众直接行使民主权利，依法办理自己的事情，创造自己的幸福生活，实行自我管理、自我教育、自我服务的一项基本社会政治制度。村民自治的核心内容是"四个民主"，即民主选举、民主决策、民主管理、民主监督。"村民自治"自1982年我国修订颁布的《宪法》第111条提出以来，对农村基层民主建设起到了极大的意义。村委会选举，成了中国亿万农民最好的"民主训练"，全国的平均参选率达到90.7%。[4] 农民依法维护自身权利，以社会公平正义为特征的公民民主权利诉求愈来愈成为亿万农民群众的新诉求。青年农民群体在"村民自治"中占有非常重要的地位，相比其他群体，他们的民主意识更强，更关注农村建设。据报道，四川省在选民登记时，青年农民选民4700余万人，占登记选民的91%以上；到了投票选举时，直接投票的青年农民选民为4500余万人，占参选选民数的95%以上。[5]

《中华人民共和国宪法》明确规定："中华人民共和国的一切权力属于人民。"公民在政治、经济、文化、人身等方面所享有的基本权利包括选举权和被选举权，言论、出版、集会、结社、游行示威等政治权利和自由，批评、建议、申诉或检举及取得赔偿等人身和个人的权利和自由，劳动权、休息权、伤老病残有获得物质帮助等社会经济权利等。随着我国法律知识的普及和法律意识的提升，公民在因财产、合同、按劳付酬、人身权等问题遭遇侵害时，往往都知道运用法律武器、通过法律诉讼手

---

[1] 刘少奇：《民主精神与官僚主义》，1941年11月3日。
[2] 周民：《论毛泽东的文化理想》，《陕西师范大学学报》（哲学社会科学版）2002年第6期，第22页。
[3] 向春著：《群性群育论》，中国社会科学出版社2008年版，第226页。
[4] 《光明日报》2010年10月19日。
[5] http：//news.sohu.com/20041012/n222437032.shtml.

段维护自己的合法权益。在城市社区自治的发展进程中，业主维权的相关公民运动愈来愈多，有业主罢免业委会的，有业委会炒掉物业管理公司的。业主权利意识的觉醒促进了城市社区自治的发展，城乡社区日益成为管理有序、服务完善、民主自治、文明祥和的社会生活共同体，公民的民主和权利意识不断在强化，有人干事、有地议事、有钱办事、有章理事的民主管理制度日趋完善。

"开放决策"就是指政务公开透明，公民对政府进行经济社会管理事项决策的过程不仅知情，而且可以通过各种渠道表达意见，参与决策过程。特别是互联网的蓬勃发展，创新了公民参与政治生活的平台和机制，"网络问政"得到了众多公民的积极回应。网络问政，就是政府通过互联网做宣传、做决策，了解民情、汇聚民智，以达到取之于民，用之于民，从而实现科学决策、民主决策，真正做到全心全意为人民服务。随着网络的日益普及，互联网在中国民众的政治、经济和社会生活中扮演着日益重要的角色，成为中国公民行使知情权、参与权、表达权和监督权的重要渠道。传递民意，建言献策，正在成为普通民众参政议政的新型民主表现形式。每次两会各大网站相继推出的"总理请听我说""我有问题问总理""为省部委建言""人大代表、政协委员意见征集"等互动平台，吸引了数以亿计的网民积极参与。青年群体作为网络问政的主流人群，针对自己所关心的议题，争相发表自己见解和主张，青年公民有序政治参与不断扩大，青年公民参政议政的积极性在不断增强，参政议政能力也在不断提高。网民问政议政蔚成风气，创新民主形式，诠释"以人为本"的执政理念，彰显中国民主政治建设的巨大进步。

二 社会主义法治建设过程中法治精神的增强

依法治国，建设社会主义法治国家，是建设中国特色社会主义事业的重要目标。1997年9月，党的十五大报告中，深刻地阐述了依法治国的含义，把依法治国确定为党领导人民治理国家的基本方略，提出了"依法治国，建设社会主义法治国家"的历史任务；1999年3月，党的第九届全国人大二次会议通过的宪法修正案明确写上"中华人民共和国实行依法治国，建设社会主义法治国家"，将依法治国的方略以国家根本大法的形式确定下来；2002年11月，党的十六大报告从发展社会主义政治民主的高度，指出"要把坚持党的领导、人民当家做主和依法治国有机统一起来"；党的十七大报告，以科学发展观为统领，要"全面落实依法治国基本方略，加快建设社会主义法治国家"；党的十八大报告，在十五大、十六大和十七大关于依法治国要求和精神的基础上，提出"全面推进依法治国"，"加快建设社会主义法治国家"，将依法治国方略提到了一个更新的高度。全面推进依法治国，总目标是建设中国特色社会主义法治体系，建设社会主义法治国家。这就是，在中国共产党领导下，坚持中国特色社会主义制度，贯彻中国特色社会主义法治理论，形成完备的法律规范体系、高效的法治实施体系、严密的法治监督体系、有力的法治保障体系，形成完善的党内法规体系，坚持依法治国、依法执政、依法行政共同推进，坚持法治国家、法治政府、法治社会一体建设，实现科学立法、严格执法、公正司法、全民守法，促进国家治理体系和治理能力现代化。当代青年的法治精神随着"全面推进依法治国"和"加快建设社会主义法治国家"也进一步得以增强。

社会主义法治精神的基本内容包括"依法治国、执法为民、公平正义、服务大局、党的领导"五个方面，这是"中国特色社会主义理论体系的重要组成部分，是社会主义法治的灵魂和精髓"。其中，依法治国是社会主义法治的核心内容，执法为民是社会主义法治的本质要求，公平正义是社会主义法治的价值追求，服务大局是社会主义法治的重要使命，党的领导是社会主义法治的根本保证。

第一，依法治国是社会主义法治的核心内容，是我们党领导人民治理国家的基本方略。树立依法治国的理念，就是在全社会和全体公民、特别是执法者中养成自觉尊重法律、维护法律权威、严格依法办事的思想意识，使广大人民群众在党的领导下依照宪法和法律规定，通过各种途径和形式管理国家事务，管理经济文化事业，管理社会事务，保证国家各项工作的依法进行，逐步实现社会主义民主政治的规范化、程序化和法制化。一般对依法治国作三个方面的解释：法律面前人人平等（法的普遍性）；树立和维护法律权威（法的至上性）；严格依法办事（法的严肃性）。这里要说明的是，对依法治国要有全面的理解：它不仅包括依法而治，还包括"良法之治"。所谓法治就是以权威性的法律保障和发展人权，约束政府权力并促进政府公正实施社会福利政策的秩序状态。

第二，执法为民是社会主义法治的本质要求。执法为民把实现好、维护好、发展好最广大人民的根本利益，作为政法工作的根本出发点和落脚点，在各项工作中切实做到以人为本、执法公正、一心为民。执法为民是我们党"立党为公、执政为民"执政理念的必然要求，是"一切权力属于人民"这一宪法原则的具体体现，也是各项工作始终保持正确的政治方向的思想保证。执法为民理念包括：一切为了人民、一切依靠人民，以及尊重和保障人权。

第三，公平正义是社会主义法治的价值追求。它是指人们的行为、社会规则和制度被最广泛的主体发自内心地接受、赞同、服从和仿效，社会成员能够按照法律规定的方式公平地实现权利，履行义务，并受到法律的保护。法治就是公平正义之术。如前所述，法治不仅要求依法办事，更是良法之治。所谓良法之治就是通过立法来体现公正，通过执法和司法来保障公正的实现。任何一种制度的设计，如果离开"公正"这一伦理的追求，就会沦为掌权者弄权的工具。习近平总书记强调："促进社会公平正义是政法工作的核心价值追求。从一定意义上说，公平正义是政法工作的生命线，司法机关是维护社会公平正义的最后一道防线。政法战线要肩扛公正天平、手持正义之剑，以实际行动维护社会公平正义，让人民群众切实感受到公平正义就在身边。"[①]

第四，服务大局是社会主义法治的重要使命，是立法、司法和执法工作人员的重大政治责任，是解决现实问题的客观需要。党的十一届三中全会之后，经济建设成为党和国家的大局。20世纪90年代中期以后，我们党和国家大局开始逐步转变为"改革、发展、稳定"，大局的内涵进一步丰富。党的十六大对社会主义建设的规律认识越来越清楚，我国也进入到了全面建设小康社会新的发展阶段。党的十八大着眼于全面建成小康社会、实现社会主义现代化和中华民族伟大复兴，对推进中国特色社会主义事业作出经济建设、政治建设、文化建设、社会建设、生态文明建设"五位一体"的总体布局。"五位一体"总布局是一个有机整体，其中经济建设是根本，政治建设是保证，文化建设是灵魂，社会建设是条件，生态文明建设是基础。只有坚持"五位一体"建设全面推进、协

[①] 2014年1月7日，习近平总书记在中央政法工作会议上的讲话。

调发展，才能形成经济富裕、政治民主、文化繁荣、社会公平、生态良好的发展格局，把我国建设成为富强民主文明和谐的社会主义现代化国家。

第五，党的领导是社会主义法治的根本保障，是我国法治建设的政治优势和重要特征。从法理上说，法治就是人民制定法律，规范国家机关行为，并保障人民自己的权利的制度和运行机制。因此，国家宪法和法律的依据是人民意志，人民的意志和利益高于宪法和法律，代表绝大多数人民根本利益的中国共产党也应该领导立法、执法和司法。党的领导是全面推进依法治国、加快建设社会主义法治国家最根本的保证。

三 和谐社会建设中和谐精神的提升

社会和谐是中国特色社会主义的本质属性，是国家富强、民族振兴、人民幸福的重要保证。党的十六大和十六届三中全会、四中全会，从全面建设小康社会、开创中国特色社会主义事业新局面的全局出发，明确提出构建社会主义和谐社会的战略任务，我们所要建设的社会主义和谐社会，是民主法治、公平正义、诚信友爱、充满活力、安定有序、人与自然和谐相处的社会。党的十六大报告有六次提到"和谐"：人民和谐相处；社会更加和谐；促进人与自然的和谐；巩固和发展安定和谐的政治局面；保持长期和谐稳定的社会环境；推进多种力量和谐并存。中共十六届六中全会明确提出：建设和谐文化，必须倡导和谐理念，培育和谐精神，进一步形成全社会共同的理想信念和道德规范，打牢全党全国各族人民团结奋斗的思想道德基础。党的十八大围绕"夺取中国特色社会主义新胜利"，提出了建设"社会主义和谐社会"，"建设富强民主文明和谐的社会主义现代化国家"；围绕"扎实推进社会主义文化强国建设"，提出了"倡导富强、民主、文明、和谐，倡导爱国、敬业、诚信、友善"的社会主义核心价值观；围绕"推进祖国统一"，提出了"包容共济促和谐"；围绕"继续促进人类和平与发展的崇高事业"，提出了"中国将继续高举和平、发展、合作、共赢的旗帜，坚定不移致力于维护世界和平、促进共同发展"。这既是我们深入理解和谐内涵的政策理论依据，同时也是引领和谐行为的指路明灯。

中华民族向来追求"和"的境界，表现在人与自然的"天人合一"，人与人交往的"和而不同",身与心的"和光同尘"等方面。在人与自然的关系上,主张天人合一,人与大自然是统一的,两者之间应和平共处,而非征服与被征服的关系。道家老子提出:"人法地,地法天,天法道,道法自然。"[①] 庄子也认为应遵循自然之道,实现"天地与我并生,而万物与我为一"[②] 的境界,《中庸》里的"致中和,天地位焉,万物育焉"和孟子提出的"尽其心者,知其性也;知其性,则知天矣"[③] 都是强调天地万物的和谐统一发展。在人与人的关系上,提倡宽容忍让,求同存异,实现和谐共处的大同社会。孔子提出:"君子和而不同,小人同而不和。"[④] 君子应宽和处世,不结党营私,与人和谐相处。从而实现"人不独亲其亲,不独子其子,使老有所养,壮有所用,幼有所长,矜寡孤独废疾者皆有所养"[⑤] 的大同理想社会。墨子也提出"兼相爱""爱无差等",孟子的"老吾老以及人之老,幼吾幼以及人之幼"[⑥] 无不表达了对"甘其食、美其服、安其居、乐其俗"和谐理想社会的追求。在身心关系上,孔子肯定人的正当物欲,但强调"欲而不贪"[⑦],老子主张人之形神合一,他讲道:"载营魄抱一,能无离乎?"[⑧] "挫其锐,解其纷,和其光,同其尘。"[⑨] 都强调了身心的和谐与超越。在关于人自身内心和谐上,温家宝也曾引用古人名言说:"《管子·兵法》上说:'和合故能谐',就是说,有了和睦、团结,行动就能协调,进而就能达到步调一致。协调和一致都实现了,便无往而不胜。人内心和谐,就是主观与客观、个人与集体、个人与社会、个人与国家都要和谐。个人要能够正确对待困难、挫折、荣誉。"可见,和谐精神是中华民族基本的民族精神,在当代我们继承发扬了体现优秀文化传统的和谐精神。

和谐精神是为构建和谐文化所要培育的精神,一种以和谐的社会观

---

① 《老子》第25章。
② 《庄子·齐物论》。
③ 《孟子·尽心上》。
④ 《论语·子路》。
⑤ 《礼记·礼运》。
⑥ 《孟子·梁惠王上》。
⑦ 《论语·尧曰》。
⑧ 《老子》第10章。
⑨ 《老子》第56章。

为核心的道德观念。和谐不是指没有矛盾，而是对立事物之间在一定的条件下，具体、动态、相对、辩证的统一，是不同事物之间相同相成、相辅相成、相反相成、互助合作、互利互惠、互促互补、共同发展的关系。习近平总书记也曾指出："和谐，从本义上解释，是指矛盾着的双方在一定条件下达到统一而出现的状态。在这种状态下，自然界内部、人与人、人与社会、人与自然之间以及社会内部诸要素之间实现均衡、稳定、有序，相互依存，共生共荣。这是一种动态中的平衡、发展中的协调、进取中的有度、多元中的一致、'纷乱'中的有序。琴瑟和鸣，黄钟大吕，这是音律的和谐；青山绿水，山峦峰谷，这是自然的和谐；天有其时，地有其财，人有其治，天人合一，这是人与自然的和谐；尊老爱幼，夫妻和睦，邻里团结，谅解宽容，与人为善，这是人与人之间的和谐；社会各个阶层、各个行业相互平等、相互依赖，社会各种组织兼容而不冲突、协作而不对立、制衡而不掣肘、有序而不混乱，这是社会分工和社会内部的和谐。我觉得，中国传统文化中'和而不同、求同存异'的思想，颇能体现和谐的深刻内涵，和谐而又不千篇一律，不同而又不相互冲突，和谐以共生共长，不同以相辅相成。"[1] 我国已进入改革发展的关键时期，经济体制深刻变革，社会结构深刻变动，利益格局深刻调整，思想观念深刻变化。这种空前的社会变革，给我国发展进步带来巨大活力，也必然带来这样那样的矛盾和问题。因此，在此背景下，在构建和谐社会进程中，我们特别需要和谐精神来调节各种利益分配、化解各种矛盾冲突，促进社会稳定与发展。和谐精神是引领人们去实现和谐发展的思维与理念，它是以马克思主义为思想基础，以"以人为本"为精神内核，以相互尊重、求同存异、共荣共生为基本理念，以人与人、人与社会、人与自然和谐相处为基本特征，以促进社会的和谐发展和人的全面自由发展为目的的精神价值。随着和谐社会建设的深入拓展，和谐精神也逐步深入人心，取得一定的发展，可以通过以下几个方面来说明。

在市场经济的影响下，人们普遍感受到市场竞争的激烈性、现实性、

---

[1] 习近平：《干在实处走在前列——全面建设"平安浙江"，构建社会主义和谐社会》，2005年4月29日。

残酷性，由此形成一种对立性的思维方式，把竞争对手当作死对头，不是你死就是我伤，总是要斗个你死我活。这种对立性的思维方式认为只有通过矛盾双方之间的斗争和否定，一方消灭另一方才能解决矛盾，这其实夸大了斗争性在事物发展中的作用，是一种片面的发展观。在和谐社会的建设过程中，和谐的思维方式逐渐形成，开始取代以往的对立性的思维方式。和谐的思维方式是一种科学的、辩证的思维方式，不仅仅看到事物的对立面，也看到事物的同一性，能够从对手那里汲取成功经验壮大自己，做到异中取同、异同结合，实现双赢的一种和谐状态的思维方式。在当今全球化、信息化高度发展的社会中，和谐的思维方式也愈来愈被当代青年所接受并运用。

在频发的自然灾害面前，在严重的生态危机中，人们开始反思人与自然的关系。过去支配人与自然环境关系的是一种片面的、狭隘的发展观，认为发展只是经济增长和物质财富的增加，是狂妄自大的"人类中心主义"，不断地向自然索取、剥夺自然。现在人们开始以一种"人与自然和谐共生"的可持续发展观代替以往传统的发展观，认识到"人—自然—社会"可以全面均衡发展，可以实现人与自然和谐、经济与环境协调的发展。当代青年的环保意识得到显著增强，低碳生活成为青年们一种流行的生活方式。很多年轻人组织、加入各种环保类的非营利性机构开展生态保护行动，众多青年大学生积极开展环保科研项目，共青团中央书记处书记罗梅曾讲道："近年来广大青年积极参与生态文明建设，已经成为作用越来越显著的环保生力军。"[①] 当代社会，人们开始更重视人与自然和谐相处的能力，达到经济、社会与生态的和谐统一，从而促进人的全面发展。

第三节　多元文化背景下精神价值追求的丰富

开放时代，伴随着全球化的发展进程，与整个社会生活的多元化发展趋势同步，当代中国文化领域的多元化发展特征日益凸显，并成为不可回避的必然性趋势。国内思想文化领域空前活跃，国外的各种理论、

---

① http://www.ditan360.com/GongYi/Info-84437.html.

思潮、生活方式、价值观念蜂拥而至，思想文化领域已摆脱过去那种封闭、单一的状况。跨文化的交流越来越频繁，各种文化的边缘交叉和渗透扩大，文化发展的民族和空间界限也被打破，各种异质思想文化交汇、互渗和融合，使文化领域呈现出多元化发展的繁荣局面。当代中国的文化领域出现了传统文化与现代文化、东方文化与西方文化、精英文化与大众文化、高雅文化与流行文化、主流文化与非主流文化、经典文化与快餐文化等多元文化并存发展的格局。当代社会多元文化的交流与融合对于当代青年精神价值追求有着深远的意义与影响。

一 多元文化交融丰富了精神价值追求的内容

随着改革开放，民族交往的日益增多，不同文化碰撞和交融日益激烈的今天，文化获得了发展的大好机会。随着经济全球化的发展，不同地区、不同国家、不同民族的文化交流必然加强，我国社会文化多元化已经成为一种客观存在。一种文化就如同一个人，由于所处的环境和条件不同，如地域、人种、习俗、历史、分工、身份、利益等的不同，每种文化都有体现其民族特征的思维方式和行为模式。民族文化在经济全球化进程中获得了前所未有的对话与交流的机会，各民族文化在相互交流与碰撞中取长补短，得到丰富与发展。不同民族文化相互交融、相互促进，多元化并存、多种模式共生的模式是当今开放世界中文化发展模式。提倡各国文化相互借鉴，共同繁荣，是我们国家的一贯主张。2001年，是联合国倡导的不同文明对话年，这一年，中国鲜明地提出了尊重世界文明多样性的主张，强调世界是丰富多彩的。2001年11月，在斐济进行正式友好访问的全国政协主席李瑞环在会见斐济总统时也有这样的精彩讲话："应当承认，各种文明之间确有差异。差异往往是民族存在的理由。正是这种差异使世界丰富多彩。假如世界上万事万物都一模一样，那还有什么意思？各种文明都应当相互尊重，相互学习，求同存异，和谐共存。"党的十六大报告进一步指出："在文化上，各国应相互借鉴，共同繁荣，而不应排斥其他民族的文化。"由于各国的历史背景、社会制度、发展水平、文化传统和价值观念不同，世界上不可能也不应该只有一种发展模式、一种价值观念、一种社会制度。各国有权选择符合本国国情的社会制度、发展道路和生活方式。这种多样性既是人类社会的基本特征，也是人类文明进步的动力。世界各国文明和社会制度，应长期共存，在竞争比较中取长补短，在求同存异中共同发展。胡锦涛在党的十七大报告中提出："文化上相互借鉴、求同存异，尊重世界多样性，共同促进人类文明繁荣进步。"党的十八大以来，习近平总书记在文化建设上作出一系列重要论述、提出一系列明确要求，旨在提升国家文化软实力，建设社会主义文化强国，他多次谈道："文明因交流而多彩，文明因互鉴而丰富。每种文化都有自己的本色、长处、优点，都有值得学习借鉴的地方。当今世界是开放的世界，当今中国是开放的中国，中外文化交流以前所未有的广度和深度展开。我们只有敞开胸襟、放眼世界，广泛借鉴吸收各国各民族思想文化中的有益成分，使其长处和精华为我所用，才能为中华优秀传统文化创新发展注入新的活力。"

　　文化的冲突、观念的碰撞、思想的互渗、价值的并行，构成了中国思想文化发展史上前所未有的多元景观。多元文化的并存发展给个人提供了多样选择的机会，丰富的文化资源极大地充实了人的发展，"为个人提供了更多的选择机会和价值取向，赋予个人更多的自由和更充盈的精神世界，以及更有力的行为表现和更有意义的生命存在"。① 当代青年生活在这个思想解放和文化多元的社会，正像他们多彩多姿的服饰一样，他们的价值世界也是五彩斑斓，他们充分发挥自己的个性创造了广阔的空间，对一切新奇新鲜事物都保持着包容、宽容、好奇的心态。以"日流""韩流"为代表的外来时尚文化，正深刻影响着一代青年。我们正处在从温饱生活进入时尚生活的转型期，文化领域一时还没有完全跟上，日本文化潮流和后来居上的"韩流"，正好展示了东方人的生活和意识形态逐渐国际化、时尚化后的图景，他们"像港台明星那样说话，像韩国明星那样打扮，做出欧美明星的表情，像日剧那样恋爱"。动漫正成为青年时尚文化的重要组成部分，时下青少年迷恋的动画人物差不多都一个样，尖尖的下巴、大大的眼睛、冷峻的表情，通过故事情节来丰富人物性格游戏。多媒体和印刷技术的发达，使动画制作工艺日益精良，极大地增强了动漫的声像效果。这种声像技术强化了人们的视听感受，对青

---

① 刘卓红、林俊风：《论全球语境下文化多元化的价值意蕴》，《岭南学刊》2002 年第 2 期。

少年诉诸感官刺激的流行文化贡献良多。同时，外来文化和通俗文化借助网络的传播，对青少年思想道德和价值观念产生了一定的影响。如前些年网上点击率最高的小说《成都，今夜请将我遗忘》等网络文学对白领青年具有较高吸引力。从"木子美现象"到"流氓燕"到"芙蓉姐姐"等，都是通过网络传播盛行一时。"小资"这一流行语，集中体现了青年阶层化的趋势。这个曾经被主流意识形态批判的历史词汇，被赋予了新的文化意义，成为城市白领青年的旗帜和身份定位。随着中国城市经济的发展，"BOBO"族群又迅速扩大，成为一种新的生活方式，他们是嬉皮士和雅皮士融合成的新中产阶级——嬉雅皮。而在高端青年群体中又开始追逐"小私"。

在日益推进的对外开放的环境中，人类文化由单一、封闭、排他逐渐向着多元、开放、交融方向发展。富有独特魅力的多元文化对人的本质力量的提升、全面素质的养成、综合能力的培养都有着积极作用。多元文化的碰撞，激发了青年多视角、多层面进行生命的探究；多元文化的交融，促使青年更全面、更立体地思考人的生存与发展状态。作为文化主体的人，愈来愈自主地进行文化选择，愈来愈自觉地进行文化传播，愈来愈自由地进行文化创造。因此在开放、多元的文化熏陶下，当代青年开阔了文化视野，丰富了知识来源，不断汲取世界不同民族文化的养分，形成了开放的心胸，他们内在的精神世界不断丰富，他们的主体力量在不断提升。多元文化的并存交融赋予了当代青年更自主的文化取向权，让他们的生存状态更自由、更完善，生活空间更广阔，就如恩格斯所说："文化上的每一个进步，都是迈向自由的一步。"[①]

二　多元文化激荡推进新的主导精神发展

多元文化局面的形成是文化发展、繁荣的象征，是历史发展的必然结果。文化多元化开拓了人们的视野，拓展了人们的思维，使人们拥有更多自由选择的空间，思想也变得更加积极、主动、活跃和富有创造性，极大地增强了人的主体性。价值观是文化的内核，当传统文化与现代文化、本土文化与外来文化、精英文化与大众文化、高雅文化与流行文化、

---

① 《马克思恩格斯全集》20卷，人民出版社1971年版，第126页。

主流文化与亚文化、经典文化与快餐文化进行交锋和碰撞时，深藏于各种文化形态内，并内在决定文化性质和方向的价值观冲击和震撼着人们传统的单一价值观，价值取向的多样化发展态势已经成为现实。特别是当代青年，他们的主体性和自我发展意识得到增强，比较注重自我完善和个性发展，他们精力旺盛、头脑开放、思维灵活敏捷、乐于接受新思想、新观念；他们接触媒体频繁，接受各种信息快速，思想超前，还常以一种独立的、批判的眼光审视时代和社会的变化；对传统、对权威、对说教已不再轻易附和与响应；他们已不再满足单纯接受一些既定的道德观念和政治观点。在这种背景下，社会上普遍认为我国民族文化面临着异质文化特别是文化霸权主义的侵害，古代文化、西方文化、宗教文化和大众文化似乎在消解主导文化的地位，殊不知，正是在不同文化碰撞和交融日益激烈的今天，在多元文化的激荡中我国社会主义主导价值也获得了一定的发展。

在文化多元化和价值取向多样化的条件下，如果背离主导性的要求或者放弃主导性，人们的思想就会迷失正确方向，而陷于混乱或者动荡。社会实践表明，社会文化越是多元化，思想观念越是多样化，就越是需要按照社会的发展方向和中心原则引领思想与精神的发展。如果一个民族、一个国家没有共同的核心价值观，莫衷一是，行无依归，那这个民族、这个国家就无法前进。党的十八大提出"倡导富强、民主、文明、和谐，倡导自由、平等、公正、法治，倡导爱国、敬业、诚信、友善"，这三个"倡导"24个字，回答了建设什么样的国家、建设什么样的社会、培育什么样的公民的重大问题，体现了社会价值共识的"最大公约数"。只有让社会主义核心价值观内化为社会群体和个人的意识，外化为群体和个人的行为规范，才能产生凝聚力、焕发战斗力，夯实中华民族伟大复兴的思想基础。改革开放三十多年，我国发展站在了新的历史起点上。我们面临多样化的社会思潮、多样化的价值判断、多样化的利益诉求，需要精神旗帜、思想引领、文化导向，需要培育和弘扬社会主义核心价值观。正如习近平总书记所说，我国是一个有着13亿多人口、56个民族的大国，确立反映全国各族人民共同认同的价值观"最大公约数"，使全体人民同心同德、团结奋进，关乎国家前途命运，关乎人民幸福安康。

当代青年也用自己的行动践行着、诠释着社会主义核心价值观，他们把自我价值融于建设富强、民主、文明、和谐的社会主义现代化国家的共同理想中。当代青年关注中国大国地位、环境保护、科技发展等议题，也关心就业失业、社会保障、医疗改革、子女教育等问题，当代青年看问题既有全局观，也有高端性，而且在某种程度上处在更为积极和前瞻的位置上。当代青年用自己的方式承担起对社会的责任。中国青年志愿者行动，自1993年12月实施以来，已经赢得了社会各界的普遍欢迎和广大青年的积极响应。全国上千万的青年热情地投身于这一行动。青年志愿者行动不断发展，志愿服务的领域不断扩大，志愿者队伍日益壮大。在党中央关怀下，我国志愿服务工作朝制度化、常态化、长效化方向不断迈进。2014年2月，中央精神文明建设指导委员会专门印发《关于推进志愿服务制度化的意见》，进一步建立健全志愿服务制度。

据共青团中央2016年12月最新公布的数字显示[①]，目前全国规范注册的青年志愿者已经超过8124万人，在扶贫开发、助老扶幼、社区建设、环境保护、大型活动、抢险救灾、海外服务等多个领域开展了志愿服务工作。至2016年年底，中国已有超过7.03亿人次的青年为社会提供了133亿多小时的志愿服务。保护母亲河"中国青年志愿者绿色行动营计划"，这项工作以"劳动、交流、学习"为主题，通过组建绿色行动营、建设绿色行动基地，集中组织青年在重点区域开展植树造林、沙漠治理、水污染整治、清除白色垃圾等环保志愿服务活动。1999年6月，首期项目河北丰宁营正式启动，不到半年时间就吸引了全国19个省区市及英、法、德、日、土耳其等12个国家和地区的1000多名志愿者在丰宁沙化区整地造林1500余亩，挖土石方5万方，回填土3.75万方。2008年，汶川地震和北京奥运会，让中国和世界见证了当代青年甘于奉献、不求回报，团结、勇敢、忘我精神令人感动。2010年，从上海世博会到广州亚运会，从南方洪水到青海玉树地震，星火燎原的志愿精神在中国处处显现。上海世博会期间，总数超过200万的志愿者展示了"阳光、快乐、奉献、担当"的公民风采。广州亚运会上，6万名赛会志愿者分布在赛场上，50万名城市志愿者分布在600个城市志愿服务站点、各交通路口、景区、商场等，构成了亚运会史上最庞大的志愿者队伍。2010年5月4

---

① 数据来源中国青年志愿者网：http://www.zgzyz.org.cn/index.php。

日在全国各地启动了"关爱农民工子女志愿服务"行动,目的是让青年志愿者为农民工子女健康成长提供形式多样、切实有效的志愿服务,主要服务对象是随父母进入城市的农民工子女和留在农村的农民工子女,按照"青年志愿者小组(或团队)+农民工子女+接力"的项目实施模式,组织青年志愿者小组(或团队)与农民工子女建立结对关系,进行结对服务,并建立接力机制,形成长期有效帮扶。自2010年"五四"青年节启动以来,在全国2786个县市区旗所实施"关爱行动",已结对农民工子女较集中学校3.2万所。全国436 000名志愿者在17000多个活动基地,通过学业辅导、感受城市、自护教育、亲情陪伴、爱心捐赠等形式,帮扶了7300000名农民工子女。全国已经有10200名项目专员致力于"关爱行动"。2011年11月共青团中央还在全国推行"七彩课堂"活动,对已结对的志愿服务团队每年开展志愿服务的时间、次数和内容提出基本要求。已结对的城市随迁农民工子女每人每年将接受不低于25次累计50小时以上的志愿服务,已结对的农村留守农民工子女每人每年接受不低于15次累计30小时以上的志愿服务。同期开展的"七彩小屋"项目,为农民工子女们配备电脑、电视、书籍及各类文体用品等。让他们在此与在外打工的父母视频通话,在青年志愿者的辅导下做功课、学弹电子琴,还可与心理辅导志愿者聊天、谈心、做游戏。同时还将建立农民工子女档案和志愿服务档案,每个农民工子女个人基本信息以及志愿服务团队每次开展活动的情况都将被记录下来。另外在文化遗产保护、环保、公益、垃圾分类、助老敬老等更多领域里更多的青年志愿者们在默默地践行自己的使命和责任。正如习近平总书记在与优秀青年座谈时讲到的那样,"广大青年要牢记'空谈误国、实干兴邦',立足本职、埋头苦干,从自身做起,从点滴做起,用勤劳的双手、一流的业绩成就属于自己的人生精彩。要不怕困难、攻坚克难,勇于到条件艰苦的基层、国家建设的一线、项目攻关的前沿,经受锻炼,增长才干。要勇于创业、敢闯敢干,努力在改革开放中闯新路、创新业,不断开辟事业发展新天地。"

"送人玫瑰,手有余香"。广大志愿者用他们的真行、真情、真心、真意播撒爱的阳光。小善大爱的感人事迹,得到了习近平总书记的肯定与鼓励。2013年以来,习近平总书记分别给"本禹志愿服务队""郭明义爱心团队""南京青奥会志愿者"三支志愿者服务队回信——"希望你们弘扬奉献、友爱、互助、进步的志愿精神,坚持与祖国同行、为人民奉献,以青春梦想、用实际行动为实现中国梦作出新的更大贡献。""雷锋精神,人人可学;奉献爱心,处处可为。积小善为大善,善莫大焉。当有人需要帮助时,大家搭把手、出份力,社会将变得更加美好。""作为志愿者,无论是在台前还是幕后,无论是迎来送往还是默默值守,都可以在这场青春盛会中展现自己的风采。"从当代"80后""90后"青年身上所体现出来的抗震救灾精神、雷锋精神、志愿者精神等,极其鲜明地表明我国社会的主导价值不仅没有在多元文化的激荡中被消解,反而变得更加坚挺,并顺应时代的潮流大步向前发展。

第四节 社会信息化发展中精神价值追求的新拓展

进入20世纪90年代以后,现代科学技术的发展,特别是计算机的广泛运用,信息技术的成熟,数据库应用的普及,许多发达国家竞相实施各种形式的信息基础结构,有效开发利用信息资源,促进人类进入了社会信息化的阶段。随着信息社会的到来,科技作用日益突出,对人的精神价值追求的影响越来越深刻。

一 科技进步促进求真精神的发展

科技是科学技术的简称,而科学技术则是科学与技术两个概念的统称。科学和技术对于人来说,本是不可分割的,但在19世纪中叶以前,科学与技术却是分离的,科学常常是在大量实践基础上对经验进行的知识概括和总结,技术往往是在积累经验基础上对传统技艺的提高与改进,两者各自形成了理论发展与操作发展的不同路向,并在社会中独立发挥作用。19世纪中叶以后,随着科学和技术的迅速发展,两者关系越来越紧密。当代技术发明超越了传统的经验方式而越来越依靠科学,当代科学发展突破了传统单一的研究方式而越来越需要高新技术,科学与技术之间的界限变得越来越模糊,科学技术化和技术科学化是当代科学技术发展的典型特征。当代科学技术发展的系统化、综合化、信息化、多样化的发展特点,既是人认识、改造自然和社会各种能力的体现,也向人适应、认识、改造自然和社会的精神状态与实际能力提出了要求,这就是科技系统、多样、综合发展与人的精神发展的互动。

科学技术的崇高目的是求真,在科技探索的过程中,透过复杂的事物现象,把握其内在的本质和规律,从而实现对世界真理性的认识。科学技术的发展要求人们求真务实,富有求真精神。求真精神就是求实,正确反映客观事实,坚持实事求是,用于维护并追求真理。

科技作为人认识世界和改造世界的武器,是人的工具和手段,过去我国古代也有"重道鄙器",把技术看作雕虫小技的传统。但是科技不仅仅是一种单纯的工具,还有与人的发展相应的价值目标,价值目标是人的本质体现。科学技术就是实现人的需要,推动人类进步和社会发展的动力,是人满足生存与发展对物质生活资料无止境追求的需要。随着科学技术的发展,人类活动的起点越来越高,人类现实需求的层次亦随之不断提升,人类理性活动的科学技术含量也日益提高,科学技术的发展就是在这样一个人类不断超越现实、追求和实现理想的过程中实现的。而人类追求新发现,探索新规律,创立新学说,创造新方法,积累新知识,又是科学技术得以发展的不竭的动力。所以科学技术作为工具与手段的不断发展也是人的需要、人的目的、人的本质发展的体现。所以马克思认为,工业就是一定程度上的技术,科技作为一种社会实践活动,首先存在于人的劳动中,进而被蕴含在人的所有现实活动中,成为最能体现人的本质力量的手段,正如马克思所指出的:"工业的历史和工业的已经产生的对象性的存在,是本打开了的关于人的本质力量的书"[①]。

科学发现、技术发明的过程,是人反复认识、改造客观世界的过程,每一次的发现和发明不知道经历了多少次的曲折与失败,不知道付出了多少人的努力与代价。人就是在这样的探索、实践和失败的过程中,不断增长见识,获得知识,提高能力,得到发展。科技创造与人的发展是同步的,科技创造既标示着对客观世界的认识和改造水平的提高,也标示着人自身对客观世界的认识和改造能力的增强,科技创造过程是改造客观与改造主观相统一的过程,是提高改造客观水平与提高改造主观能力相协调的过程。因而,从一定意义上说,科学技术原创性活动是人的一种真正开拓性发展、超越式发展,是最有意义与作用的发展。这种发

---

① 《马克思恩格斯全集》第 42 卷,人民出版社 1979 年版,第 127 页。

展，不仅体现在进行科学技术创造者的身上，而且创造者的精神会激励、示范其他人的发展，创造者的成果会促进其他人的发展。在求真精神的指导下，科学技术的实践者、创造者在不断地在学习、运用、创造科学技术的过程中促进了科技进步，也超越自我，实现人的发展。

二 科技创造促进创新精神的发展

我们党和国家历来重视科学技术的发展，在社会主义革命和建设时期，毛泽东曾经指出，"不搞科学技术，生产力无法提高"，"科学技术这一仗，一定要打，而且必须打好"。1964年，周恩来总理在政府工作报告上首次提出要实现工业、农业、国防和科学技术现代化，简称"四个现代化"。在此期间，科技事业得到迅速发展。1959年，地质学家李四光等人提出了"陆相生油"理论，打破了西方学者的"中国贫油"说；1960年，物理学家王淦昌等人发现反西格玛负超子；1964年，中国第一颗原子弹装置爆炸成功；1965年，生物学家们在世界上首次人工合成牛胰岛素。邓小平提出解放思想、实事求是的思想路线，确立改革开放的大政方针，实现党的工作重点转移，开辟中国特色社会主义道路，都是伟大的创新之举。为此，习近平总书记在纪念邓小平同志诞辰110周年会上发表重要讲话指出："我们纪念邓小平同志，就要学习他不断开拓创新的政治勇气。开拓创新，是邓小平同志一生最鲜明的领导风范，也永远是中国共产党人应该具有的历史担当。"[①] 邓小平说："世界形势日新月异，特别是现代科学技术发展很快。现在的一年抵得上过去古老社会几十年、上百年甚至更长的时间。不以新的思想、观点去继承、发展马克思主义，不是真正的马克思主义者。"[②] 邓小平洞察世界发展大势，敏锐地看到时代条件的变化，提出和平与发展是当代世界的两大问题，发展是核心问题。对时代主题的正确判断，是我们集中力量搞现代化、推进改革开放的基本依据。1988年，中国政府先后批准建立了53个国家高新技术产业开发区，又先后制定了"星火计划""863计划""火炬计划""攀登计

---

① 《习近平在纪念邓小平同志诞辰110周年座谈会上的讲话》，《人民日报》2014年8月21日。

② 《邓小平文选》第3卷，人民出版社1993年版，第291—292页。

划"、重大项目攻关计划、重点成果推广计划等一系列重要计划,并建立中国自然科学基金制,形成了新时期中国科技工作的大格局。在此期间,中国也取得了巨大的科技成就:建成了正负电子对撞机等重大科学工程,秦山核电站并网发电成功,银河系列巨型计算机相继研制成功,长征系列火箭在技术性能和可靠性方面达到国际先进水平。

1992年10月,江泽民在党的十四大报告中首次提出"创新"问题。他说:"我多次说过:'创新是一个民族的灵魂,是一个国家兴旺发达的不竭动力。'科学的本质就是创新,要不断有所发现,有所发明。"1995年中共中央、国务院颁发了《关于加速科学技术进步的决定》,首次提出实施科教兴国战略,并强调实施这一战略"是全国落实科学技术是第一生产力思想的战略决策,是保证国民经济持续、快速、健康发展的根本措施,是实现社会主义现代化宏伟目标的必然抉择,也是中华民族振兴的必由之路"。

2003年中共中央国务院为了培养人才、用好人才,印发了《关于进一步加强人才工作的决定》,首次提出"人才资源已成为最重要的战略资源",强调要"以提高创新能力和弘扬科学精神为核心,加快培养造就一批具有世界前沿水平的高级专家"。要"坚持'双百'方针,形成鼓励创新、鼓励探索的良好氛围。努力改善工作条件,大力营造激发创新活力的工作环境"。

2006年中共中央国务院颁发的《关于实施科技规划纲要 增强自主创新能力的决定》,首次提出努力建设创新型国家的战略,确立了新时期我国科学技术发展的指导方针是:自主创新、重点跨越、支撑发展、引领未来。要求动员全党全社会力量,为建设创新型国家而奋斗。

胡锦涛在党的十八大报告中强调:"实践发展永无止境,认识真理永无止境,理论创新永无止境。全党一定要勇于实践、勇于变革、勇于创新……永葆党的生机活力,永葆国家发展动力,在党和人民创造性实践中奋力开拓中国特色社会主义更为广阔的发展前景。"在加快完善社会主义市场经济体制和加快转变经济发展方式部分,首次提出"实施创新驱动发展战略"。[①]

[①] 胡锦涛:《坚定不移沿着中国特色社会主义道路前进 为全面建成小康社会而奋斗》,人民出版社2012年版,第9页。

在党的十八届五中全会上，习近平总书记提出了创新、协调、绿色、开放、共享"五大发展理念"，把创新提到首要位置，指明了我国发展的方向和要求，体现了我们党把握发展规律的深化。2015年10月29日，习近平总书记在党的十八届五中全会第二次全体会议上的讲话中指出："创新发展注重的是解决发展动力问题。我国创新能力不强，科技发展水平总体不高，科技对经济社会发展的支撑能力不足，科技对经济增长的贡献率远低于发达国家水平，这是我国这个经济大个头的'阿喀琉斯之踵'。新一轮科技革命带来的是更加激烈的科技竞争，如果科技创新搞不上去，发展动力就不可能实现转换，我们在全球经济竞争中就会处于下风。为此，我们必须把创新作为引领发展的第一动力，把人才作为支撑发展的第一资源，把创新摆在国家发展全局的核心位置，不断推进理论创新、制度创新、科技创新、文化创新等各方面创新，让创新贯穿党和国家一切工作，让创新在全社会蔚然成风。"[1]

2016年中共中央国务院印发《国家创新驱动发展战略纲要》，提出了到2020年我国进入创新型国家行列、2030年跻身创新型国家前列、2050年建成世界科技创新强国"三步走"目标；强调创新驱动就是创新成为引领发展的第一动力，科技创新与制度创新、管理创新、商业模式创新、业态创新和文化创新相结合，推动发展方式向依靠持续的知识积累、技术进步和劳动力素质提升转变，促进经济向形态更高级、分工更精细、结构更合理的阶段演进。同时要推动教育创新，改革人才培养模式，把科学精神、创新思维、创造能力和社会责任感的培养贯穿教育全过程。

综合我国改革开放以来理论创新、实践创新的推进和取得的巨大成就，习近平总书记再次强调："我们必须把创新作为引领发展的第一动力，把人才作为支撑发展的第一资源，把创新摆在国家发展全局的核心位置……让创新贯穿党和国家一切工作，让创新在全社会蔚然成风。"[2]

到目前为止，中国完成了人类基因组计划的1%基因绘制图，在世界上首次成功构建水稻基因组物理全图；当今世界最大的水利枢纽工程——长江三峡水利枢纽工程许多指标都突破了世界水利工程的记录；

---

[1] 《坚持创新发展——"五大发展理念"解读之一》，《人民日报》2015年12月18日。
[2] 《习近平总书记谈创新》，《人民日报》2016年3月3日第10版。

中国在国际上首次定位和克隆了神经性高频耳聋基因、乳光牙本质Ⅱ型、汗孔角化症等遗传病的致病基因；量子信息领域避错码被国际公认为量子信息领域"最令人激动的成果"；嫦娥三号探测器成功落月，使我国成为世界上第三个掌握外天体软着陆的国家；蛟龙号应用航次科考在海洋生物、地质研究方面取得丰富成果；新型基础微电子器件半浮栅晶体管研制成功，标志我国在世界尖端集成电路技术创新链中获得重大突破。

科技探索过程是漫长、曲折、充满艰辛的过程，需要不断推陈出新，不断突破旧思想、旧观念，摆脱教条，不唯书不唯上，大胆积极地提出新概念、新假说、新思想、创造新体系。创新是科学技术发展的动力，在当今中国，加快科技发展，提高国家创新能力，是全面参与国际竞争并赢得主动的迫切要求。在开放宽容的社会氛围中，人人都可以最大限度地自由发挥潜质和才能，释放创新活力。科技创新，人才为本。我国科技人力投入增长很快，科技人力资源规模总量不断扩大。当代青年在科技创造活动中勇于创新，人才辈出。国家863计划、973计划和科技支撑计划集聚了我国大量高层次的优秀科技人才群体，特别成为培养中青年优秀学科带头人和博硕士高学位人才的摇篮。中青年科技人才承担国家科技计划项目的负责人已经成为主流。2015年承担国家科技计划项目的负责人的年龄在45岁以下的中青年科技人才比例为42.3%；863计划项目的负责人的年龄在45岁以下的中青年科技人才比例最高，为49.8%；科技支撑计划为31.0%。

表4—2　　　　主要科技项目负责人年龄结构（2015年）　　　　单位：人

	合计	<35岁	35岁—44岁	<45岁	45岁—60岁	>60岁
863计划	7330	779	2868	3647	3449	234
第一负责人	5214	468	2113	2581	2621	12
第二负责人	2116	311	755	1066	828	222
科技支撑计划	3855	99	1095	194	2548	113
第一负责人	2857	49	771	820	1966	71
第二负责人	998	50	324	374	582	42

续表

	合计	<35岁	35岁—44岁	<45岁	45岁—60岁	>60岁
973计划	424	2	68	70	285	69
第一负责人	393	2	66	68	263	62
第二负责人	31	0	2	2	22	7

（数据来源：科技部科技计划统计。）

目前，我国科技人力资源总量超过7100万，研发人员超过535万，其中企业研发人员398万。千人计划、万人计划、创新人才推进计划、长江学者等人才计划有力促进高端人才引进和培养，近5年回国人才超过110万，是前30年回国人数的3倍。"80后"、"90后"青年科技人才快速成长，成为科研主力军和生力军。为进入创新型国家行列，围绕培育国家重要战略创新力量，建设以国家实验室为引领的创新基础平台，加强科研基础设施和大科学装置建设，培育造就创新型人才队伍，壮大企业家队伍。突出对重点领域高精尖和急需紧缺人才的引进，强化对青年科技创新人才支持，鼓励青年科研人员参加国际大科学工程研究计划。在重点研发计划中开辟专门渠道，支持35岁以下的优秀青年科技人才，并落实股权和分红激励政策，建立创新导向的人才分配激励机制。

从2007年党中央、国务院启动实施国家科技重大专项（以下简称重大专项），科学家们砥砺前行，已奋战了十个年头。我国提交的TD—LTE—Advanced被国际电联确定为两大主流4G国际标准之一，国产申威中央处理器成功运用于"神威·太湖之光"超级计算机，第四代高温气冷堆核电技术保持国际领先……作为迄今为止我国最重大的战略性科技任务，十年来重大专项坚持"自主创新、重点跨越、支撑发展、引领未来"的指导方针，紧紧围绕国家战略目标，凝聚科技界、产业界的优势力量集中攻关，攻克了一批关键核心技术，产出了一大批标志性成果，充分彰显了自主创新的中国力量。在相当长的一段时间内，我国的信息产业一直贴着"缺'芯'少'魂'"的标签。依靠核高基重大专项的支撑，这种情况已悄然改变：1999年我国芯片设计业的产值仅为一两亿元，去年则达到1644亿元，芯片自给率超过了25%。"我们在核心电子器件关键技术方面取得重大突破，技术水平全面提升，与国外差距由专项启动前的 15 年以上缩短到 5 年，一批重大产品使我国核心电子器件长期依赖进口的卡脖子问题得到缓解，让国际同行刮目相看。"核高基专项技术总师魏少军说。这充分表明了我国自主创新能力在不断增强，水平在不断提高，国际地位和水平也在不断上升。我们由低端产品加工的"中国制造"走向了"中国创造"，在求实创新的科学精神的引领下，科技人才不断追求新技术、高技术的突破，实现中国的崛起与辉煌。相信我们通过艰苦卓绝的努力，可以完成我国科技事业发展的目标，即到 2020 年时使我国进入创新型国家行列，到 2030 年时使我国进入创新型国家前列，到新中国成立 100 年时使我国成为世界科技强国。

三　信息网络拓展了精神发展空间

20 世纪中叶以来，电子计算机、微电子、激光光纤等新兴技术及其相应的新兴产业的相继出现，深刻地改变着人们的生活方式。传真、电视、录像、卫星通讯等技术的发展，与电子计算机相结合，形成通信网络，使得社会日益信息化。信息技术已成为社会发展的重要资源，成为人们的生存与发展的重要方式。20 世纪 90 年代以来，网络在中国开始以极快的速度普及。网络信息传播改变了以往报刊、广播、电视信息单向传播的局限，第一次把信息传播变成及时互动的交流，为人们的交流开辟了更加广阔的空间。网络社会作为一种全新社会文化生活空间的出现，大大拓展了当代青年精神价值追求的空间，使得当代青年精神价值追求呈现更开放、更自由、更丰富的特点。

第一，网络促进青年形成现代观念。从思想方面而言，网络是开放的象征。在网络时代，只有开放的思想、开放的胸襟才能不断学习，不断接纳新的思想。也只有具备开放的思想才能够勇敢地与一切竞争对手合作，才敢于不断地超越自我大胆创新，才能作出网络时代所必需的高效决策。在一定意义上，网络对当代青年来说，带来的似乎不仅是技术上的革命，更是思维上的创新，即观念转化，包括价值观念、思维方式等方面的变化。网络以其独特魅力用各种方式催生、激发着当代青年的思维方式和理念，给当代青年带来视野扩展与精神震撼。信息技术推动客观现实发生变革，反映客观现实的思想观念也会随之发生改变，网络所提供的丰富知识与信息,有利于当代青年学习和提升现实社会中的精神、文化品味。信息网络发展速度快,更新周期短,开放程度高,是现代科技的结晶,也从一个层面反映了信息社会的时代精神。信息网络的这些特征有利于培养当代青年的现代化观念。网络技术的发展推动当代青年形成新的思想观念如竞争意识、效率意识、独立自主和民主平等意识等。

第二,网络推动当代青年系统性思维方式的转变。思维是人们对客观事物间接的和概括的反映。恩格斯说:"思维是能的一种形式,是脑的一种职能。"① 脑的这种职能是用于思考问题的,恰如写字是手的职能一样。思维过程是思考问题的过程,即大脑对信息加工、整理、复制等活动的过程。② 思维方式是指思维的诸要素、诸层次的相互联系、相互作用而构成的思维样式,是思维主体反映、认识和把握思维客体的定性化、稳定化的理性认识方式。③ 社会存在决定社会意识的原理表明,人们的思维总是反映一定的社会存在。渔猎经济时代人们是直观的思维方式,农业经济时代人们是形象的思维方式,工业经济时代人们是逻辑思维方式或分析性思维方式,到了现代科学的发展时期,经验思维和分析思维就显得不够了,必然要求一种新思维的出现适应其发展。网络的发展,将导致当代青年的思维方式的变革。虚拟世界可以视为孕育人们新思维的空间,出现了网络思维。所谓"网络思维",就是人们在网络背景和"虚拟现实空间"中的思维方式。网络思维有广义和狭义之分,从狭义上来讲,网络思维是指利用以计算机为核心的信息网络作支撑的人机结合的思维方式;广义上的网络思维是指思维的一种状态和方式,它体现思维空间的一种广度和深度,恰似网络的一种结构和空间分布,其思维特征往往体现着网络特征,是系统思维在信息时代的具体体现。网络思维是一种系统性的、综合性的、非线性的思维方式,网络思维方式有利于当代青年进行理论和文化创新,有利于他们参与社会组织的管理。

---

① 《马克思恩格斯选集》第3卷,人民出版社1995年版,第704页。
② 陈筠泉、殷登祥主编:《科技革命与当代社会》,人民出版社2001年版,第153—163页。
③ 《马克思主义哲学全书》,中国人民大学出版社1996年版,第650页。

第三，网络提高了当代青年精神生活丰富度和自由度。自然环境和现实社会作为人类发展的物理空间，是人类精神生活的现实基础。互联网的诞生，拓展了人活动和发展的新领域，建构出一个虚拟社会，产生出人的虚拟存在、虚拟认识、虚拟实践等活动。早期虚拟社会的发展为青年精神价值追求提供了新的空间，但是它与现实社会之间界限分明的二元关系极大地限制了这一发展。新媒体语境下，这种二元关系的界限不断模糊，人类可以在物理空间与网络空间自由穿梭，网络空间真正成为物理空间的发展和延伸，青年精神价值追求的场域也真正实现向网络空间拓展。网络可以即时传递文字、声音、图像，为学生的交往提供多媒体、互动性方式。网络拓宽了交往领域，开辟了虚拟的交往空间，促进了新的交往行为——网络交往行为的形成和发展。鼠标手中握，天涯若比邻。越来越多的青年坐到了电脑面前，凭借互联网，他们足不出户浏览新闻，查阅资料，和陌生人聊天，与远方的朋友通信，甚至在网上订饭、购买生活用品。网络 BBS 和网上论坛，这是一种不限主题、不限时间、不限地点、不限参与者的"资格"或"水平"的绝对平等的交流方式。网络娱乐以其创新性、趣味性、知识性、互动性使人们趋之若鹜、乐不思蜀。互联网为人们提供的休闲、娱乐方式可谓不胜枚举，比如网上购物、网络游戏、网络社交、网络文学、网络视频、网络新闻等。在校园网中，同学们还可以通过使用 ftp 等网络协议共享着各式各样的娱乐资源。华中科技大学中文系的胡乔同学历数网络的好处："利用网络购物，你永远不必去面对售货员那张阴冷的脸；呼朋唤友，你用不着为千里驱驰或因为记不住长长的电话号码而犯愁；从网上下载图片或软件，你可尽情享受'巡天遥看一千河'的信息服务；甚至，如果你生性腼腆，你也不必害怕约会的尴尬，在网上，从未谋面的他和她同样可以意趣相投、火花迸溅……所有的快乐都可以到网上找寻，所有的烦闷都可以到网上倾诉，所有无法实现的梦想都可以借助网络'虚拟'一把。"[①] 网络空间中表达和传播的自由性和开放性，以及新媒体在文化创制方面的便利性，激发了青年参与文化创制的热情，从而让亚文化从传统的另类、小团体模式中突围而出，成为青年群体共同参与、共同分享的文化。可

---

① http://www.ruiwen.com/news/4286.htm.

以说，新媒体重构的新公共空间能够向几乎所有的青年群体，甚至向游离于亚文化圈子之外的青年人群开启，从而确立青年亚文化的"普泛化"存在和传播。亚文化普泛化是青年文化创造力的极大释放，丰富了青年精神生活的内容和形式。所以说，互联网的最大成功不在于技术层面，而在于对人的发展的影响。它重组了人的思维方式和行为方式，拓展了人的生存和发展空间，丰富了人的精神生活和情感生活。

第五章

当代青年精神价值追求的特点

青年是民族的希望、祖国的未来。任何一个民族、任何一个国家,都会非常关注青年的成长,既关心青年的生理、心理健康,也关注青年群体成长的时代走向,尤其关注青年精神价值追求的新特点。因为,青年的精神价值追求往往支配着青年的人生追求、思维和情感方式,影响着青年的行为选择,决定着青年对于人生感性和理性的体验直至信仰,主导着青年的发展方向,对青年的成长成才具有非常重要的意义。

第一节 当代青年的特点

只有在了解青年的一般特点和当代青年的思想行为特点的基础上,才能进一步探讨和总结当代青年精神价值追求的特点。

一 青年的一般特点

1. 生理特征:身体发育成熟,精力充沛

青年一般在22岁左右生长发育完全成熟,各项生理功能日渐成熟,身体素质,包括机体在活动过程中表现出来的力量、耐力、速度、灵敏性和柔韧性等发展在青年期进入高峰。大脑皮层细胞活动增强,大脑发育逐渐成熟。此外青年性机能日趋成熟。青年随着青春期的到来,标志着性成熟的开始,男子日益壮美,女子愈渐丰满。他们开始关注自我形象,对异性产生好奇、爱慕、向往,渴望爱情。

2. 心理特征:智力显著发展,自我意识增强,情感丰富多变

在认知方面,一般到了十七八岁以后,理性逻辑思维成为一种成熟

的思维形式，通过分析、综合、抽象、概括、推理、判断来反映事物的关系和内在联系，并从一般的逻辑思维向辩证思维过渡，而且思维的独立性、批判性、创造性都有显著的提高，记忆力达到一个最佳时期。随着知识的积累、智力的发展以及独立生活，青年的自我意识日渐成熟。青年初期，世界观、人生观、价值观初步成型，到青年中后期则进一步成熟，对自然、社会、人生和恋爱等基本都有了比较稳定而系统的看法。

在情感方面，青年在逐渐趋向成熟和稳定的过程中，还程度不同地存在容易偏激和波动的倾向。随着社会阅历的增加，青年接受社会的影响不断深化，对所处社会有了更全面、深刻的认识，并逐步形成一定的社会性情感，学会根据外界环境的变化对自己的情感进行适度的调节和控制，情感类型逐渐从外倾型向内隐型过渡。当然，由于生理和自我意识上的特点，青年人一方面富于热情、激情，行动积极、迅速，情感容易被点燃、激发；另一方面，在面对挫折和不满时，情绪容易偏激、失控，甚至导致思考的两极性波动和行动的爆发性冲动。

在意志方面，青年的自觉性、自制力、目的性、果断性、坚毅性有发展，但不稳定。一般他们能够自觉地支配自己的活动，进行自我管理；遇到困难和问题，能运用一定的原则、知识、经验等进行处理；对于既定目标，有一定决心、恒心坚持实现。但是处于意志形成期的青年，虽然意志的各种品质在迅速发展，但还没有最后定型，比如，有时目标容易弱化、变化，有时陷于自我表现中心的执拗状态等，还需要不断培养和塑造。

3. 社会特征：存在独立性与依赖性、理想性与现实性的矛盾

由于青年生理和心理上都处于成熟过程中，既积极上进，又面临诸多矛盾。他们具有充沛的青春活力，积极投身社会化过程，表现出对知识的渴望，对新事物的强烈追求，对社会活动的极大关注等等。意气风发、朝气蓬勃的他们渴求独立自主，有着强烈的自尊心、自信心，注重自我价值实现，乐于对新鲜事物进行探索和体验，对未来充满期待和向往；在言谈举止、衣着形象紧跟时代潮流，但同时又强调与众不同，希望引人注目，追求自我存在的价值；对事物、现象形成独立的见解，不再人云亦云，强烈要求自我主张，竭力摆脱家长的管束；在交流方面，与长辈交流相比，他们更渴望与同辈人广泛交往，特别寻找志趣相投的知心友伴。青年的社

会特征有很多积极、突出的方面,同时也不可避免地伴随着一些矛盾。比如独立性与依赖性的矛盾,一方面,青年的自主性、独立性不断增强,但由于缺少生活经历与社会经验,特别是处于陌生、复杂的情境时,容易不知所措,因而在做重大决策目标和处理成长过程中复杂矛盾时,还一定程度上依赖长辈和家庭的指导;理想性与现实性的矛盾,青年对未来充满美好的憧憬,但理想自我是一种希望和愿意扮演的美好形象,有可能没有充分考虑客观具体情况,而是从主观愿望出发,缺乏一定的现实性与可行性,造成"理想我"与"现实我"的冲突。

二 当代青年的思想行为特点

成长于社会主义现代化建设进程中的当代青年,沐浴着改革开放的阳光,随着社会政治和经济的不断发展,在思想行为方面,当代青年呈现出鲜明的时代特点。所谓当代青年的思想行为特点,指的是当代青年群体在思想观念和行为活动方面表现出的具有一定普遍性的特性。概而言之,当代青年的思想行为特点主要表现在:开放程度扩大,视野开阔;承载的压力加重,取向务实;自主意识增强,追求个性;选择因素多样,思想活跃等等。

1. 开放程度扩大,视野开阔

改革开放给中国带来的最大的历史性变化就是人们思想观念的巨大转变。改革开放以前,我国社会是高度整合、单调统一的模式,青年的思维模式是封闭僵化的,没有选择的意识,也没有选择的环境、条件和权利。特别是50年代开始的政治批判、政治运动、政治斗争、政治口号把人的思想、行动完全限制在"政治挂帅"的旗帜下,后来在"两个凡是"的规定下,青年的思想越来越僵化、封闭、极端,个体在"无限忠于"和"螺丝钉精神"中被淹没了、消解了,"三千万知青的人生与命运,有别于一切碑文记载——最集体、最盲从、最无奈、最幻灭。三千万知青的灵魂现象,独特和丰富于一切历史与文明而又最具共性——一个由一代人共同拥有的辽阔、混沌、荒诞而又苍凉万端的灵魂世界。"[①]

[①] 岳建一:《重铸民族灵魂——一个唱颂过流行语录的知青语录》,《北京文学》1998年第6期。

进入改革开放的新时期之后,社会从封闭、半封闭走向了开放和自信,青年的思想也从僵化、半僵化状态中走出来了,青年可以自由地思想,自在地选择,自主地决定自己的命运。

市场经济是一种开放型经济,它的发展必然要求扩大市场,要求打破地区封锁,由分割的区域市场发展到统一的国内市场,并进而突破国界,发展成为统一的世界市场。随着我国市场经济的发展,开放必将进一步扩大。同时,全球化的发展开拓了新的发展领域,开阔了人们的视野,催生了新的思维方式——面向世界的开放思维。如此伴随着全球化的浪潮,科学技术的迅猛发展,网络技术带来的信息共享,异质文化之间的跨文化传播更加快捷与通畅,文化的多元化发展潮流不可逆转,正如许多学者的断言,今后相当长的历史时期内文化的走向是"在全球意识下的多元文化发展"。当今时代,我国的开放进入了一个前所未有的新阶段,人类文化由封闭、单一、排他性的发展状态向着平等对话、多元交融的趋向发展,人们逐步走出狭隘自闭的小圈子,自主性、选择性、开放性、包容性明显增强。不同质态的文化均有其独特的文化个性,在它们的深处,"是意义构成的生命,是价值组成的内核,它把人对'人'的规范的创造、对'人'的生命存在意义、对人生悲与喜的体验、对美善和崇高的向往,用心血炼成,浇灌在自己的深处。人们用自己的方式创造文化,也就是把他们深邃的价值体验、崇高的价值追求倾注于这些文化之中。"[1]

成长于开放背景下的青年受多元思想文化的熏陶,对世界性的文化交流和传播抱有极大热情,对不同文化能够以宽容的心态对待,他们也学会用一种全球化的、开放的视角去思考问题,对新的文化形态和文明形式有较强的接纳能力。富有独特魅力、深厚价值和意义底蕴的多元文化的并存发展促使当代青年更加全面和深入地思考与理解人的生命存在、发展的价值、意义和应然的取向;丰富的文化资源极大地充实了当代青年的发展,"为个人提供了更多的选择机会和价值取向,赋予个人更多的自由和更充盈的精神世界,以及更有力的行为表现和更有意义的生命存在"[2]。可见,处

---

[1] 孙美堂:《文化价值论》,云南人民出版社2005年版,第44页。
[2] 刘卓红、林俊凤:《论全球语境下文化多元化的价值意蕴》,《岭南学刊》2002年第2期。

于当今时代背景下的当代青年视野更加开阔,心态更加宽容,生存状态更加开放、自由,生活空间更加广阔。

2. 承载的压力加重,取向务实

改革开放以前,"为共产主义奋斗终身"的价值理想曾经激励了几代中国青年,"跑步进入共产主义"的政治狂想让中国上上下下的青年们为之奋斗,"大公无私"的圣人道德成为中国青年修身立德的原则。1963年2月15日,共青团中央发出《关于在全国青少年中广泛开展"学习雷锋"的教育活动的通知》,"憎爱分明的阶级立场、言行一致的革命精神、公而忘私的共产主义风格、奋不顾身的无产阶级斗志"的雷锋精神教育了一代中国青年,"像雷锋那样生活和战斗","为建设祖国、保卫祖国健康工作50年"激励着无数青年,也涌现出许许多多的青年模范人物,比如舍己推军马的欧阳海;暴风雪中英勇保卫羊群的"草原英雄小姐妹";"一心为革命",顽强战斗的麦贤得;舍身为群众的好战士王杰等等,青年几乎把自己完全投身于社会主义建设和共产主义理想中。

20世纪80年代,随着改革开放带来的社会全方位的变化,青年狂热的理想追求开始逐渐冷却,逐步由理想主义向现实主义嬗变,当代青年不再轻易抛洒热血,不再随意奉献灵魂,而是更加关注现实、关注自我,人生目标逐渐世俗化、短期化和功利化。随着社会机械理性化趋势的不断扩张,科技力量、市场经济的日趋强势等导致当代人空前紧张、忙碌,使得很多人没有时间去接近自然、回眸历史、思考意义,人更多的是存活于当下,较少关注何谓超越性的关怀和终极性的追求。比如,1987年针对武汉某工厂的"青年职工的人生理想"问卷调查结果显示:选择"为实现共产主义"的为14.8%;"为实现四个现代化"的12%;"为使祖国强大"的12.1%;"为使本厂效益好"的14.5%。这四个选项都具有集体主义和理想主义取向,合计为53.4%,其他选项中有为"金钱""文凭""职称""享乐""个人成名""小家庭"的,这种有明显个人主义和现实主义取向的占到38.1%。[①] 90年代的一份调查显示,青年希望成为"对国家有贡献、对社会有用的人"的仅占25%;赞同"在个人事业上有成就的人"占45%;20%的人希望"做一个安分守己的人";还

---

① 引自《中国青年发展报告》,辽宁人民出版社1994年版,第445页。

有 10% 的人希望成为"有钱有地位的人"。① 2006 年一项调查广东青年学生发展取向的结果表明，青年学生职业选择最重视的因素是"经济收入"，大多数青年学生选择成为一个"在个人事业上有所成就"的人。② 近年郑永廷教授课题组抽样调查在校本科生精神生活状况，在谈到对幸福的看法时，绝大部分学生把"拥有美满家庭"放在第一位，占 85.5%，"为社会多做奉献"处于倒数第三位。（见图 5—1）由此可见，青年价值取向变化的明显特点是：由原来激情式的参与转为务实性的参与。③ 青年由理想走向务实也是时代的产物。当代青年面临巨大的生活压力、学习压力、工作压力，在不堪重负的压力下，当代青年不得不接受现实，重视现实利益的获取。

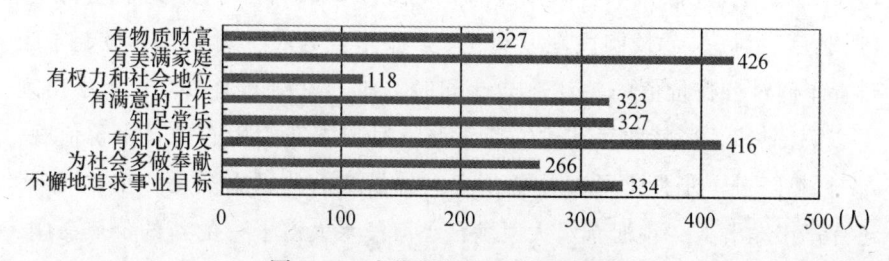

项目	人数
有物质财富	227
有美满家庭	426
有权力和社会地位	118
有满意的工作	323
知足常乐	327
有知心朋友	416
为社会多做奉献	266
不懈地追求事业目标	334

图 5—1　当代大学生对幸福的理解

3. 自主意识增强，追求个性

个人与集体的关系是个人生存境遇中的必然命题，人类历史上在处理这两者关系上存在着两种截然不同的旨向：一是集体主义，即以集体为本位来处理个体与集体的关系；二是个人主义，即以个人为本位来处理个体与集体的关系。在中国的传统中，总体精神是"整体本位"，中华民族精神中的整体至上的观念、忧国爱民的思想、乐群贵和的意识是中国古代整体主义的突出体现。新中国成立后集体主义也是社会主义道德体系的基本原则。但是改革开放以前的集体主义有些被扭曲，即存在否定个人利益的倾向，把国家的需要等同于个人的需要，称为"狠斗私字

---

① 本调查结果转引自《北京日报》，1995 年 1 月 4 日。
② 许文贤：《当代青年学生发展取向研究》，中山大学博士学位论文，第 104—105 页。
③ 杨雄：《波动中的主题变奏——改革开放以来中国青年价值观追踪及其评价》，《当代青年研究》1998 年第 4 期。

一闪念",以至于"在改革以前的中国社会,没有个人,只有群体;没有个人主体,只有社会主体"。① 当时的这种把集体主义原则片面化的诠释既忽视了个人价值和权利,也造成人们对集体主义的片面理解,这是一种单向模式的集体主义。

20 世纪 70 年代末期,冲破了"两个凡是"的樊篱,思想解放的洪流掀起了当时青年对人生价值的大讨论,这一时期的青年从原先单向的集体主义中走出来,开始逐步关注自我、个体的价值。1980 年"潘晓"的来信引发了全国的大讨论、1981 年关于电影《沙鸥》的讨论、1982 年《冰封抢险队》中"麦克唐纳与雷锋精神"的讨论、1983 年关于张海迪是否幸福的讨论、1984 年关于电影《人生》的"人生价值观"讨论、1986 年我国长江漂流队员冒险精神的讨论、1988 年"伤痕文学"讨论、"朦胧诗"讨论、"校园民主"讨论、"张华救老农"讨论等,掀起了当时青年们对自我价值的关注。与此同时,西方思潮的涌入,青年中出现了"萨特热",萨特的存在主义哲学是一种以自我为中心的自由价值观,"萨特热"进一步强化了部分青年个人价值至上的思想观念。在 80 年代还有青年提出了"小河有水大河满,小河没水大河干"的新的价值命题,借此反对原先的"大河有水小河满,大河没水小河干"。1988 年团中央组织的一项关于"全国青年思想状况调查"统计表明,20.49% 的青年认为"自我应是一切言行的出发点和归宿",② 从这些方面可以看到青年自主意识在不断增强。

1992 年,社会主义市场经济正式在中国确立,市场经济主体的自主性、自由竞争性有力地促进当代青年个性的解放、个人主动性、创造性的发挥,当代青年作为具有独立性、自主性、进取性和创造性人格的"经济人"登上了历史舞台,对传统计划经济封闭僵化的思维定式和价值观念起到加速瓦解的作用,促使社会尊重人才、讲求效率、开拓创新、自由平等。1993 年在武汉八所高校开展的对武汉地区高校研究生价值观的调查结果表明,"当尊重自我与服从社会发生矛盾"时,1986 年选择服从社会的有 61.5%,选择服从个人的是 32.5%;1993 年选择服从社会的

---

① 刘天喜:《不应该用传统视角理解现代集体主义》,《兰州学刊》2004 年第 4 期。
② 陶国富:《青年精神支柱的倾斜及重构》,《青年研究》1991 年第 4 期。

有 18.6%，服从个人的有 81.6%。[1] 1996 年在北京、天津、广西、云南、黑龙江、山东、江苏、湖北等地对青年价值观的调查表明，赞成"主观为自己，客观为别人"的比例为 48.8%，持"不赞成"态度的为 16.9%。[2] 总体上讲 20 世纪 90 年代的青年并没有放弃集体主义价值观，但不再推崇无条件的、绝对的"为社会、为他人服务"，而是注重"个人发展""自我价值实现"等。

进入 21 世纪，改革开放的深入发展，社会经济的稳步繁荣，信息网络的高速推进，当代青年在这样的时代境遇中得到前所未有的发展。2002 年，中山大学"中国现代化进程中的伦理变迁与道德教育"课题组在部分大学中展开了调查，谈到关于人与人之间的相处原则时，深圳大学学生中有 44.6% 的学生宣称为自己的利益奋斗，位于其他选项之首，北京大学多数学生（43.9%）将"主观为自己，客观为他人"作为首选，武汉大学的比例也达到 44.7%，其他高校学生也将这一项列为首位。[3] 而当代"80 后"、"90 后"则演绎出"表现型个人主义"和"功利型个人主义"，他们敢于张扬自我、表现自我，尽力呼唤个性，尽情地展示个性，甚至任意放纵自己的个性，张扬自我和以自我为中心的价值观成为他们这一代的主流思潮。他们打扮入时、造型夸张、发型前卫，喜欢"奇装异服"，比如在当代青年中有一定影响的"Cosplay"[4] "Lady Gaga"[5] 等，因为新奇的穿着可以张扬个性，能让他们成为众人瞩目的焦点。他们还特别喜欢使用"火星文"，所谓"火星文"，即是同音字、音近字、错别字、英文、日文及特殊符号杂糅起来表音或表意的文字。在很多年轻人聚集的网上论坛上，到处充斥这种类似乱码的文字，有个性、方便，是火星文流行的两大原因。

可见，改革开放以来当代青年人的群己观发生了很大变化，"大公无

---

[1] 武汉大学研究生价值观研究课题组：《武汉地区高校研究生价值观调查报告》，《社会学研究》1994 年第 4 期。
[2] 樊新民：《改革开放以来青年价值观的演变》，《青年研究》1997 年第 4 期。
[3] 曾盛聪等：《伦理的嬗变：十年伦理变迁的轨迹》，人民出版社 2005 年版，第 124 页。
[4] Cosplay 是英文 Costume Play 的简略写法，日文写作「コスプレ」。一般指利用服装、饰品、道具以及化妆来扮演动漫作品、游戏中的角色。玩 Cosplay 的人则一般被称为 Cosplayer。
[5] Lady Gaga 是当今欧美乐坛最具影响力的流行音乐天后，被誉为当今世界最流行的时尚教主，其造型以穿蝴蝶结裙子、BOBO 头、墨镜为特征，被众多年轻人追捧和模仿。

私"、"公而忘私"等抑制个人欲望、批判个性的观念和做法已不被他们广泛接受，他们愈来愈追求个性自由、强调个人尊严、重视自我价值、关注自我实现。

4. 选择因素多样，思想活跃

改革开放以前，在经济模式上，是统一集中的计划经济体制，所有制和分配制度都是单一的公有制和单一的按劳分配；在政治模式上，是学苏联的高度集权的政治体制，党政不分、领导职务终身制；在文化发展上，学术思想和文艺表演都具有政治化、阶级化、程式化特征。这样导致当时青年的思想是单一的，信仰是盲从的，多了几分狂热激情，少了几分理性思考。特别是到了"文革"期间，一切都政治化，当时青年的思想更加僵化、封闭、单一、绝对化。

"文化大革命"结束后，国家实行拨乱反正，恢复了高考，实行改革开放，青年成为国家建设的中坚力量，青年的思想也逐步解放，在中西方文化的对撞中，有些青年由于信仰缺失，在价值选择中失去方向，有一部分青年开始把金钱、权力、宗教当作自己的价值取向。当时有调查表明开放的沿海城市——广州"全市现有基督徒13000名，其中青年占了1/3"。[①] 随着我国经济体制深刻变革、社会结构深刻变动、利益格局深刻调整、思想观念深刻变化，社会思想文化越来越多元多样多变，马克思主义和非马克思主义的思想并存，正确与错误、先进与落后的思想相互交织，当代青年处在更加复杂多变的社会思想环境之中。影响当代青年思想的社会因素不仅多样、复杂，而且多变、强化，当代青年在多样化社会环境中，自然而然其思想意识也是多样多变的。他们不仅受到地区、家庭经济、政策条件的制约、影响而形成了不同类型的青年群体，而且受到不同社会条件制约和不同社会因素影响，而选择不同的价值观念、交往方式与生活方式。发达地区与偏远山区的青年、小康家庭与贫困家庭的青年、青年大学生与青年农民工等不同阶层、不同类型、不同职业的不同青年有着不同的价值取向与不同的追求方式，甚至表现出很大的差异性。他们的价值取向多样化，既有积极向上的，又有消极落后的；既有高尚文明的，又有低级庸俗的；既有符合主导价值取向的，也

[①] 吴惟新：《青年信教问题初探》，《青年研究》1990年第8期，第39页。

有背离主导价值取向的。并且由于青年时期情绪情感还不稳定,有如"姑娘的心,天上的云",情绪的高峰与低谷体验非常强烈,因此青年的思想观念也处于起伏跌宕的阶段,产生了复杂多变的自我情感和社会性情感。有时觉得这个社会充满了希望、中国共产党执政值得信赖、社会主义比资本主义优越,投入满腔热情参与社会建设;有时又觉得贪污腐败横行、不正之风肆虐、社会人心不古、发展前景黯淡,甚至产生极度苦闷、孤立和厌世情绪。2011年豆瓣发起的活动让普通青年、文艺青年、2B青年这三类青年代表突然在网上红起来了。普通青年代表务实、遵守社会规范、按常理出牌的大众青年;文艺青年是触觉动物,跟着感觉走,轻视逻辑;2B青年神经大条,对什么都无所谓,只有自己开心就好。但大多数青年都不会把自己固定在某个类型上,给自己贴××青年的标签,而是认为自己是时而普通、时而文艺、时而犯二的青年,这也在某种角度反映了当代青年的生活方式和思想观念的多样多变和复杂。

第二节 当代青年精神价值追求的特点[①]

当代青年的精神价值追求特点不仅跟青年群体的特点有关,也跟当今时代的特征有关。青年正处于由不成熟向成熟过渡的阶段,中国当代社会正处于社会转型期,这些都蕴含着很多不确定,甚至相冲突的因素,正是这种影响因素多元激荡造就了当代青年精神价值追求鲜明的特点:理想性与功利性兼有、稳健性与冲动性并存、自主性和从众性交错、现实性与虚拟性交织。

一 理想性与功利性兼有

理想是对现实的超越,是对未来的美好展望。理想立足于现实,着眼于未来。从某种意义上来说,理想性等同于超越性。人活着不仅仅只是活在当下、活在眼前、活在现实,人还活在对眼前和个体利益的有限性进行超越的理想性的意义世界。功利则是指眼前的功效和利益,是对现实的满足,从时间上来看,功利注重眼前忽视长远;从空间上来讲,

---

[①] 本节内容已发表于《思想教育研究》2012年第7期。

功利重视局部、具体利益而非全局考虑。当代青年精神价值追求的理想性是指当代青年能够从全局出发，对未来有着明确而长远的目标，并能自觉而坚定地去追求实现理想。功利性则是指有的青年仅从个人利益出发，满足于眼前、现实，陷入拜金主义、拜名主义、拜权主义的泥沼。

在不同的时代，社会发展的要求在不断变换，而青年作为社会最有活力、最富激情的群体，总是能敏锐地感触到时代跳动的脉搏，将自我融入时代发展，实现自我超越。在革命时期，青年向着延安奔去，向着前线奔去；在建设时期，青年向着边疆奔去；在改革时期，青年向着科技高峰奔去，向着经济主战场奔去；在灾难时期，青年向着灾区奔去……一代又一代青年，在党和人民最需要的地方总能看到他们的身影，他们把自我价值融于建设富强、民主、文明、和谐的社会主义现代化国家的共同理想中。

在我国推进改革开放的伟大进程中，当代青年始终作为一支生机勃勃的重要力量活跃在社会主义现代化建设的第一线。在国家重大发展战略和重点工程项目的实施中，在重大科研攻关的攀登中，在应对各方面重大挑战的斗争中，到处都活跃着青年顽强拼搏、无私奉献的身影，留下了青年开拓创新、艰苦奋斗的足迹。在波澜壮阔的改革开放进程中，一代又一代青年积极响应党的号召，与祖国共奋进，与时代同发展，满怀豪情地投身建设祖国的火热实践，在改革开放和社会主义现代化建设的各条战线辛勤工作、开拓进取，为推进中国特色社会主义事业作出了重要贡献。一批批青年成长为党和国家事业的新生力量和工作骨干，青年突击队、新长征突击手、青年志愿者、青年五四奖章获得者、十大杰出青年等优秀青年群体不断涌现。面对历史罕见的雨雪冰冻灾害和特大地震灾害，广大青年大力弘扬高尚的奉献精神，怀着对祖国和人民的挚爱，义无返顾地投身抢险救灾和灾区重建；面对境内外敌对势力对北京奥运会火炬境外传递的干扰破坏，面对一些西方媒体对拉萨"3·14"打砸抢烧事件的歪曲报道，广大青年焕发出强烈的爱国热情，旗帜鲜明地维护国家利益和民族尊严，谱写了感人肺腑、可歌可泣的青春乐章。

改革开放的伟大历史实践证明，广大当代青年富有理想，拥护党的领导，对中国特色社会主义事业充满信心，他们热爱祖国，具有强烈的民族自信心和自豪感，广大青年与祖国共奋进、与时代同发展，为深化改革、扩大开放、加快发展、维护稳定作出了重要贡献。

在当代社会条件下,价值取向的多样化与人的发展个性化日趋明显,青年用以规划自己人生发展的价值目标不再单一,用以评判自己和他人是非得失的价值尺度不再同一。他们习惯于根据自己的需要来设定自己的价值目标,运用多样的价值尺度来看待他人和社会,体现了价值取向上的务实性。2010年,央视名嘴白岩松在给清华学子们演讲时,称当代青年身上背负着新的"三座大山":第一座大山是以蜗居为标志的住房和物质压力,现在的社会把年轻人的成功直接跟物质的成功画上了等号,房子、车子、折子是衡量一个人是否成功的标准;第二座大山是以蚁族为代表的现实和理想的冲撞,还要不要有理想,还要不要浪漫,还要不要趁着年轻时流浪一下,为自己的目标去奔波和闯荡,蚁族像是一个无形的绳索,套在这一代年轻人身上;第三座大山是来自职场的压力,职场上的争斗让年轻人压力更大。白岩松认为,"三座大山"让现在的年轻人不那么有理想了,不那么浪漫了,必须现实和功利。这种注重现实价值取向的特点,有其现实合理性,但也存在局限性。其局限性表现为,有些青年过分讲究实用、追求功利,陷于眼前利益、具体利益的满足,缺乏超越现实思想水平、提高思想道德境界的愿望,对理想信念的确立不大在意,甚至有一小部分青年表现出突出的拜金、拜权、拜名等功利主义价值追求。

拜金主义就是盲目崇拜金钱,把金钱价值看作最高价值,一切价值都要服从于金钱价值的思想观念和行为。拜金主义者认为金钱不仅万能,而且是衡量一切行为的标准。美国《世界日报》公布的一项民调显示,在全世界23个国家中,中国、日本和韩国三国的民众最相信"金钱万能",并列成为世界第一"拜金主义"国家。环球网就此发起了一项在线调查,结果显示,80%的受访网民认为中国是第一"拜金主义"国家。[①]在我们国家,确实有部分青年认为在现代商品社会中,金钱可以决定一切,有钱可以得到一切。"有钱能使鬼推磨""一切向钱看""金钱是万能的"等甚至成为一小部分青年的生活准则。拜金主义者为了追逐金钱,可以不顾一切,甚至铤而走险:在经济领域假冒伪劣类如"毒大米""毒

---

① 《南方日报》,2010年2月25日

面粉""地沟油""瘦肉精""毒奶粉""染色馒头"等事件层出不穷；在政治领域出现不少贪污腐败、行贿受贿、权钱交易、跑官卖官等腐败现象；在文化领域有些作家开始用"下半身"写作，有些电视电影用"裸戏"作为卖点，越来越多的"凤姐们"在网上疯狂炒作……种种社会现象反映出拜金主义者为了金钱，不惜出卖自己的良心、尊严、人格，争相做金钱的奴隶。正如马克思所指出："钱把忠诚变成了邪恶，把邪恶变成了德性，把主人变成了奴隶，把无知变成了理智。"①

拜权主义在我国两千多年的封建文化影响下，使得中国人形成了根深蒂固的权力崇拜，社会滋生了"官本位"的心理情结。中国（人）似乎历来就秉承和信奉这样的特色信条：一人得道（做官），鸡（为达各种目的的 woman）犬（想升官发财而尽吹拍捧之能事的下属）升天。在"有权就有一切""有权不用，过期作废""权力的大小衡量着人的价值大小"等权力拜物教的作用下，权力由"公共"的为民服务降低为"私人"的为己服务。在现实社会中存在诸如任人唯亲、跑官要官、权力寻租的现象，由于权力的巨大好处，使得人们对权力盲目崇拜，甚至出现所谓新的"两个凡是"："凡是领导抱过的，就是我们需要关照的；凡是领导过问的，就是我们需要重点解决的。"改革开放三十多年过去了，"百万青年下深圳"正在被"百万青年考公务员"和"国企热"取代，数据显示，2017 年国家公务员考试最终报名总人数为 1 338 698 人，从 2009 年以来每年报名人数超百万，"全民公考"的现象下催生出"考碗族"，诱人之处正来源于国家公务员荣耀的权力和地位。

拜名主义就是把名分、职位、职称、学位、头衔等当作偶像来崇拜，也是一种功利的人生价值观。"拜名主义表现在自我认识上，就是为成名成家而沽名钓誉，把成名成家本身当作终生孜孜以求的目的，以为只要有了名，就一定有了实，即有了做人的价值。人们通常所说的虚荣心和庸俗地追求虚名，都属于这种拜名主义。"② 在当代青年中，拜名主义发展了新的形式，突出表现为追星族即明星崇拜。他们崇拜名人特别是明星，有歌星、影星、体育明星等。2008 年苏州青少年舆情分析中心开展

---

① ［美］转引自弗洛姆：《健全的社会》，贵州人民出版社 1994 年版，第 104 页。
② 李连科：《价值哲学引论》，商务印书馆 1999 年版，第 360 页。

的青少年偶像观的调查结果显示，体育娱乐类关注度最高，排名靠前的有刘翔、姚明、刘德华、张学友等；其次是政治经济类，排在前面的有胡锦涛、温家宝、普京、比尔·盖茨等；接下来是科技文化类，排在前面的有袁隆平、钱学森和余秋雨等。① 2010年武汉市"关心下一代"工作委员会组织的"武汉市中小学生健全人格培养调研课题"经过一年的调研评估，对青少年的崇拜者进行的问卷调查显示，在学生心目中占比最高的是演艺明星，领袖、军人、教师、劳模、企业家、科学家的崇拜度，均以较大落差排名其后。② 其中有一小部分青年的追星行为十分疯狂，不惜节省学习生活的开支去购买唱片及演唱会门票，经常到偶像可能出没地点痴痴地傻等，甚至偶像的喜怒哀乐就是自己的情绪表现。也有少数青年也为了出名，不惜丑化自我、辱没自身，比如"伪娘""妖娆哥""芙蓉姐姐""凤姐""小月月"等，每年"快女""快男"海选都有几十万人参与，渴望一夜走红、一晚成名，这些与功利心理作祟是分不开的。

二 稳健性与冲动性并存

青年由于自我意识不断强化，成长成才目标日趋明确，文化道德修养逐步提升，使得他们对自己、他人、社会的责任意识不断增强，行为方向、方式、方法日趋稳定，对行为效果和目标的预判能力逐步提升。当前社会环境中的积极因素也广泛影响当代青年精神价值追求，对外开放使中西文化相互碰撞、对比、交汇，拓宽了广大青年的文化视野；互联网普及把不同时空、各个领域的信息及时、全面地展现，增强了广大青年对信息的分辨、比较、选择能力；社会竞争的全面深化在考验青年的承压抗挫能力的同时，也不断激发青年奋斗的激情，发掘广大青年的潜能。正是社会的开放性、信息化、竞争性与民主性，赋予了当代青年稳健性，使他们能站在面向世界、面向现代化与面向未来的高度观察、思考问题，并确立自己的价值取向与行为方式。同时，我们也要清醒地看到，由于当代社会流动变动加大，偶然因素增多，突发事件频繁，各

---

① 《苏州日报》，2008年10月1日。
② 汉网2011年4月3日。

种风险不断,缺乏生活经历与社会经验的青年面对这些客观影响,容易产生思想矛盾、心理冲突、情绪波动乃至行为偏激、冲动,对青年的身心健康和社会稳定造成难以预料的后果。可以说,处于由不成熟向成熟过渡时期的青年,有时他们的思想和行为相对稳定和成熟,有时又易变和突发,表现在精神价值追求上,呈现出稳健性与冲动性并存的特点。

第一,学习上表现出稳健性与冲动性并存。青年在学习上表现出稳健性,是指青年对学习的目标、内容、方法有一定稳定与成熟的认识,理性思维能力逐渐增强。在学习上表现出冲动性,是指有些青年有时会受情绪支配、社会影响而产生一些突发性、偏离性的行为。青年时期是学生形成世界观、人生观和价值观的关键时期,他们逐渐认识自我、了解自我,开始知道自己缺乏什么、需要什么。他们开始思考和求索人生的真谛,关注和求解社会的课题,探索世界和宇宙的奥秘,渴望认识自然、社会、人生和自我,渴望在理论层面上解释他们所面对的种种问题,渴望把自己塑造成具有现代的思维方式、价值观念、审美意识和交往方式的现代人,渴望得到理论的引导和陶冶。在这个思考和求索的过程中,他们主动学习书本和课程,求教于老师和同学,他们希望自己能够从理论的高度去分析和把握社会现象,提高自己分析和解决人生问题和社会问题的能力。同时,由于青年时期情感体验是非常丰富的,情绪变化有时积极、向上、高亢,有时悲观、消极、颓废,所以有些青年有时对学习表现出高度热情,有时又低迷沉沦,呈现不稳定的学习状态。有些青年为了学习社会工作经验,会通过社会兼职、开办网店等方式去积攒经验,但往往又与专业学习发生冲突,而导致顾此失彼、主次不分而荒废学业。

第二,工作选择上稳健性与冲动性并存。工作选择上的稳健性是指青年在求职时会根据就业市场及个人情况理性做出选择,考虑问题日趋成熟。冲动性是指部分青年在工作中缺乏目标意识与责任意识,考虑问题不周全,盲目选择与放弃带来不稳定的状态。面对严峻的就业形势和激烈的市场竞争,很多青年学生在求职时针对工作地点、工作部门、工资报酬抱着理性务实的态度,不再好高骛远。据教育部大学生就业指导中心下属《中国大学生就业》杂志面向20余所大学的2万多名2008届毕业生的"大学生就业首选调查"结果显示,就首选的行业(部门)而言,IT与通讯业是大学生就业首选，其次是商贸业、金融保险业、电力石化能源、政府机关等；大学生对于试用期后的工作薪酬抱理性态度，一半以上考虑3000元以下的工作职位；愿意到基层就业的比例愈来愈大。2010年1月7日上海师大学生工作处处长蒋明军公布了"'80后'与'90后'大学生价值观变化"课题研究结果。从职业价值观来看，"80后"和"90后"大学生大都将东南沿海城市作为择业首选地，而且都倾向于工作相对稳定、更有保障性的企事业单位。"90后"大学生最想去的工作单位依次是国有大中型企业、大专院校、科研单位、私营企业、党政机关……"80后"大学生最想去的工作单位则依次为国有大中型企业、大专院校、党政机关、私营企业……大部分大学生的择业观念更为理性和务实。但也有一些青年求职者由于缺少目标意识，对适合自己的行业、职业以及企业特点缺乏清晰准确的认知；有一些比较优秀的大学生认为求职不费吹灰之力，因而不太珍惜工作机会；还有小部分情商偏低的青年，意志力比较薄弱，工作中受不得委屈，见不得困难，遇到问题，总是选择逃避。因此在社会上就出现了当代青年在工作过程中"蜜月期"不断缩短，"闪离族"不断增多；"断奶期"难过，"跳蚤族"易现。麦可思发布的《2016年大学生就业报告》指出，2015届大学毕业生毕业半年内的离职率为34%。其中，本科和高职高专院校2015届毕业生毕业半年内离职率分别为24%、43%。在本科院校中，"211"院校2015届毕业生半年内的离职率为13%；非"211"本科院校离职率为26%。从专业来看，在2015届本科学科门类中，医学半年内离职率最低，为12%；文学和农学半年内离职率最高，两者均为31%。从大学生毕业三年后的"跳槽"状况来看。2012届大学毕业生毕业三年内平均为2.2个雇主工作过，仅有42%的本科毕业生三年内仅为1个雇主工作过。其中，俗称"跳槽"的主动离职竟占到了88%。而北京市曾对96家用人单位做过的一项调查也显示，大学毕业生首次就业后三年内跳槽率高达70%。当然造成这种现象的因素有很多，但是这一部分青年如果没有对自己的性格、兴趣、特长、优势、劣势、潜能进行更科学、全面的分析，没有更加明确的职业生涯规划，盲目的跳槽会越跳越迷茫，甚至成为职场"漂流瓶"。

第三，婚恋选择上稳健性与冲动性并存。婚恋选择上的稳健性是指青年逐渐形成较为稳定和成熟的婚恋观，会比较慎重、理智地做出选择；冲动性是指有些青年对婚恋的责任意识相对淡薄，有时会草率、随性、随便选择。当今，生活水平大幅度提高，促使青年生理上普遍出现早熟；社会环境的开放使青年视野开阔，促使青年心理上也普遍早熟，恋爱意识明显提前，呈现出低龄化趋势。据山东师范大学思想政治教育专业博士雷骥所完成的《象牙塔中的柔情与理性——当代大学生恋爱问题调研报告》显示，当前大学生中已谈过、正在谈和想谈恋爱的人数，一、二、三、四年级分别占到各自总数的54.8%、74.0%、73.2%、76.6%，这说明当代大学生恋爱具有普遍性。虽然有一小部分青年偶尔有大胆、出格的行为，但是大部分青年的择偶条件大致与传统标准相似，依旧把人品、容貌、经济条件、能力、性格排在前五位，大部分青年以负责任的态度对待爱情与婚姻，积极寻找、追求属于自己的幸福，努力营造自己的美满家庭。在面对社会竞争、生存压力、旁人非议时仍能坚持自己的判断和选择，因此在当代青年中出现的裸婚族、蜗婚族、隐婚族中可以看到他们对爱情的责任和追求婚姻幸福的执着。当然，也有一些青年生理成熟与心理成熟的不平衡，对婚恋问题还缺乏正确的认识，其中有一小部分青年只注重恋爱过程，强调爱的"现在进行时"，把恋爱与婚姻相分离，不考虑爱的"将来完成时"，把恋爱当作一种感情体验，及时行乐，借以寻求刺激，满足精神享受；也有一小部分青年为了充实生活，解除寂寞，填补空虚，把恋爱当作一种消遣。只重恋爱过程，轻视恋爱结果，实质上是只强调爱的权利，而否认了爱的责任。还有一小撮青年加入了"闪婚"、"闪离"的行列，对"闪婚"者来说，3秒钟可以爱上一个人，5分钟可以谈一场恋爱，7小时足以确定终身伴侣。闪电相识，闪电碰撞，闪电结婚，闪电离婚，这虽然紧跟"时尚潮流"，却把爱情与婚姻当成了儿戏，是冲动的选择。

三 自主性与从众性交错

自主性是指人在活动中的独立性和主动性，表现为个体自由地、独立地支配自己言行的一种状态，是主体"能够自觉地支配、控制自己的行为，并能自我创造和自我发展的特性"[①]。具有自主性的个体，自己主宰自己，不依附于他人他物，是自立、自为和自强的人。从整体上看，

---

① 段春华：《人的现代化与思想政治教育》，天津人民出版社2000年版，第62页。

自主性强是当代青年的突出特点，一方面是基于青年特定年龄段所具有的生理和心理特征，初生牛犊不怕虎，血气方刚，意气风发，勇于开拓，敢为人先；另一方面是时代特征在青年身上的体现，他们有主见、有追求、有担当；重视自主学习、自主生活、自主择业；注重充实自我、调节自我、发展自我。青年既是自我意识、行为表现的主导者、控制者，自主选择行动目标和行为方式，又是外部客观环境的积极调控者，自主处理所面临的各种情况，广大青年能够在学习和实践中不断思考总结和剖析自我，实现超越自我和重塑自我。因此，当代青年才俊才能成为知识创新、文化创新、教育创新、技术创新的重要主体。同时，随着社会环境日趋复杂，科技手段的迅猛发展推动社会环境对青年影响的深度和广度，各种价值观、行为表现、时尚潮流更容易传递给广大青年，而青年对新鲜事物的好奇心、不甘人后的好胜心以及分析、把握问题能力的不足，使得大部分青年容易受到环境的暗示，进而追逐风潮，随波逐流。从众也是一种比较普遍的社会心理和行为现象，青年的从众性很容易导致"从良则良，随莠则莠"结局，因为从众者往往缺乏对自身价值的认同，容易失去本身的独特价值，轻则抛却一片属于自己的领地，重则在喧哗与骚动中麻木自己。可以说，处于自主意识和合群意识不断增强中的当代青年，其精神价值追求呈现自主性与从众性交错的特点。

第一，衣着打扮上的自主性与从众性交错。从当代青年的着装上看，我们不难发现，青年的衣着打扮透射出青春的朝气和活力，可谓五彩斑斓、绚丽多姿、个性十足，是时尚的追捧者、推动者、引领者和缔造者，从泡泡袖、喇叭裤到波希米亚风，从灯笼裤到波尔卡圆点，从叠穿混搭、超大包袋到窄脚裤、高腰裙，从中国风、摇滚风、海军风到牛仔风、中性风、boyfriend风，都是青年群体表达自我、表现自我、张扬自我的结果，他们为时代风尚注入了新的元素和活力。同时，我们也注意到，有一些青年，只要是潮流就紧跟，无论胖瘦高矮都不落下，甚至不顾自己的形体、气质，强行作秀，东施效颦。

第二，消费观念上的自主性与从众性交错。当前商品经济空前繁荣，极大地刺激了青年的消费欲望，也对青年的消费观念产生了深刻的影响。大部分青年，尤其是青年学生都不具备独立经济能力，加上日趋增强的自尊心，不愿增加家庭的负担，很多青年的消费观念较为理性，能够对有限的费用进行合理的支配，有些青年为了参加学习培训班省吃俭用，为了购置学习工具、用品紧衣节食。但是，我们也看到了不少青年不顾自身消费能力、实际需要，盲目追赶时尚，他们追求"最炫""最酷""最 in"，热衷通过购名牌、用名牌，来获得同伴的羡慕和流行的认同。而购名牌、用名牌需要经济实力的支撑，对于很多支付能力不强，又盲目追赶潮流的青年，过度消费、提前消费又成为一个时尚，"月光族"不断壮大，"卡奴"已成规模，甚至于，有个别青年为了追赶当下的时尚，卖肾去买 iPhone、iPad 和笔记本电脑，从这些可以看到越来越多青年的消费观念具有盲目的从众性。

第三，生涯规划上的自主性与从众性交错。在现代社会，青年学生们愈来愈认识到生涯规划的重要性，一个有着清晰生涯规划的人相对能够准确地把握人生方向，塑造成功的人生。因此，很多青年学生在一入学就及早地对自己进行价值定位，正确认识自身的个性特质，明确地规划自己的学习、生活、职业发展等，并在实际行动中主动按照社会需求标准来塑造自己、完善自己，科学地规划好自己的大学生涯，指引自我不断进步。但是也有部分青年学子在生涯规划时并没有经过自己理性思虑、独立审思和自主判断，置自我需要、兴趣、个性、特色于不顾，把大多数人的标准当作自己的标准，把别人的选择当作自己的选择。比如学习的兴奋点常随外界影响而变化，如时而觉得学好外语最重要，时而又觉得学习计算机更实用，这部分青年学生没有立长志而总是常立志，做事朝三暮四，浅尝辄止，遇到困难便怀疑预定的目的，不加分析便放弃对预定目标的追求，偶遇挫折便望而却步，做事见异思迁，虎头蛇尾，常常半途而废，结果一事无成。当代青年只有摆脱从众的盲目色彩，用独立的思想和明晰的脚印使自己主动融入集体、社会的行列，这样，才能拥有一个真正属于自己的人生。

四 现实性与虚拟性交织

随着计算机科学技术的不断发展，互联网日益普及化，当代青年的生活与网络紧密联系在一起，甚至被冠以"N 代人"（网络时代）的称谓，当代青年的精神价值追求也呈现现实与虚拟交织的特点。

现实是标志一切实际存在东西的哲学范畴，是各种客观实在的现象和事物的总和,它是具体的、真实的客观存在。虚拟,是指依托现代信息科学技术而实现的抽象存在,如网络空间的存在本身就是虚拟实践的产物。虚拟通常以数字、图像、声音等抽象方式来表达,它是无形的,以知识、信息、声音、图像、文字作为自己的形式。它是一种场的存在,没有固定的形态。网络是一种虚拟存在,主要表现为网络环境、网络主体、网络交往的虚拟。交织通常是指交叉、交互,现实性与虚拟性交织就是指当代青年精神价值追求的领域在现实社会与虚拟社会间交叉并相互转换。现实是虚拟产生的前提和基础,虚拟是现实的延伸和拓展,虚拟中包含着现实,影响着现实。

当代青年是互联网络的主要用户,在互联网络虚拟空间中,他们进行网络搜索、网络游戏、网络音乐、网络视频、网络聊天、网络新闻、电子邮件、网络购物、网络支付、网络炒股等各式各样的活动。当人们通过虚拟空间所进行的互动联系达到一定的程度时,便构成了人的活动的虚拟社会。虚拟社会是基于互联网络的虚拟空间,以虚拟的人为中心,以数字信息生产、交换为纽带,在虚拟认识、虚拟实践和虚拟交往的基础上形成各种虚拟联系和关系的人化的场域。因此,虚拟社会不是单个人在互联网络虚拟空间中无序的简单的集合,而是人们基于互联网络的虚拟空间,在虚拟实践中按照一定的方式彼此发生各种虚拟社会联系和关系的场域(cyber society or virtual society)。[1] 发展至今,虚拟空间中的虚拟社会就好比是现实社会的"再现",现实社会中的各种实体单位也"搬"到了虚拟社会中,比如虚拟企业、虚拟工厂、虚拟银行、虚拟学校、虚拟博物馆、虚拟战场、虚拟医院、虚拟婚姻、虚拟家庭、虚拟宠物、虚拟超市、虚拟社区、虚拟法院、虚拟警察、虚拟运动等等应有尽有,虚拟社会是人们将知识、情感、信息延展到虚拟空间交流的一种新型的行为空间。

因此当代青年精神价值追求领域在现实与虚拟之间的界限愈来愈模糊,不再是固守各自的领域而是呈现交织状态,现实社会中的精神活动越来越多地转入网络虚拟空间寻求解决之道。当代青年不断地在现实社会与网络虚拟空间中变换存在,从而使现实与虚拟的交织日益频繁、日

---

[1] 曾令辉:《虚拟社会人的发展研究》,人民出版社2009年版,第29页。

益复杂,虚中有实,实中有虚,虚实交织。

人的肉体生活在物理时空,精神却完全超越了物理时空的限制;现实世界的有限性在某种程度上限制了人的精神性发展。新媒体语境的数字化生存方式和虚拟交往空间的出现,弥补了现实世界的不足,拓展了青年的精神生活空间,丰富了青年的精神世界,青年的精神追求越来越体现出丰富性与无限性。可以说,新媒体语境不仅促进青年精神追求在虚拟空间的发展,同时也促进青年精神追求虚拟性方面的发展,从而使青年能够在一个更高的层次上实现虚拟发展。新媒体语境的虚拟性使人们可以通过"人—机"交互的方式超越现实时空的限制,人与人的交往只需要"在线",而不需要"在场","缺场"交往已经成为一种新的互动形式。在中国青少年研究中心近年一项调查中显示:青年使用手机 APP 的类型中,社交类 APP 的使用率高达 88.7%;平均每天上网时长 240 分钟,有 177 分钟是花在社交网络上;每天使用社交网络 3—5 小时的占 23.67%,超过 5 小时的占了 21.26%。这些数据表明新媒体语境已经是青年社会交往的核心场域,越来越多青年表现出对"缺场"交往极高的依赖,甚至沉迷。"缺场"交往在带来交往便利的同时也引发新的问题,一些热衷"缺场"交往的青年在现实世界中却不愿意与人交往,甚至无法与人交往,"宅"文化盛行。这些青年夸大虚拟与现实的对立性,向往虚拟空间的"自由",从而更注重虚拟性的发展,而缺乏对现实性的重视。新媒体语境下虚拟性的片面发展使得部分青年迷失在新媒体所构建的虚拟世界中,迷失在虚拟现实的体验中,以一种脱离真实自我、脱离现实社会、似我非我的"数字人格"游移于虚拟世界;在满足多重身份体验和角色扮演的同时,部分青年颠倒了虚拟与现实的关系,模糊了对自身的角色定位及其所应承担的社会责任和义务,降低了自我意识、责任意识和道德意识,从而导致精神追求的扭曲。

第六章

当代青年精神价值追求的时代课题

客观环境对人的影响是双重的,既有积极正面的,也有消极负面的,因此我们必须辩证分析。从总体上来讲,当代青年精神价值追求是好的,主流是积极健康的。也由于市场经济、虚拟网络、多元文化、风险社会等在我国发展时间短而速度快,当代青年对其有一个认识、适应的过程,因此在我国社会发展的进程中不可避免会出现新矛盾,碰到新问题,面临新困惑,遇到新挑战。研究和解决当代青年精神价值追求的时代课题,是促进当代青年健康成长的重要课题。

第一节 市场经济条件下精神价值追求的新矛盾

社会主义市场经济在建立发展的过程中,由于市场体制本身的局限性和青年主观认知方面的片面性,导致在市场经济条件下精神价值追求呈现一些新矛盾。

一 市场经济及其特点

市场经济是指以市场机制作为配置社会资源基本手段的一种经济运行方式。市场机制是通过市场价格的波动、市场主体对利益的追求、市场供求的变化,调节经济运行的机制,市场机制是一个有机的整体,它的构成要素主要有市场价格机制、供求机制、竞争机制和风险机制等。价格机制是指在市场竞争过程中,市场上某种商品市场价格的变动与市场上该商品供求关系变动之间的有机联系的运动。它通过市场价格信息来反映供求关系,并通过这种市场价格信息来调节生产和流通,从而达到资源配置。另外，价格机制还可以促进竞争和激励，决定和调节收入分配等。供求机制是指通过商品、劳务和各种社会资源的供给和需求的矛盾运动来影响各种生产要素组合的一种机制。它通过供给与需求之间的在不平衡状态时形成的各种商品的市场价格，并通过价格、市场供给量和需求量等市场信号来调节社会生产和需求，最终实现供求之间的基本平衡。竞争机制是指在市场经济中，各个经济行为主体之间为着自身的利益而相互展开竞争，由此形成的经济内部的必然的联系和影响。它通过价格竞争或非价格竞争，按照优胜劣汰的法则来调节市场运行。它能够形成企业的活力和发展的动力，促进生产，使消费者获得更大的实惠。风险机制是市场活动同企业盈利、亏损和破产之间相互联系和作用的机制。

市场经济具有平等性、竞争性、法制性和开放性等一般特征。平等性是指在市场上经济活动参加者之间的关系是平等的，从根本上说是由价值规律的作用决定的，即等价交换原则决定的；竞争性是指经济活动参加者之间存在着广泛的竞争，充分的市场竞争可以保证价格变化的灵敏性，使供求关系尽快得到调整，促进资源优化配置的实现。为了各自的价值的实现，市场主体之间必然激烈竞争，优胜劣汰；法制性是指社会经济运行有健全的法制基础，生产者和经营者的经济活动依据市场经济的法规进行。等价交换要求的平等性原则，必须要有健全的法制来保障。在市场经济中健全的法制是协调和处理矛盾、体现公正平等的依据和准则。为了维护公平竞争，必须有严肃、健全的法制作保证；开放性是指市场不是相互封闭的，全国是一个统一的大市场，并且与世界市场联系在一起。只有打破狭隘的区域封锁，实现生产要素的自由流动，经济活动参加者才能充分发挥各自的优势，并广泛利用他人优秀的生产、科技成果，才能达到资源优化配置的目标。企业为了获取利润，实现产品的价值，会不遗余力地开拓市场。

因此，市场经济不是只讲经济效益、不要政府干预、可以自行其是的，而是利用市场机制的作用进行社会资源的配置和生产力的布局，它需要独立的企业制度、有效的市场竞争、规范的政府职能、良好的社会信用、健全的法治基础。

二 市场经济条件下精神价值追求的新矛盾

中国建立和发展市场经济,是生产力发展的必然要求,是中国经济改革发展道路的自觉选择,而市场经济的发展也有力地解放和发展了生产力,激发了我国社会经济发展的活力。与此同时我国社会主义市场经济还不完善,还在逐步摸索发展中,并且市场经济体制本身具有局限性,它不是万能的。在我国社会,对这一新的经济形态,有些人或缺乏认识与适应,或出于单纯的利益追求,出现了对市场经济不同程度的曲解,使价值规律呈现"缺位""错位""越位"的状况,有的对市场经济缺乏科学认识,盲目崇拜市场经济;有的把我国市场经济等同于资本主义市场经济,极力渲染私有财产的独立性和利己要求;有的把市场经济原则泛化到整个社会生活,替代人们的精神生活等等。在这些片面甚至错误倾向的影响下,当代有些青年的精神价值追求也受到冲击,呈现出新矛盾。

1. 重物质轻精神

重物质轻精神是注重物质、轻视精神的物本价值取向的直接表现,物本价值取向是以物质作为判断事物有无价值以及价值大小的唯一标准。[①] 因为市场经济环境中,金钱的作用不断凸显,金钱因此也就成为一个尺度,有时还被任意夸大,甚至认为"金钱是万能的";由于金钱至上、享乐优先等观念的冲击,有些青年由于信仰不坚定,更容易受影响,使自身的理想信念、精神追求不断淡化乃至虚无。在生活中,有一些青年在琳琅满目的商品中迷失自我,过分追求物质享受和感官刺激,而精神追求、精神价值则退居其次,甚至淡漠荒芜;在学习中,为了缓解自身、家庭经济上的压力,有一些青年学生将获得奖学金、找到好工作等功利性因素作为学习的主要目的,忽视、轻视、漠视理想信念、人格修养等精神因素在人的成长中所起到的重要影响;在工作中,有些青年过分追求物质利益的获取,甚至有小部分青年以回报决定自己的付出,钱多多干、钱少少干、没钱不干,将利益的获得等同自身价值的实现,忽

[①] 郑永廷、张彦:《德育发展研究——面向21世纪中国高校德育探索》,人民出版社2006年版,第121页。

视人的精神实质和对社会的价值和意义；在婚恋问题上，大部分青年多了些现实的理性，少了些超越的浪漫，有些青年对物质条件的考虑有时甚至超过爱情本身，国内婚恋网站之一的中国红娘网 2011 年 11 月 11 日发布了《2011 世纪光棍节婚恋微调查》，这份报告显示，年轻人选择恋爱对象考虑"经济状况与家庭背景"占首位，为 42.6%，而选择"人品修养"的人数仅为 25.7%。[①]

当前，人的物质需要得到极大的满足，而人的精神需要却在日趋萎缩，有些青年的心灵逐渐空虚、人生变得无聊、心情时常郁闷。这一些青年由于缺乏理想、信念的指引，缺乏思想、精神的支撑，在遇到问题时，容易不知所解、不知所选、不知所向，而陷入迷惘与困惑；在激烈的社会竞争中，面对压力难以转化为内在动力，更容易陷入各种"心躁"，甚至逃避现实；在碰到挫折、困难时，难以正确对待，容易采取极端处理方式。

2. 重眼前轻长远

重眼前轻长远是指重眼前利益，轻长远发展，突出表现在急功近利上。"急功近利"出自汉代董仲舒的《春秋繁露·卷九·对胶西王》，"仁人者正其道不谋其利，修其理不急其功"，意思是贤明之士，应当遵循正道，不应急于取利；应当恪守理性，不应急于求成。而急功近利就是指急于求成，贪图眼前的成效和利益。市场经济的发展使整个社会的风险增多、增强，长远目标、利益往往暗蕴着更多的不确定因素，需要承担更多的风险，因此，有些青年为了规避风险，在发展规划和利益追求方面越来越偏向于风险较小的短期规划和眼前利益。在职业选择上，有较好就业前景的"热门专业"备受追捧，而很多理论性、基础性较强的专业，由于需要付出更长期的努力而备受冷落；有较高收入的行业、单位争相追逐，很多涉及国计民生但是条件较为艰苦的行业，虽然能做出更大贡献、取得更大成就，但是因为当下待遇不高而不被看好；有更多发展机会的大城市广受青睐，比大城市更渴望人才，更能施展才华的广大小城市、基础农村因为需要更多的付出和更大的自我牺牲也缺乏吸引力。在学习上，我们经常发现有些青年学生是以有没有用来衡量要不

---

① http://www.hongniang.com/news/9/8308/1.html

要学、要不要做，近年来逃课去参加活动、从事兼职的现象愈演愈烈，在部分大学生看来，学校开设的很多课程没什么用，还不如多参加些活动有用，这其实是对重视实践能力培养的一种曲解而导致轻视理论学习；现在大学里还刮起了"裸考"风，所谓"裸考"，就是不复习就参加考试，考不过没关系，考过了就锦上添花，这也是典型的"瞎猫碰到死耗子"的急功近利的机会主义心态；在社会上，受青少年追捧的《快乐女声》《中国达人秀》《花儿朵朵》《激情唱响》《欢乐合唱团》《加油！好男儿》等各种选秀节目此起彼伏，每次报名数以万计的选手蜂拥而至，有些年轻人梦想着"一夜成名""一炮走红"，甚至有些年轻人错误地认为成名致富是非常容易的事，导致他们想方设法去追求短平快，注重眼前的利益，轻视长远的打算。

3. 重个体轻全局

追求利益最大化是商品生产和交换的基本目的所在，交换主体从个人的自我利益出发，寻求互利，但当自我利益与他人利益、社会利益不兼容时，就会诱发以损害社会利益、他人利益来实现自我利益的行为。"市场经济学之父"亚当·斯密提出在市场经济中有"一只看不见的手"，"各个人都不断地努力为他自己所能支配的资本找到最有利的用途。固然，他所考虑的不是社会的利益，而是他自身的利益，但他对自身利益的研究自然会或毋宁说必然会引起他选定最有利于社会的用途。"[①] 所以，在亚当·斯密看来，市场经济中的人是"经济人"，是以自身赚钱、发财、致富为最根本的目的，一切以自身利益为中心，国家和社会也只是其实现自身利益的保障和手段而已。

在市场经济条件下，个人无限制地、最大化地追求自我利益，容易导致极端个人主义。个人主义总是打着"尊重个体、个性解放"的旗号，维护个人的独立自主权，但实质上不仅仅强调个人、突出个人的主体地位，而且在肯定个人价值的同时会相应地否定社会价值。在其思想上绝对化地理解个人的自由、平等、权益、价值，在其行为上为了实现个人利益将不择手段，不惜损害他人和社会利益来实现自己的目标。在当代

[①] [英]亚当·斯密：《国民财富的性质和原因的研究》下卷，商务印书馆1994年，第303页。

青年中，也有部分青年受此影响，有个人主义倾向和表现。比如有些青年面对社会竞争压力，往往注重个体经济与科技实力的增强，忽视理论、文化学习，对时代发展特点、社会发展目标不大关心，对社会政治、法制、道德规范不予重视，致使这些青年常常自以为是，思想观念与社会行为显得与现实社会要求有差距；有些青年信奉"自私是人的本性"的价值观，以个人主义作为立身处世准则，片面追求自我设计、自我奋斗与自我价值，存在与他人、集体不相协调甚至冲突的状况。当这种个人主义发展到极端程度的时候，在政治上就会滑向极端民主主义甚至无政府主义，在伦理道德上就会陷入极端利己主义。美国伦理学家弗兰克·梯利，曾对严重个人主义发出警告说："一个极端的利己主义者容易给社会生活造成危险。"①

三 市场竞争中精神价值追求新矛盾的成因探析

当代青年是享受着市场经济所带来的丰富物质生活成长起来的一代，其精神价值追求必然受到市场经济多重影响。市场经济体制的自主性与效益性，在肯定了社会主体与个体获取自身经济利益的合理性的同时，也容易导致对全局、长远利益的忽视而陷于功利；市场经济体制的竞争性与激励性，使得有形的、可指标化的因素具有价值优位，而无形的、难指标化的因素容易忽视而陷于物本倾向。此外，青年由于自身不成熟，对于市场经济发展过程中产生的一些负面影响不懂分辨，而且市场经济在我国发展历史不长，对于市场经济的本质认识还把握不到位，这些都是市场竞争中精神价值追求新矛盾产生的主客观方面的原因。

1. 对市场经济的利润原则存在单一性认识

追逐利润最大化是资本的自然属性，唯利是图也是经济人的活动目的。马克思曾经指出："资本害怕没有利润或利润太少，就像自然界害怕真空一样。一旦有适当的利润，资本就大胆起来。如果有百分之十的利润，他就保证到处被使用；有百分之二十的利润，它就活跃起来；有百分之五十的利润，它就铤而走险；为了百分之一百的利润，它就敢践踏

---

① ［美］弗兰克·梯利：《伦理学导论》，何意译，广西师范大学出版社2002年版，第361页。

一切人间法律；有百分之三百的利润，它就敢犯任何罪行，甚至冒绞首的危险。"① 利润原则是市场经济活动的一个基本准则，但是有的人对市场经济的利润原则存在单一性认识，造成了一种功利主义倾向。有利则为，无利不为。改革初期，下海、经商风起云涌，几成全民皆商之势，当时有一口号形象地形容这种热潮："10亿人民9亿商，还有1亿待开张"。在利润的驱使下，催化了一些青年"一切向钱看"的思想观念，有的青年还编出了顺口溜："低头向钱看，抬头向前看，只有向钱看，才能向前看"。这种倾向实际上就是注重物质、轻视精神的物本价值取向。

由于在市场经济体制下存在追求经济效率和利益竞争，在竞争中物质的、科技的成果因其有形和能被量化、指标化，并直接与个人利益挂钩，可以进行直接比较而显示价值与利益上的差距，因而每个人可直接感受到它的作用而具有价值优位。而隐藏和渗透在这些物质的、科技的成果后面的精神动力、道德品质和政治因素，则因其无形且难以量化、指标化，因而很难显示差距而直接感受到它的存在与作用。这样就会有一些人把获取眼前的利益或物质财富当做首要的、直接的目的，通过充当获取经济利益的工具使自身物化、功利化，忽视乃至丧失人的个性和精神生活，陷于片面发展甚至本质退化。

市场经济的功利性、世俗性也在消解精神文化的理想境界，使人们在充分享受物质生活的意义时或多或少存在某种精神上的失落与困惑。在社会主义市场经济条件下，有些文化工作者和生产商为了单纯追求票房、收视率和发行量，忽视艺术品位、放弃社会责任、突破道德底线、损害民族情感。部分作家抛弃了庄严而崇尚流俗，由言情发展到"情滥"，在小说上出现所谓"裤裆文学""下半身文学"，在诗歌上出现了所谓"梨花体"。电影、电视剧里，色情、暴力占了极大的比重，接着出现的"超女快男热""芙蓉姐姐热""凤姐热"，新版电视剧《红楼梦》竟然为林黛玉设计了裸死情节，《人民日报》评论说："以低俗的流行元素颠覆了原作的艺术精神，这是艺术俯就和谄媚收视率的典型体现。"

当代中国的市场体制和经济建设中，如果人们过分追求物质利益，坚持以物本价值为取向，必然就会导致对精神世界的忽视和精神家园的

---

① 《马克思恩格斯全集》第44卷，人民出版社2001年版，第871页。

荒疏。2014年10月15日，习近平总书记在北京主持召开文艺工作座谈会发表重要讲话时强调："文艺不能在市场经济大潮中迷失方向，不能在为什么人的问题上发生偏差，否则文艺就没有生命力。低俗不是通俗，欲望不代表希望，单纯感官娱乐不等于精神快乐。文艺不能当市场的奴隶，不要沾染了铜臭气。优秀的文艺作品，最好是既能在思想上、艺术上取得成功，又能在市场上受到欢迎。"[1]

2. 有些青年泛化等价交换原则

市场经济中，等价交换原则是价值规律的基本内容，要求劳动与利益实行等价交换，这是市场经济生活的一条基本准则。然而在现实生活中，我们看到等价交换原则从经济领域泛化到社会生活的其他领域，很多事情都要讲等价交换，甚至人际关系、社会关系都被看作金钱利益关系。

等价交换原则泛化到政治领域，出现了权钱交易，以权谋私，贪污腐败。有些官员抱着"有权不用，过期作废"的心态，"今朝有权今朝用"，借职权之便，大搞所谓"互利互惠"的交换活动，以权经商，以权谋私，利用行业、职业"优势"，大搞"交换""好处""辛苦费"等，官场就像是一个进行"交换"的角逐场。比如胡长青的"当官不发财，请我也不来"，李真的"我为你批了几个亿，拿3000万作为喝茶钱不过分"的理论，就是把市场经济的一般交换原则作为官场规则。因此，民间有人戏称这年头，到处都是错别字："植树造零，白收起家，勤捞致富，择油录取，得财兼币，检查宴收，大力支吃，为民储害，提钱释放，攻官小姐"以此讽刺和揭示某些官员为了满足私欲置人民利益而不顾，玩弄政治权术，大搞权钱交易。

改革开放以后，在市场经济大潮中，市场经济的等价交换原则，被自觉不自觉地，有的甚至主动地带到了党内，加之体制不够完善，甚至有个别领导用手中的权力换取个人私利，进而出现了权与权、权与钱、权与物、权与色的交换，党内便发生腐败现象。官与商，一"等价交换"，市场便成名利场；官与官，一"等价交换"，官场便成生意场。山西官场地震，吕梁是重灾区，三任党政一把手前赴后继倒在"买官"上，

---

[1] 人民网 http://cpc.people.com.cn/n/2014/1016/c164113-25845084.html

"等价交换"的玩法，最终是对市场经济的蹂躏，更是对政治生态的墨染、对社会风气的污化。习近平总书记执政以来，针对一些党员干部存在的"四风"问题，即形式主义、官僚主义、享乐主义、奢靡之风等问题，突出强调抓党风建设，以落实"八项规定"为切入点，以党的群众路线教育实践活动改进作风为突破口。党的十八大报告指出："新形势下，党面临的执政考验、改革开放考验、市场经济考验、外部环境考验是长期的、复杂的、严峻的，精神懈怠危险、能力不足危险、脱离群众危险、消极腐败危险更加尖锐地摆在全党面前。"诚如习近平同志所言，权力是个神圣的东西。对手中之权，来不得半点算计，心有所畏、言有所戒、行有所止，才能不被市场的逻辑冲昏头脑，不引权力的火焰焚毁自身。要坚决防止市场交换原则渗透到党内政治生活中来，绝不搞权力寻租、权钱交易。

等价交换原则泛化到情感领域，爱情是可以买卖，友情是相互利用，亲情在必要时刻也是可以交换的。人际关系往往跟金钱、跟利益挂钩，人们现在越来越重视人际关系，但是人际关系构建的基础却非真诚而是利益。有的青年感慨道，在这个社会，不得不学会说谎，不得不圆滑地处理事情，只有变得不真诚，学会说谎，学会欺骗——不仅是欺骗别人，有时候还得要欺骗自己，才能在现实而残酷的游戏规则下生存。在媒体上曾掀起热烈讨论的 24 岁的武汉大学经济专业漂亮女研究生征婚提出门槛，身家必须过千万。人们把经济领域的等价交换原则泛化到婚恋领域，把自身视为商品明码标价，已经不是个别思想和行为了。有些青年认为婚姻也要遵循市场规律，男人的资源是财富和地位，女人的资源是青春和美貌，2010 年 4 月 11 日广州市妇联在其主办的广州地区首届女大学生论坛上首次发布了《广州女大学生价值观调查红皮书》，其中调查显示六成女大学生愿嫁富二代，理由是可以少奋斗很多年。2011 年 6 月富豪相亲会，所有参与男性，要求个人资产 3000 万元以上或年收入 100 万元以上，且要花 99999 元买一张相亲会门票。富豪相亲会到底"相"的是什么？富豪相的是美貌，美女相的是财富。如果爱情、婚姻可以"按质论价"，还有什么不可以买卖？

近年来，彩礼越来越变味了，一味地吹捧吹炒，一味地攀比，频频出现"天价彩礼"的闹剧，在网上热传的最新中国彩礼地图（见下页表）

中发现，在彩礼上涨的区域里，西部地区彩礼高于东部和南部地区，贫困山区彩礼高于城郊村，这也是当前社会不少人的金钱至上观念的反映，不少网友直呼"娶不起"。

表6—1　　　　　　　　　　最新中国彩礼地图

聘礼百万元区	
上海	100000元起+1套房
天津	60000元起+1套房
聘礼五十万元区	
东北三省	68000元+三金+9999元改口费+1套房
江西	38000元起+1套房
青海	30000元起+1套房
聘礼十万元区	
山东	3斤百元人民币
湖南	50000元起+一辆车
浙江	农村100000元，城市150000元以上

（注：三金为金项链、金手镯、金耳环）

现在很多婚姻越来越像一桩桩买卖，有的新婚当天就为彩礼、礼品闹得不欢而散，有的新婚之夜就为礼金大打出手，有的为把名字写到房产证上苦苦相逼。婚姻里的感情因素越来越淡，甚至已经不是双方考虑的话题，讨论的都是金钱、礼物、车子、房子。多少相亲的人，不问姓名、年龄，先问职业、收入、房与车，甚至爸妈的情况。身高不是距离，年龄不是问题，金钱可以解决一切隔阂。人们笑称，纯洁的爱情渐行渐远，除了传说，只有小说。

当今，婚姻的物质条件是被绝大多数人认可和重视的，经济基础固然是生活的基本条件，但是，没有感情保护，只有物质维系的婚姻是脆弱的。不论男女，把自己当做买卖的筹码时，还能有多少为人的尊严呢？一切能用金钱衡量的东西都是有价的，而人的生命、尊严、情感却没有价，如果这一些能够被金钱衡量时，人生只剩下卑微。当等价交换原则从经济生活领域泛化到其他社会生活领域，我们看到了权权交易、权钱交易、权色交易、钱学交易、财色交易等大行其道，人与人的关系愈来愈平面化，人与人之间的关系基础失去了归依，人的价值与尊严被践踏于物质价值之下。

第二节 虚拟领域中精神价值追求的新问题[①]

在社会信息化的发展过程中，青年成为最为积极的参与者，他们通过在虚拟领域的各种实践活动成为社会信息化发展最有力的推动者。然而，青年的世界观、人生观、价值观尚未定型，面对虚拟领域的开放性，直面海量的、无组织的甚至相矛盾的信息，他们容易产生无所适从乃至迷茫，加之一些青年自律性不足，更容易在缺乏制约的虚拟领域走向极端。因此，研究虚拟领域中当代青年精神价值追求出现的新问题，对于促进青年的全面发展具有重要的现实意义。

一 虚拟社会的形成及特点

短短四十余年的时间，计算机科学技术以迅猛的速度在不断发展，互联网日益普及化，网络不再是单纯的电脑之间的连接了，相反，网络把使用电脑的人连接起来了。互联网的最大成功不在于技术层面，而在于对人的影响。在互联网络虚拟空间中，人们从事着各式各样的活动，人们通过电子邮件、论坛、聊天室、博客、微博等实现了广泛而全面的互动，当人们通过虚拟空间所进行的互动联系达到一定的程度时，便构成了人的活动的虚拟社会。虚拟社会是基于互联网络的虚拟空间，以虚拟的人为中心，以数字信息生产、交换为纽带，在虚拟认识、虚拟实践和虚拟交往的基础上形成各种虚拟联系和关系的人化的场域。因此，虚拟社会不是单个人在互联网络虚拟空间中无序的简单的集合，而是人们基于互联网络的虚拟空间，在虚拟实践中按照一定的方式彼此发生各种虚拟社会联系和关系的场域（cyber society or virtual society）。[②] 发展至今，虚拟空间中的虚拟社会就好比是现实社会的"再现"，现实社会中的各种实体单位也"搬"到了虚拟社会中，比如虚拟企业、虚拟工厂、虚拟银

[①] 本节内容已发表于《思想教育研究》2013年第3期。
[②] 曾令辉：《虚拟社会人的发展研究》，人民出版社2009年版，第29页。

行、虚拟学校、虚拟医院、虚拟婚姻、虚拟家庭、虚拟宠物、虚拟超市等等应有尽有，虚拟社会是人们将知识、情感、信息延展到虚拟空间交流的一种新型的行为空间。

虚拟社会形成之后，以它独有的影响力改变人们的生活方式、思维方式、行为方式，并带来整个社会、经济、政治、文化的历史性变革。虚拟社会总的来说有以下几个特点：

第一，虚拟性，亦称匿名性。在现实社会中，每个人的身份、地位、角色都是确定的，受法律、规范、制度、道德等各种力量的约束和限制，但在虚拟社会中，往往只需注册一个符号性的 ID 就可以从事虚拟实践，每个人的真实身份、性别、年龄、职业都可以隐藏起来，而以完全不同的匿名的身份示人，"在互联网上，没人知道你是一条狗"，这句话风行一时，它说明了网络传播的匿名性和虚拟性，而正是这种匿名性和虚拟性，祛除了面对面交往的压力与谨慎，让人们有了更多表露真实自我的勇气。人们往往在网上更轻松自在，畅快自由，平常不敢说不愿说的话在网上更容易吐露出来，更加开放地表达自己，也更容易表露自己的弱点和产生攻击性行为。

第二，实时性。网络作为第四大媒介，跟报纸、广播、电视三大媒体相比，其最大特点就是信息传输的实时性。在虚拟社会中，可以做到不间断地、全过程的实时报道，在现在的技术条件下，每个人既是网络信息的接受者，同时也是网络信息的发布者。以往的 BBS、论坛、评论板块等都是能够第一时间发布和传播信息的途径；2009 年 8 月进入中国的"微博"当时更是加强了网络信息传播的实时性，曾有人计算过：一篇微博发表之后，仅仅 30 秒，即可抵达微博世界的每个角落；腾讯公司 2011 年 1 月 21 日推出一款手机聊天软件——微信后，微信用户仅一年时间注册用户就过 2 亿。中国互联网络信息中心（CNNIC）发布的《第 39 次中国互联网络发展状况统计报告》显示，截至 2016 年 12 月，我国网民规模达 7.31 亿，2016 年网民在手机端最经常使用的 APP 应用是即时通信，79.6% 的网民最常使用的 APP 是微信；其次为 QQ，占比为 60.0%。

第三，开放性。开放性就意味着超越了时空、民族、宗教、国家、地域的各种限制。互联网对于任何人都是开放的，在虚拟网络世界的"信息海洋"中可以自由自在地遨游。每个人都可以根据自己的需要通过百度、谷歌等搜索引擎以最快的速度获取相关的信息，网上的信息资源是充分开放，随意浏览、访问和获取。而且网络虚拟社会是一个平等开放、互联互通的扁平结构的社会，每个人都可以任意地选择交谈的对象，可以自由地抒发自己的思想观点，不必担心自己的看法不够深刻，不必担忧自己的想法不符身份，这样人们可以进行无时不在、无处不进、无话不谈的无障碍交流。开放性在网络虚拟社会中得到了最深刻而具体的体现。

第四，虚实交互性。随着虚拟社会的发展，网络也不再仅仅是人们消遣娱乐的工具，而与人们的现实生活紧紧地联系在了一起。在网络中，每个人虽然都是用网络身份与人进行交流，形成的是虚拟的人际关系，但现在很多人际关系从"网上"发展到"网下"，虚拟变成了现实。比如最初的"网恋"，虽然被戏称为"见光死"，但也有很多从网上的恋爱关系发展到网下的真实恋爱甚至夫妻关系。况且，操作网络虚拟社会人物的毕竟是活生生的现实中的人，在一定程度上上网者也会将自己的行为习惯、思想意志反映在网络社会中，这就是"网下"发展到"网上"，将现实的以虚拟的载体来实现。像现在网络上千姿百态的"客"现象，红客、闪客、囧客、淘客、播客、博客、晒客等等层出不穷，这都是虚拟社会与现实社会交互发展的结果。

二　虚拟领域中精神价值追求的新问题

虚拟社会的特点鲜明，有别于以往任何时期的现实社会，在为当代青年带来新体验的同时，也带来一些新问题。比如一些青年沉溺网络，导致丧失精神价值追求；长期依赖网络，导致虚拟人格与现实人格的分裂；习惯网络浏览，导致理性思维能力下降等。

1. 沉溺网络，惑以丧志

"技术，作为工具领域，既可以增强人的力量，也可以加强人的软弱性。现阶段，人也许比以前更无力支配他的设备。"[①] 网络技术的发展和扩展使得某些当代青年的"无力感"进一步增强，这就是网络社会中浩如海洋的信息、五颜六色的娱乐方式、新奇时髦的网络应用等将部分年

---

① ［美］马尔库塞：《单向度的人》，重庆出版社1988年版，第199页。

青人拖拽进了虚拟网络,整天沉溺于网络游戏、网络聊天、网络信息收集、网络色情、网购等不可自拔,逐步丧失自我,身不由己,沦为虚拟网络的附庸和奴隶,就像吸毒者对毒品的依赖一样,最终导致网络成瘾这样一种精神行为障碍。

中国科学院心理研究所在全国13所高校的调查显示,大学生网络成瘾问题日趋严峻,80%中断学业的(包括退学、休学)大学生都是因为网络成瘾。① 据中国互联网络信息中心的统计数据,截至2016年12月底,中国网民规模达到7.31亿,互联网普及率为53.2%。年龄结构中,20—29岁的网民人数最多,占比例为30.3%。网民中学生群体占比最高,达到29.9%。② 在十八大网络应用中,网络游戏居于前列。截至2016年12月,网络游戏用户规模为4.17亿。网络游戏的主体是30岁以下的年轻群体,占了79.9%,学生是最大的网络游戏用户群体。大型网络游戏用户中,几乎每天都玩游戏的用户比例占到30.1%。中国互联网络信息中心(CNNIC)根据大型网络游戏用户的游戏目的与动机,将用户划分为体验群、浅尝群、PK群、心理需求群、沉迷群和商务群共六个群体。

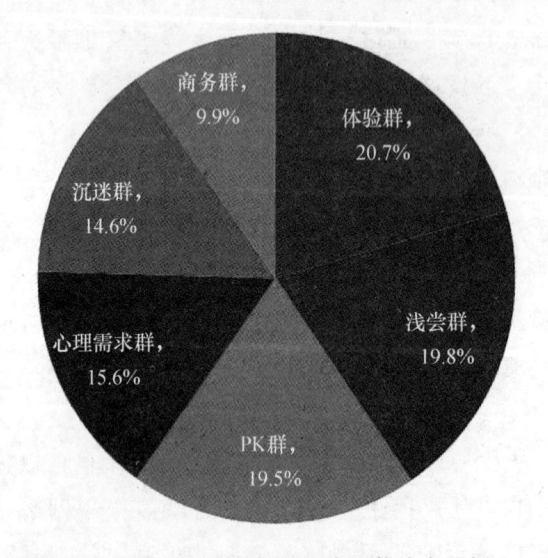

图6—2 大型网络游戏用户群体分布比例

---

① http://news.qq.com/a/20070610/000488_1.htm
② 中国互联网络信息中心:《第39次中国互联网络发展状况统计报告》,2017年1月。以下相关统计如无特别标注,均来自此次统计。

值得注意的是沉迷群已经占有 14.6% 的比例，这部分群体主体如果一天不上网，浑身就不自在，会产生无所适从的空虚感。相比现实世界，他们更喜欢、向往游戏世界。在网络游戏中，玩的时间越长，等级就越高，拥有的武器和金钱就越多，地位就越高，有可能主宰菜鸟的生死，博得其他角色的尊敬和美女的芳心，渐渐地他就会完全陷入网络游戏的虚拟世界，离开了网络自己是孤独的、失意的，甚至出现角色混乱和反社会行为。此外令人值得注意的是 2010 年随着网络团购的兴起，截至 2011 年上半年，中国团购用户数从 2010 年底的 1875 万增长至 2011 年中的 4220 万，半年增长率高达 125.0%。很多用户在享受网络团购的优惠折扣的同时，也纷纷被"团"住，每天要上网浏览团购项目、对比团购优惠，深深陷入了网络"泥团"中。

虚拟网络，原本是人们信息交流、使用的一个工具，进入网络领域的主体本来是具有高度现代性的自主者，人应当以主体的身份对网络进行选择、利用，结果却被网络所束缚，由"电脑"掌控了"人脑"，主体性逐步被肢解甚至消逝，这是典型的网络信息异化所带来的问题。

2. 虚实不分，人格分裂

据《现代汉语词典》的解释，人格是指人的性格、气质、能力等特征的总和及人的道德品质。人格所包含的内容是十分丰富的，是在一定的社会条件下形成的一个人相对稳定的内在个性和外在行为的集合。人格分裂在学名上称为"解离症"，意即一个人的人格不统一，丧失自我的整体性。在现实世界有现实人格，随着互联网的发展，人们在网络社会出现了虚拟人格。如果将虚拟世界与现实世界混为一谈，虚拟人格与现实人格就可能出现分裂现象。

网络是个虚拟的世界，人以匿名的方式进入网络世界，脱离了局限的现实世界，人可以任意表现自我，在网络虚拟环境下形成的虚拟人格一般是现实生活中没有表现出来的人格，可能是在现实中被压抑的人格，也可能是在现实中未实现的理想人格。因此，虚拟人格一般与现实人格有差异。有的人在现实中沉默寡言，在网络上却非常健谈；有的人在现实中是谦谦君子，在网络上却是卑鄙小人；有的人在现实中是"男人"，在网络上却是"女人"。每个人在网络中可以作为"无名氏"自由地扮演各种各样的角色，不论真假、不分性别也不分职位，用各种代号、符号在虚拟社会中隐匿自己的真实身份而以多种面目出现，形成了多重自我，导致在现实社会中对自我难以把握，以往所形成的经验式自我认识不断趋于消解，这样就可能导致人的虚拟人格与现实人格脱节，不断地在网络中设定自我，又不停地肢解自我，反而让真实的自我消解在多重的虚拟自我的身份当中。

因此，我们看到虚拟人格与现实人格的分裂导致有的青年在网络世界如鱼得水，在现实世界中却总是碰壁，长而久之就会依赖网络，把自己封闭在虚拟的网络世界中，迷恋于自己的虚拟人格，疏离现实关系中的人情，逃避现实，并进而可能发展为敌视现实、对抗现实；有的青年在长期虚拟世界生活的过程中对自己设定的某种虚拟人格产生高度认同，进而在现实生活中就用虚拟人格来取代现实人格，必然在现实世界中遭遇一定的发展阻抗，比如"性角色倒错"，有的男人在网络上以"美女"身份出现，虚拟的女性人格让他得到了在现实生活中无法实现的享受和快乐，于是虚拟的女性人格在他身上开始不断强化、扩张，甚至取代他现实的男性人格，在现实生活中效仿女性的举止言谈，这就是虚拟的"她"在现实中的展现。

随着网络对人的影响越来越普遍和深入，有的青年不能把虚拟世界与现实世界区分开来，无法做到及时、有效、自由转换虚拟人格与现实人格而导致的人格分裂问题也愈来愈凸显，这也成为在虚拟环境下精神价值追求的一大障碍。

3. 疏离经典，精神平面

网络的发展在给人们的生活带来方便、快捷的同时，也进一步助长了只求速度不求内涵的快餐文化的肆意横行，有些青年远离经典、疏于思考，导致思维简单、精神平面。网络世界的信息凭借其动态生动、立体有声、多样直观等特点吸引众多青年的关注，大多数情况下上网者只需"看"而不需"想"或者说信息的丰富多样使得上网者只来得及"看"而顾不上"想"，这样人的思维能力就将弱化，思维水平就将降低。现在，"80后"、"90后"的大部分群体以网络阅读替代了纸质阅读，我们经常可以看到这样的场景，公交车上、地铁上、行人穿梭的路上、咖啡店里，众多的年轻人专心致志地拿着手机、笔记本电脑、iPad 在网上浏览，不需思考的"浅阅读"成为一种潮流。浅阅读，就是简单、快速甚至跳跃式的阅读方法，阅读的主要方式有搜索式阅读、标题式阅读、跳跃式阅读，阅读的目的就是追求一种暂时的心理愉悦和短期的信息摄取。如果长期不加思考地浅阅读，那么人的思想必然会走向浅薄，浮光掠影式的浅阅读衍生的反智性的"傻瓜精神"只知道快速、快感和快扔。

微信，作为移动计算技术革命的产物，正在充分展现移动互联网时代技术对人类的巨大影响。微信已经是一种生活方式。越来越多的人选择微信，这个选择行为本身就是一种认同，表面上是对微信作为工具所带来的便捷性的认同，更进一层是对微信所带来的生活方式的认同，本质上则是一种文化认同。所谓文化认同，就是指对人们之间或个人同群体之间的共同文化的确认。使用相同的文化符号、遵循共同的文化理念、秉承共有的思维模式和行为规范，是文化认同的依据。在微信中，虽然只有几个基本动作：发帖、评论、点赞和转发，但是这些基本动作通过快速、密集的组合、互动，已经成为用户共有的行为规范和思维模式，发帖、转发就是一种分享，评论、点赞就是一种交流。而且微信也已经内含和形成一些被用户共同遵循的文化理念，一是移动互联网共有的自由、平等、开放的理念，这是移动互联时代最具代表性的精神理念；二是微信将现实社交关系网络化的理念，这一理念也深受用户的肯定，微信在不到三年时间用户就超过 6 亿，这一数字足以证明这一理念被认同的程度。用户在这些理念和模式下，在人与人、人与群体及人与社会之间对这些共同性不断进行确认，最终形成了一种认同，一种区别于传统社交平台的文化认同。

微信代表的是一种新的生活方式，新的文化理念、思维模式和行为规范，也代表着一种新的价值观念体系。重塑新的文化认同，必然需要打破原有的认同模式和认同格局，并最终体现为对原有价值体系的消解，也就是体现为现代性对传统价值的消解。微信是现代文化工业和大众文化的产物，代表着一种更为开放的价值理念，但是微信文化必然带来文化的物化与技术化，这也是现代性必然的发展阶段。这种以技术和物化为特征的文化，不仅无法有效地解决文化认同问题，而且容易造成认同危机，甚至造成自我异化。当前微信文化体现的现代性，正在不断演变成一种强势文化，甚至可能扩张成一种文化霸权，对传统文化秩序和文化生态造成强力的冲击和破坏，不仅去除传统中不适合时代发展的部分，也把传统中合理的，甚至最具特色、最重要、最普遍、最有生命力部分一并去除，造成一定程度的文化断裂，并使原有的价值体系迅速消解。

由于大部分当代青年对文化内涵缺乏深刻认识，在选择微信这一生活方式的时候，容易造成文化认同与价值消解的困境。这需要当代青年充分理解文化的现代性与传统性的关系。现代性是建立在对传统性的扬弃之上，是对传统性的超越，而不是简单否定。拒斥传统理念，也就切断了与精神传统的联系，从而使现代的精神生活陷入无根的和非理性的状态，而物化及现代性世界的变幻不定，更使得人的精神成为快感的实验场与牺牲品，正如人的身体成为消费的工具。如果说传统的精神生活表现为神性通过理性主导甚至排斥感性，那么，现时代的精神生活则表现为个体感性在摆脱神性与理性的双重束缚之后的自我放逐。

通过对朋友圈发布内容的调查，我们发现在原创的日志类信息中，主要包含行程、美食、工作、心情几方面，微信变成全方位展现个人的舞台，总体上思想性的内容所占比例不高；在转发的链接类信息中，主要包含人生教诲、时政评论、百科知识、养生保健、娱乐搞笑、祈福祝愿、经济理财、儿女教育等等，而且同一圈子中重复度较高。从某种程度上讲，大部分信息已经违背了学习、分享的初衷，变成随手发，或者简单的复制、粘贴。

因为复制和粘贴的通用性，在公众号、朋友圈我们看到的大多数信息不是原创，虽然从形式上看，不可谓不丰富，文字、图片、音频、视频各种形式让信息更具吸引力，但是过多的雷同让大量信息变成"无效链接"，甚至"垃圾信息"；原创信息过分生活化也让朋友圈缺乏内在的丰富，更多只是形式的丰富，或者场面的"热闹"而已，已经陷入形式丰富与内在贫瘠的困境。如果微信公众号和朋友圈对文化共享与互补的功能缺乏足够的认识，形式上的丰富将永远无法弥补内在贫瘠带来的伤害，因为内在的贫瘠会让阅读者感到乏味与焦虑，而不是心智的提升和精神的愉悦。

因此，在网络信息化的"读图"时代，当代青年乐于接受娱乐性的、通俗性的、轻松的、用语简明的、易得的快餐文化，而对深刻的、经典的、需要思索的文化内容却有一定离弃，这就不可避免地造成理性思维能力的下降，导致精神平面化。

三 虚拟领域中精神价值追求新问题的原因分析

在网络信息化高速发展的今天，青年精神价值追求出现上述的这些新问题，原因是多方面的，既有主体自身的原因也有客观环境的影响，下面就从网络社会、现实社会、青年自身这三个方面来寻找问题产生的根源。

1. 网络社会虚拟性、开放性的影响

网络社会因其虚拟性、开放性吸引无数青年进入这个世界，但有的青年直接把网络的虚拟等同于虚假、虚伪，不仅网络空间是虚拟的，网络行为也是虚假的，网络主体更是虚伪的；而网络又是开放的，任何人都可以作为一定的网络主体没有太多约束地在这个虚拟世界中发布信息、交流信息、获取信息。因此，有的青年不免就随意、肆意、任意地发布各种垃圾信息、虚假信息、色情信息、反社会信息等，在充斥着各种真真假假的海量的信息海洋中，有的青年又陷入了其中不可自拔，沉迷于色情信息让有的青年精神价值呈现低俗发展；流连于反社会信息让有的青年精神价值呈现恶俗趋向；满足于信息浏览让有的青年精神价值呈现庸俗态势。

2. 现实社会的节奏快、压力大的影响

网络社会是虚拟的，但它与现实社会不是对立或者没有联系的。因为网络社会是由现实社会中的个体通过网络建造起来的，现实生活中的个体要凭借实际生活的经验去建设网络社会。因此，网络社会中的问题、矛盾有时往往也是现实生活的问题、矛盾的"迁移"。

处于高速发展中的当代社会，人的生活节奏飞快，现实压力陡增。压力来源有学习压力、就业压力、工作压力、社会交往压力、经济压力、家庭压力等等，众多的压力让当代青年得到了新的称谓——"玻璃化一代"，意指体质和心理双孱弱，来个大事小情轻轻一撞，就有可能粉身碎骨。我们天天在媒体上可以看到××"白骨精"（白领、骨干、精英的代名词）猝死、××名牌大学生跳楼、××青年教师自杀等诸如此类的报道，2011年初，广州市团校、广州市穗港澳青少年研究所共同发布的《广州青年发展状况报告》蓝皮书显示，有57.9%的广州青年感到"压力山大",工作压力已经成为广州青年最主要的压力;其次是钱不够花。中国科学院心理研究所"社会转型期不同职业群体主要社会应激源与心理健康研究"项目调查显示,20—30岁的人群成为各年龄段压力之首。[①]

诸多压力在现实社会中缺乏一定的渠道排解,很多青年就到网络虚拟社会中去尽情释放。在网络上爆粗口、以其他身份戏弄别人、在网络游戏中杀人、实施网络犯罪等,在网上可以随心所欲地宣泄自己的情感。这其实是屈服压力、逃避压力的表现,依赖网络宣泄只能暂时缓解或者转移自己的精神压力,长期这样只会造成精神萎靡不振,内在动力不足。

3. 青年自身不稳定性与依赖性的影响

青年正处于向人生巅峰的发展时期,朝气蓬勃,对于新鲜事物有着敏锐的捕捉能力。网络是这个新时代的标志,它的自由性、科技性、时尚性、新奇性充分满足了青年主体追新求异的需要,青年成为网络社会的弄潮儿。但由于青年时期他们的思想尚未成熟稳定,并不能对网络信息做到完全自主控制。有的青年会对网络高科技产生技术崇拜,认为技术能解决一切问题,而忽视人文精神的培养;有的青年对网络多样化的功能产生依赖,而忽视了独立思考能力的锻炼;有的青年不自觉陷入网络信息的感性诱惑,而忽视了理性精神的塑造。这样青年的主体性就会逐渐被网络信息所吞噬,出现精神价值追求的障碍。

第三节 多元文化格局下精神价值追求的新困惑[②]

在当前多元文化并存、冲突与对话的文化状态下,广大青年的精神价值追求面临着多种选择与可能,但青年正处于价值观的形成阶段,多元文化的激荡无疑也造成青年在精神价值追求的过程中出现新的选择与困惑。

一 当代青年对传统文化的抉择

传统文化是我国民族文化的重要组成部分,青年要辩证地对待传统

[①] http://www.tianjinwe.com/tianjin/tjyl/201109/t20110918_4258248.html
[②] 本节内容已发表于《广西社会科学》2013年第6期。

文化，既要尊重古人的文化创造、学习先人的智慧结晶，同时也要分辨消极的、落后的传统文化。

1. 传统文化娱乐化改造的影响

中国传统文化是中华文明演化而汇集成的一种反映民族特质和风貌的民族文化，是民族历史上各种思想文化、观念形态的总体表征，是指居住在中国地域内的中华民族及其祖先所创造的、为中华民族世世代代所继承发展的、具有鲜明民族特色的、历史悠久、内涵博大精深、传统优良的文化。它是中华民族几千年文明的结晶。

中国传统文化以其强大的包容性以及自我调适能力，为东方民族提供了一个强大的精神内核，为古代社会的稳定和发展创造了条件。近代的闭关锁国以及西方国家的迅速崛起，使得中国不仅仅在经济上落后于西方国家，甚至沦为一个半殖民地半封建国家。这促使国人深刻地反思，而反思的结果是要国富民强就要反对封建统治、打倒宗法权威、打破礼教束缚，还要向西方学习，把"德先生"和"赛先生"请进来。五四运动之后，在精英阶层、知识阶层的引领下，掀起了对中国传统文化批判的大潮。而"文化大革命"对中国传统文化的批判、否定、摒弃，则在政治上，从更宽的领域、更多的层面、更深的程度切割了与传统文化的联系。

随着中国的迅速崛起，国际交往和民族交流日益频繁，我们也深刻感受到民族文化的重要性。我们不仅需要通过民族文化展示自己的独特性，更需要通过民族文化增强民族认同感和归属感，增强中华民族的凝聚力和向心力。这就需要我们更好地了解自己民族的历史，发现传统文化中的优秀成果，在民族文化中找回中华民族的"根"和"魂"。

从20世纪90年代以来，国学、传统文化的复兴"热"如雨后春笋般涌现出来。在这一股"国学热"的影响下，当代青年对传统文化的兴趣、理解、认同度都有了很大的变化。2004年《新闻周刊》做了一项以"传统文化与当代青年"为主题的问卷调查，调查对象为大学生。调查结果表明，关于传统文化对当前中国社会的意义，59%的人认为很重要；40%的人认为有一些作用。当被问到"对于古代经史子集"的阅读情况时，有79%的人答"偶尔翻阅"；13%的人答"敬而远之"；表示"深恶痛绝"者有2%；只有6%的人说"爱不释手"。而对于四大文学名著，答"都看过"的有27%；"多次看过"的15%；而只"看过其中一两部"的却高达48%。可见，一方面，当代青年对传统文化有很高的认同度；另一方面，传统的经典在经历了五四时期被"看不起"到"文革"时期"看不到"之后，几十年的断层导致了当代青年"看不懂"，这也是当代青年对传统文化认知程度不高的重要原因。

随着现代大众传媒的发展，掀起"国学热"的又一个高潮，通过对经典进行视觉化、通俗化、娱乐化的改造，让高深的、拗口的、难懂的书面文字，变成通俗易懂的平民化口语、生动形象的故事化图像。比如《百家讲坛》中，阎崇年的《清十二帝疑案》、马瑞芳说《聊斋》、刘心武揭秘《红楼梦》、纪连海正说《清朝二十四臣》、易中天品《三国》、于丹《论语》心得、王立群读《史记》等，都把传统文化的内容通俗化，同时也增加了趣味性，这些都对拉近当代青年和传统文化的距离，培养青年对传统文化的兴趣，提升青年对传统文化的认知水平起到积极的推动作用；另一方面，在这股集体狂欢式的"国学热"中，也出现了对传统经典的随性解读、改编，为了通俗而通俗，甚至为了经济利益而媚俗、低俗。当"经典重读"在市场规律的支配下开始走向群体化、浅俗化时，"经典热"里的文化泡沫愈来愈多；当经典重读的形式大于内容时，当经典重读被贴上时尚标签、几乎演变为一种文化的"狂欢仪式"时，参与者已不大可能去平心静气地体味和感悟经典的真意了。在此背景下，不但以"重读"来反抗时俗几乎成为奢望，连市场上标榜的"经典"都成为多少有些可疑的东西，不少所谓的"经典"就是因为符合市场需要而被发现和炮制出来，比如星相算命、阴阳风水之类，正是被冠以"经典之学"而借尸还魂，重装出笼，大行其道。这些容易使当代青年对传统文化的认知产生误解，而且过度的通俗化、图像化解读，经典原著的搁置，都会造成当代青年阅读思考的缺失，多了些不求甚解的盲目追随。当代青年每天面对的是大量最便捷、最直接、最普及、最即时性的图像信息的袭击，在"商业化"、"娱乐化"、"庸俗化"的文化行动中获取一种浅层次而又廉价的艺术、娱乐体验，而这种浅层次身体需要会产生官能性依赖，渐渐地青年们就习惯了浅表化、通俗化的裹挟而放弃了对经典深层意涵的探询和追问。

2. "儒化"倾向的影响

随着"国学热"的推展，理论界也对儒家思想的现代价值问题展开了热烈的关注，有个别"新儒家"学者，打着弘扬传统文化和复兴儒学的旗号，公然提出要改变马克思主义在我们国家的指导地位和中国人民对社会主义道路的选择。他们要求"用儒学取代马列主义"、"立儒教为国教"、"儒化共产党"、"儒化社会"、"儒化中国"。这就是"儒化"倾向，就是多元文化在交流、交融、交锋的过程中试图坚持传统文化的主导地位，在思想观念上以传统文化为指导，以传统文化来应对现实社会的难题并化解由现实生活的紧张所带来的精神迷茫和困惑。"儒化"倾向的实质是主张儒学价值主导。他们还提出儒化的原则是"和平演变"。儒化的策略是"双管齐下"，在上层，儒化共产党；在基层，儒化社会。

随着中国综合国力的加强和国际地位的提高，我国的传统文化也日益引起世人的关注和兴趣。西方有些人士由于自身文化矛盾和弊端的困扰认为以儒家思想为核心的中国传统文化，可以为人际关系、族群关系、国家关系以及人与自然的关系找到一条解脱各种危机的出路。1988年1月，75位诺贝尔奖获得者在巴黎发表宣言："如果人类要在21世纪生存下去，必须回到2500年前去吸取孔子的智慧！"不可否认，以儒家思想为核心的中国传统文化有其合理性和进步性，在当代社会仍然具有其价值性，传统文化的某些思想依然可以为现实生活提供理论解答和现实指导。习近平主席也非常重视中国传统文化的传承与发展，他曾经指出"孔子创立的儒家学说以及在此基础上发展起来的儒家思想，对中华文明产生了深刻影响，是中国传统文化的重要组成部分。"但是，儒家思想不可能解决当代社会的所有现实问题，历史与实践证明中国选择马克思主义为指导理论是正确的，"儒化中国"论者不是有意歪曲历史，便是对历史全然无知。2013年11月26日，习近平主席来到曲阜孔府考察，在同有关专家学者代表座谈时，他表示研究孔子和儒家思想要坚持历史唯物主义立场，坚持古为今用，去粗取精，去伪存真，因势利导，深化研究，使其在新的时代条件下发挥积极作用。

在这种背景下，绝大多数青年是能批判继承传统文化，但也存在少数青年对传统文化价值取向的误解，对传统文化价值的盲目信任、过度夸大。他们过度地把希望寄托在传统文化上，企图在传统文化中为现实生活完全求解，企图用传统文化化解现实生活的紧张，却反而陷入了更深的迷茫与困惑。

二 当代青年对西方文化的取舍

改革开放以后，随着经贸、教育、科技、文化等交流、合作的扩大，西方文化的大量涌入，特别是西方传媒与网络作用的加强，西方文化对我国的影响也发生了由点到面，由间接到直接，由间或到经常的变化。中国当代青年，出生并成长于这种开放多元的文化环境中，深受西方文化的影响。他们是被媒体称为"新新人类"的一代人；是吃着肯德基、麦当劳长大的一代人；是喝着百事可乐、可口可乐长大的一代人；是穿着阿迪达斯、耐克长大的一代人；是"哈"完日又开始"哈"韩的一代人；是听着 Hip-hop 长大的一代人；是唱着大人认为念经一样的 R&B 长大的一代人；是玩着各式各样的游戏机和网络游戏长大的一代人；是通过 OICQ、MSN 和 E-mail 寻找友情和慰藉的一代人。从宗教、哲学、文学、艺术到衣食住行、婚嫁、人际交往等各个方面，中国当代青年的思想和生活已经打上了西方文化深深的烙印，也对西方文化表现出前所未有的宽容、包容和接纳，为此中国当代青年的价值观念、政治思想、宗教信仰不免也悄然发生了变化。

第一，对西方价值观念的认同。西方发达国家，拥有强大的经济、科技实力，拥有强大的信息手段和信息资源，它们以经济、科技、信息为载体或渠道，抢占我国的教育、文化、传媒、信息市场，并通过这些领域与途径传播西方价值观念，直接着力于对人，特别是对青年思想的影响。现在西方价值观念的传播对我国当代青年已经发挥了一定的影响，可以说功利主义、个人主义、实用主义在我国青年的思想中已经占有一定市场。大部分青年对西方个人主义思想中强调"个人权利、自由和自我实现"有很高的认同度，而功利主义、实用主义的价值观已经显现于部分青年的行为活动中，在河北大学青年发展研究中心发布的《大学生生活质量调研报告》中，公布了它们对全国 11 所综合性大学的在校本科学生进行的调查，内容涉及人生观、道德观、政治观、生活消费、爱情生活、两性生活、网络生活、心理健康、求职择业等 13 个主题的调查结果，发现"实用"是最常见的价值取向，在回答"你的信仰是什么"的问题时，66.1%的人选择了"实用主义"。① 从高考的竞争到专业的选择，从为学费发愁到为求职焦虑，从选择修读的课程、参加的活动到选择婚恋的对象，大学生开始直面事关自身前途命运的各种现实问题，这些问题已经成为他们关注的焦点，并且在价值取向上突出注重物质利益和短期的回报。

第二，对西方政治思想的肯定。西方发达国家的政治思想与政治制度，是西方国家的历史选择和文化传承，西方国家一直对其美化并致力于使其国际化。它们过去主要采取鼓动、宣传的方式，现在进而转向在我国寻找追求西方政治的、有影响的人物，有重点地在所谓开放"党禁""报禁""人权"等问题上打开缺口，并伴随一定的舆论造势，以满足一些人向往西方政治取向，企图顺势推行西方的政治民主思想、人权观念以及"三权分立""轮流执政"的政治制度。在我国社会转型时期，政治体制还在逐步改革过程中，针对我国政治领域暴露出来的一些负面问题，在民主、法治成为现代性和世界性的选择趋势下，有的青年不顾我国的国情与历史，不分辨西方政治制度的实质，鼓吹西方式的民主，把西方宣称的"自由、平等、博爱和民主"当作"普世价值"，认为在全世界应予以推广。但实际上西方国家所说的普世价值并不是真正的普世价值，而是与它们的历史、它们的现实和它们的利益联系在一起的非普世价值。中国社会科学院马克思主义研究院副院长侯惠勤指出："把资本主义文明看做不可超越的终极存在，是'普世价值'热播者的意识形态前提；把当代中国的改革开放纳入资本主义世界文明的轨道，是他们热衷传播'普世价值'的根本目的。""通过'普世价值'干预我国的民主政治建设，以期终结共产党领导的国家权力结构，是这一讨论的核心，因而其在本质上是当代西方话语霸权及其价值渗透方式的表达。"② 所以，有些青年不明是非，把西方发达资本主义国家的民主、自由、平等、人权等封为普世价值，是"西化"的一种表现。

第三，对西方宗教信仰的接受。西方发达国家，特别是美国，都具有宗教文化传统，并且都不断对传统宗教进行改造，使之对内成为"公

---

① 《中国青年报》，2006年6月12日。
② 《中国社会科学院报》，2008年11月17日。

民宗教"和国家意识形态,作为维护国家稳定的思想武器;对外使之成为"和平演变"和文化渗透的手段,作为颠覆别国特别是社会主义国家的思想武器。所以当代宗教,不仅是信仰问题,而且是政治问题。宗教不仅在世界范围内成为民族主义的精神支柱,而且是西方发达国家的政治工具。通过宗教影响与渗透,对社会主义国家进行"西化""分化"的和平演变,是西方敌对势力一贯采取的重要方式。所以西方敌对势力对我国一直封锁技术、经济,但从来不封锁宗教,并一直利用宗教反华,如支持达赖喇嘛谋求"西藏独立",鼓动"法轮功"邪教分子发乱,并出巨资160亿美元要"把中国基督教化"。美国《时代周刊》记者艾克曼,在他所写的《耶稣在北京》一书中指出:"根植于西方的大陆基督教会,崇尚美国的宗教自由和民主价值,倾向支持中国走向民主。""在中国,上至政治学术精英,下至农民工人百姓,信仰基督的人数至少有八千多万,超过中共党员的人数。""未来30年,中国经济在实现持续高速发展的同时,基督徒的人数会达到中国人口的三分之一,中国这条东方的巨龙,或许会被基督的羔羊所驯服。"西方发达国家的宗教,往往笼罩着"自由"的面纱,运用科技的方式,受着发达国家经济与政治的支撑。一些有"西化"、"崇洋"倾向的青年学生,不了解宗教迷信的本质及其在发达国家的政治化倾向,以追求"自由"、向往"富有"而对西方的宗教文化表示亲近与认同。据郑永廷教授主持的对全国60多所高校的学生进行宗教影响的调查结果显示,20%左右的学生参加过宗教活动,主张对基督教、佛教、伊斯兰教、天主教等主要宗教"提倡引进"的学生分别占10.1%、14.2%、4%、3.9%左右,主张对以上宗教"容许引进"的分别占39.9%、39.9%、30.2%、26.2%,还有13.6%的学生容许引进东正教。显然"提倡引进"和"容许引进"的人数比例大,说明了宗教影响在学生中扩大的思想基础。[①] 河南高芳放教授课题组2013年至2015年连续三年选取了河南省部分本科、专科、高中、初中等不同层次和类型的在校生以及社会青年6000余人进行了问卷调查和访谈,2015年调查结果显示,对宗教感兴趣的青少年占总调查人数的25.3%;2014年的比

[①] 转引自郑永廷、江传月等:《宗教影响与社会主义意识形态主导研究》,中山大学出版社2009年版,第8、17页。

例为 23.8%；2013 年的比例为 23.2%。从以上研究结果中可以看出，青少年对宗教感兴趣的比例呈逐年上升趋势。①

三 当代青年对主导文化的态度

自 1991 年来，教育部每年都会开展高校思想政治状况滚动调查，这是一项覆盖面广，数据量大，全面系统的大型全国性调查，迄今已有 25 个年头。2016 年教育部继续在京、津、沪、浙、赣、鄂、粤、滇、陕、豫、鲁、黑、宁、川等 16 个省（区、市）和新疆生产建设兵团开展调查工作。通过对 140 所高校 25 000 余名学生调查表明，当前高校学生思想主流继续保持积极健康向上的良好态势。调查显示，大学生充分肯定 2015 年党和政府工作，高度认同以习近平同志为核心的党中央治国理政新理念新思想新战略。大学生对调查所列举的 2015 年以来的 9 项年度重大决策部署均保持较高满意度，其中对推进社会主义法治国家建设、持之以恒落实中央"八项规定"、制定"互联网+"行动计划的满意度居前三位。86.3% 的学生认为"到 2020 年，国家治理体系和治理能力现代化取得重大进展"，86.6% 的学生对"党的创造力、凝聚力、战斗力进一步增强"表示乐观，分别比去年上升 1.9 个和 2.5 个百分点。以习近平同志为核心的党中央在大学生心目中的形象更加鲜活、更加丰满，"亲民""实干""廉洁""务实"等深刻印象连续三年排在前列。调查表明，大学生中国特色社会主义道路自信、理论自信、制度自信进一步坚定，对党和国家的未来充满信心。广大高校学生衷心拥护党的领导，拥护社会主义制度，对全面建成小康社会和实现中华民族伟大复兴的中国梦充满信心和期待。分别有 89.9%、81.0%、83.7% 的学生赞同我国必须坚持"走中国特色社会主义道路""人民代表大会制度""公有制为主体、多种所有制经济共同发展的基本经济制度"，分别比去年上升 1.9 个、3.7 个和 1.9 个百分点。95.4% 的学生认可"中国特色社会主义事业进一步发展，综合国力不断增强，国际地位明显提高"。对"经济将保持中高速增长，产业将迈向中高端水平""2020 年我国将全面建成小康社会"等

---

① 高芳放：《新媒体环境下我国青少年宗教信仰教育引导研究——以河南省青少年调查结果为例》，《中国青年研究》2016 年第 9 期。

未来发展趋势持乐观态度的学生也保持较高比例。这表明高校学生的理想信念更加坚定，爱国热情持续高涨，社会责任感显著增强，道德素质和现代文明素质明显提升。

根据各个社会团体、研究机构、人文学者和政府部门的调查，也都表明当代青年对国家主导文化的态度是比较明确的，大多数青年是认可、赞同社会主义主导价值观，主流是积极的、向上的、良好的，并不存在普遍性的、大范围的信仰危机。但是改革开放以来，随着市场经济的发展，多元文化环境的形成，部分青年也存在着淡化共产主义理想、信仰多元化的倾向。据贵州省2008年对大学生信仰状况的调查中显示，马克思主义信仰不再是大学生唯一的信仰追求，有23.6%是非马克思主义信仰的学生。① 2008年对江苏、安徽两省6所高校大学生的调查显示，在回答是否信仰马克思主义时，41.0%的人选择了"否"或"说不清"。② 2016年浙江的一项调查发现，"90后"大学生的政治信仰选择是主导与多元并存的。不少大学生既有马克思主义的信仰，又有非马克思主义的信仰。其中，以自由主义为代表的西方政治信仰（均值3.46），其在大学生群体的影响力高于传统政治信仰（均值3.38）。③ 也有少数学生认为马克思主义"时间证明不切实际，理论与现实差距大，逐渐失去吸引力"（占6.0%），"是政治层面的事，和自己没有多大关系，不想考虑"（占5.4%）。④ 在非马克思主义信仰者中，有的青年学生转而信仰宗教、权力、金钱、明星和封建迷信，还有一些是信仰处于真空状态。并且随着信息网络化的发展，在有些青年网友恶搞下还出现了网络教派。比如网络上曾先后出现了"菊花教""芙蓉教""红衣教"以及"梨花教"等等，近来"春哥教"⑤ 在网络上被网友广为"传颂"，"信春哥，不挂科"

---

① 蒋桂珍：《对贵州省大学生信仰状况的调查与思考》，《贵州民族学院学报》（哲学社会科学版），2008年第6期。
② 陈延斌、周斌：《社会主义核心价值体系融入大学生思想政治教育的调查与思考》，《伦理学研究》2008年第6期。
③ 杜庆华：《"90后"大学生政治信仰调查分析——基于在杭6所高校的调查》，《浙江教育科学》2016年第1期。
④ 陈德虎、祝莺莺：《多元开放视域下大学生信仰调查与思考——基于浙江部分高校的调查》，《中国青年社会科学》2016年第3期。
⑤ http://www.xinchunge.com/

"信春哥，得永生"等口号还实现了"落地"，四川某大学物理学院男生在寝室内张贴大幅的李宇春海报，并供有香炉和水果，此举得到了部分青年学生的肯定并在期末考试阶段进行效仿。这反映出在多元文化的环境中，马克思主义信仰的主导地位受到了一定的冲击，当代青年的信仰也呈现"多元"的趋势，部分青年的信仰出现平庸化、世俗化、功利化的倾向。

2006年中国社会科学院的《关于加强马克思主义理论研究和建设问题的调研报告》中显示，在对"马列主义是否过时"的回答中，有7%的人认为"过时"；有16%的人回答"说不清"。在对改革开放以来马克思主义中国化的理论成果的认识上，有的认为"只是政治宣传，不起实际作用，没有现实应用的价值和意义""解决不了当前中国的实际问题"，甚至主张"用非马克思主义的思想取代马克思主义"。[①] 2007年河北省思想政治工作研究会课题组的调查显示，对于"您加入党组织是出于何种考虑"的问题，选择"出于信仰"的只占29.8%；而选择"出于个人前途的考虑"的占59.1%；"完全是随大流，没有过多考虑"的占11.1%；另有13.6%的人认为"入党没什么用"。[②] 2016年在浙江部分高校的调查发现，"90后"大学生政治信仰的负向性表现主要体现为：功利化和模糊化。"90后"大学生对于政治信仰的选择较多地考虑了个人功利，比如，对于"入党是为了就业和更好的发展机会"题项，有48.3%的人选择"比较同意"和"完全同意"。模糊化主要表现为一些大学生对西方资本主义民主和价值观缺乏明确的辨别能力。如，对于"多党制更能实现民主"题项，有42.6%的人选择"比较同意"和"完全同意"。[③] 虽然大部分青年对马克思主义理论在当代的时代价值是认同的，但是也有些青年持马克思主义"过时论""无用论""渺茫论"等错误论调，入党动机也不纯正，更趋功利化、个人化。

[①] 中国社会科学院马克思主义研究学部课题组：《关于加强马克思主义理论研究和建设问题的调研报告》，《马克思主义研究》2008年第4期。

[②] 河北省思想政治工作研究会课题组：《大学生马克思主义信仰教育：问题与对策》，《北华航天工业学院学报》2008年第2期。

[③] 杜庆华：《"90后"大学生政治信仰调查分析——基于在杭6所高校的调查》，《浙江教育科学》2016年第1期。

随着改革开放和社会主义市场经济的不断发展，经济体制深刻变革、社会结构深刻变动、利益格局深刻调整、思想观念深刻变化，人们思想活动的独立性、选择性、多变性、差异性明显增强，社会思想空前活跃，社会意识日益多样化。青年作为社会最活跃的群体，对主导文化的肯定、疏离、拒斥，体现出当今社会思想文化更加呈现多元多样多变的趋势。

第四节 风险频发情况下精神价值追求的新挑战

在流动易变、风险频发的当代社会，由于不确定性、偶然性因素增大，部分青年表现出对流动易变风险频发的主观不适，导致精神价值追求面临着一些新挑战，一定程度上影响了青年的发展。

一 风险社会及其特点

"风险"这个概念并不是自古有之，它的出现是一个现代性现象。"在任何传统文化中，看来都没有风险的观念。其原因在于，人们把危险当作命中注定。危险要么来自于上帝，要么仅仅来源于人们认为是理所当然地存在着的世界。风险理念与实施控制的抱负，特别是与控制未来的观念密切相关。"[①] 过去的各种自然灾害，比如洪灾、风灾、火宅、旱灾、地震、海啸等都被称为危险，随着社会的发展、科技的进步，人类开始想人为地控制自然时，风险也就逐渐成为时代的特征了。从"切尔诺贝利事故"到日本"3·11"大地震海啸核泄漏、从"9·11恐怖袭击"到拉萨"3·14"暴力事件、从次贷危机到全球金融风暴、从美国"黑色风暴"到黄河断流、从"非典"肆虐到基因安全，风险已经扩散到社会生活的各个角落，加上全球化的影响，全人类都系于共同的风险飘摇中。有学者根据现代社会风险日益频繁发生且日益严重的事实，把现代社会称之为"风险社会"，并认为风险社会是特定历史时期的一种文化现象，如以英国社会学家吉登斯和德国的社会学家贝克为代表，就把风险看成一种客观社会现实，认为现代化进程中制度上的失范导致了风险

---

① [英] 安东尼·吉登斯、克里斯多弗·皮尔森：《现代性——吉登斯访谈录》，尹宏毅译，新华出版社2000年版，第193页。

环境的扩张。为此,他们提出依靠合理有序的社会制度来规避风险,这就是所谓的"反思现代性"。以斯特科·拉什和威尔德韦斯为代表,把风险作为一种文化现象,则提出了风险的主观主义解释。客观地讲,我们"周围的感性世界绝不是某种开天辟地以来就直接存在的、始终如一的东西,而是工业和社会状况的产物,是历史的产物,是世世代代活动的结果。"① 所以,现代性的风险根源于人类自身的实践活动,是特定历史条件下人类实践活动的产物,是人化自然进程在全球化条件下不可避免的后果。风险作为一种客观存在,具有不确定性、人为性、突发性、危害性等特点,使人难以把握。

第一,不确定性。在复杂的自然环境与社会环境中,当诸多环境因素交互作用、转化时,每个具体因素的发生与消长,往往具有偶然性或不确定性,这种不确定性,随时都会或多或少地改变着人所面对的发展格局。风险何时发生、何地降临,有多大的危害性,都具有不确定性。一是因为主体的信息不全、价值偏向、立场问题导致的主观的不确定性,二是因为风险的运行状态的不可控制、不可度量、不可精确所导致的客观的不确定性。不确定性已成为风险社会的常态和主要特征,我们只能用有限的理性在无限的不确定性中去努力追求一定的确定性。

第二,人为性突出。风险是伴随人的力量的逐渐增强开始出现的,目前纯粹意义上的自然风险已基本消失,地震、海啸、洪涝灾害等被定义为自然风险的事件在当今都与人的实践活动脱离不了干系,更不用说科技风险、经济风险、政治风险、文化风险等了,"天灾"也打上了"人祸"的烙印。为此贝克指出:"各种风险其实是与人的各项决定紧密相连的,也就是说,是与文明进程和不断发展的现代化紧密相连的。这意味着自然和传统无疑不再具备控制人的力量,而是人的行动和人的决定的支配之下。"②

第三,危害性。风险的危害性是指风险对人的当下生存与未来发展所造成的伤害与威胁。由于风险通常是以一种偶然性的方式突然发生,

---

① 《马克思恩格斯选集》第1卷,人民出版社1995年版,第76页。
② [德]乌尔里希·贝克、威廉姆斯:《自由与资本主义》,路国林译,浙江人民出版社2001年版,第119页。

具有复杂性和多样性,难以根据先兆做出准确预测,再加上风险发生过程中的瞬间性和流变性,因此风险的突然爆发会让人不知所措,造成严重的后果。特别是现在的生态危机、核危机等甚至会将人类文明毁于一旦。而且风险的频繁爆发不仅摧毁人类生存的物质家园,甚至造成人们在思想上、情感上、心理上的创伤和恐惧,引发精神危机。

二 风险频发条件下当代青年的精神价值追求

在流动易变、风险频发的当代社会,赋予了当代青年开放、流动、变化的生活节拍,很多青年享受流变释放的活力,把握风险带来的机遇,能够正确看待和迎接风险、处理和化解风险,但由于流动的现代性同时意味着不确定性、偶然性因素的量大质异,也有部分青年表现出对流动易变风险频发的主观不适。现代社会处于不断变革、调整、转折和快速发展过程中,危机事件层出不穷,个人的工作生活不再是传统线性的模式,未来不再是清晰的、确定的,风险的突发性、危害性、不确定性让部分青年产生无能感、无力感,不可避免地陷入对未知风险的深刻焦虑和巨大压力中。在这种高风险的背景中,有的青年在思想上就形成了"即时性"思维,就是"当下即是,当即满足"的思维,就是满足于当下,只关注眼前,局限于个人,实际上是偏废了人作为主体的自觉性、目的性,将人沦落为"动物人""经济人"的表现。它反映出来的是主体对未知的怀疑与恐惧和对方向与目标的否定。"这种即时性思维,是一种以个人为出发点和归属,以感性、眼前为满足,忽视全局与长远利益,陷于不确定性的思维。这种思维方式,只认定社会偶然性、不确定性因素的存在,不愿意去探索偶然性、不确定性因素背后所隐含的必然性与规律性,因而也会对揭示社会与人发展的必然性、规律性理论产生排斥,使具有理性特征的理想信念难以形成。"[①] 在高风险背景的影响下,在"即时性"思维的支配下,当代青年在精神价值追求过程中呈现注重现实满足忽视理想追求、注重感性娱乐忽视思想理性等迹象。

[①] 王仕民、郑永廷:《当代大学生理想信念形成特点及原因分析》,《教学与研究》2008年第5期。

1. 注重现实满足忽视理想追求

"即时性"思维强调的是当下、眼前、现实需要的满足，由于明天不可知，昨天已过去，所以今天最重要，要"活在当下"。因而当代青年的现实性不断增强，越来越注重实利。在校园里，"今天过级，明天考证，后天托福、GRE"，青年学生对外语、计算机、法律、财会、交际礼仪等实用知识与技能类的课程与培训趋之若鹜，对一些基础学科和人文学科则不太感冒，读书已经不再是某些青年学子的崇高的精神追求，而是为了职业生存的需要不得已拼命读书，学习目的日趋功利化、实用化、短期化。有些青年信奉"现在的欢乐就是未来的理想，未来的理想就是现在的欢乐"，正如哲学家齐格蒙特·鲍曼在《再度孤独》（Alone Again: Ethics After Certainty）对这个时代的描述："在这样的世界，明智且审慎的做法是不做长期计划，也不投资于遥远的未来；决不能被任何特定的地方、群体或理想绑死，即使是为了自己的形象也不必如此，因为我们可能会发现自己仍然载浮载沉，难以安定，而且根本无法安定下来；让今天的选择做指引才是睿智之举，别妄想什么要掌控未来，也别献身于任何虚无缥缈的东西。"然而，现实、当下需要的满足往往是短暂的满足、片刻的充实和瞬间的快乐，如果没有对未来的期待和对理想的追求，就会迷失方向、丧失动力、缺失调控，就会活得浑浑噩噩、混沌无知、昏昏沉沉。

2. 注重感性娱乐忽视思想理性

感性，亦可称为感知，包括感觉、知觉、表象等，是对人的情绪、欲望的直接、具体的反映，具有自发性、易变性、生动性等特点，是人们比较初级的精神价值追求。与之对应的理性，也可称为理智，包括思想、理论、规律等，是对自然、社会、人的存在与发展的间接的、抽象的认识，具有自觉性、稳定性、系统性等特点，是人们相对高级的精神价值追求。

"即时性"思维衍生出来就是"享乐主义"，它拒斥高级的、复杂的、抽象的、理性的思维，而纵情于低级的、简单的、具体的、感性的娱乐。有的青年被不断增长的无意识欲望的诉求所支配，追求无规则、无秩序，满足于娱乐所带来的视觉、听觉、触觉的快感。有的青年，不想沉思意义，而只想接受感性刺激；不想回到内心，而只想关注身外之物；没有心灵的宁静和审美的体验,只有占有的冲动和没有占有到的焦虑。甚至有的青年高声直呼"不想做痛苦的人,只想做快乐的猪"。摒弃了神性与理性,这些青年们在大快朵颐的酣畅淋漓中挥霍着自己的青春,不想天长地久,只在乎曾经拥有,在快感的节奏下,不再追问、不再追寻。"不在无聊中恋爱,就在无聊中变态。或者在恋爱与变态间摇摆"。曾看到当代大学生的同居实录,记者问武汉大学一对同居了三年的大学生:"你们考虑过以后怎么办吗?比如婚姻?""不知道!"女孩一脸茫然地说着。"反正走到哪儿说哪儿的话呗,"那个脸皮白净的男孩说,"人生短暂,考虑不了那么长,只要拥有一天就要享受一天。我们只追求此时此地的真诚相爱,至于明天是什么,我们不知道,也把握不了。这样不是挺好吗?何必要想那么多那么远,那样不是挺累吗?"①

更值得注意的是,青少年正在成为合成毒品泛滥的最大受害者。《2017年中国禁毒报告》② 指出,在滥用合成毒品的人员中,35岁以下青少年占67.8%,低龄化趋势明显。在北上广深等大城市,青少年吸毒者在吸毒人群中的比例更高。以北京为例,北京市禁毒委发布的数据显示,截至今年5月底,北京市登记在册的2.6万余名吸毒人员中,35岁以下青少年达到2.2万余人,比例已高达88%!吸毒成为这群年轻人挥霍青春的一种社交方式,采访时某吸毒青年说,就像现在大家互相派烟一样,没觉得吸食冰毒有什么不对,只是觉得"挺刺激的,好玩",甚至不少街头青年都是如此认为:我吸毒,我牛×。

他们注重眼前现实的感官需要,今朝有酒今朝醉,"过把瘾就死"。单一的感性享乐,跟着感觉走,缺乏系统的理论思维,丧失思想理性的支持,必然造成当代有些青年的"肤浅",深度与厚度的匮乏,甚至走上违法犯罪的道路。

三 增强当代青年抗风险的精神动力

现代风险范围不断扩大,从自然界出现的温室效应、生态失衡、环境污染,到国际社会的核威胁、恐怖活动;从国家、区域范围内的经济

---

① http://www.enet.com.cn/article/2006/0512/A20060512530301_21.shtml。
② 中国禁毒网 www.nncc626.com《中国禁毒报告2017》第59—60页。

与科技发展风险,到国家、区域范围内的意识形态与文化安全;从各个团体、部门的具体风险,到每个人发展过程中的特殊风险,说明现代风险已经与每个社会主体和个体密切相关,说明现代风险随时可能在所有领域出现。为此,当代青年要积极应对社会风险,积极应对人自身发展风险。由于风险具有个体差异性,直接与个体的主观条件相关,有的时候,人的主观条件也影响甚至决定风险的发生及其影响程度。因此,我们要正确认识风险,消除"恐惧和不安全感",增强抗风险的信心和勇气;要学会化解、转移风险,提高抗风险的精神动力。

第一,科学的精神价值追求能让青年树立对风险的勇气。很多青年对待风险会有模糊"认识和错误"态度,有的是盲目乐观,他们过分陶醉于人类的控制能力,回避现代社会结构的复杂性和时代环境的多变性,轻视现代风险的实质及其危害性后果;有的是悲天悯人,他们对人类理性能力和追求自由信念的动摇,过分夸大客观存在的各种随机性、偶然性事件,从而陷入对未来的恐惧和失望之中。两者的共同之处都是不能正确认识现代风险的客观性,不能正确评价风险对于人的发展的影响与作用。在改革开放前,我国社会结构比较生硬,文化比较单一,人的发展也相对传统保守,在这样的封闭社会状态下,人的生活是按部就班的,思维是确定、固定的。但随着改革开放,市场经济体制逐步确立,网络信息高速发展,改变了这个时代的面貌,流动性、偶然性、不确定性成为这个社会的特征。在现代社会条件下,人的发展风险,是一种客观存在,它既不可消解避免,也不可凭空捏造;它既表现为偶然性,也蕴涵着必然性;它遵循规律性,既可认识和把握,又表现为随机性难以认识和把握。因此,采取虚无主义态度否定它的存在,采取神秘主义态度畏惧它的存在,采取悲观主义态度回避它的存在,都是不科学的。[①] 在科学的精神价值追求的指引下,就不会对风险盲目乐观或悲观,会以正确的态度、合理的方法去生活,因此会尽可能占有丰富可靠的信息来应对风险,时刻关注自身的处境和周围环境的变化,科学预测事物发展的未来,减少、控制不确定因素的冲击,最大限度地消除对未来的无知,做到心中有数,处变不惊,争取发展的主动权。

---

① 郑永廷:《人的现代化理论与实践》,人民出版社2006年版,第388页。

第二，长远的精神价值追求能增强青年抗风险的精神动力。精神动力就是思想、理论、理想、信念、道德、情感、意志等精神因素对人从事的一切活动及社会发展所产生的精神推动力量。① 在当今社会，人的发展压力是巨大的，有激烈竞争的压力、有创新挑战的压力、有信息选择的压力等，其中都蕴含了风险压力，在巨大的风险压力下，有的青年就陷入了无法确定的、充满矛盾与焦虑的精神困境。毫无疑问，在现代社会条件下，人在生存与发展的道路上，特别需要的是明确长远的理想目标。长远的精神价值追求能使青年在面临风险压力时能沉着应对，将外在压力转化为内在动力，学会在机遇与风险的矛盾运动中经受锻炼，增长才干，实现全面发展。长远的精神价值追求能使青年迸发无穷的发展勇气、发展动力与顽强意志。这样在激烈竞争的条件下，就不再是逃避、抵触竞争，而是会珍惜机会，迎头而上；在创新环境中，就不再是故步自封、思维僵化，而是会勇于挑战、不断突破；在信息条件下，就不再是沉迷诱惑、丧失自我，而是会自主选择、自由发展；在学习交往中，就不再是保守封闭、胆怯懦弱，而是会善于利用资源、把握机会、创造条件。这样才能适应现代社会的发展变化，将风险转化为机遇，实现自我超越。

---

① 骆郁廷：《精神动力论》，武汉大学出版社2003年版，第16—17页。

第七章

当代青年精神价值追求的教育与引导

从现代人的发展来看，只在自然性、社会性上得到发展的人，决不是健全发展的人，只有当一个人不断地朝向精神世界发展、提升的时候，才有可能更像一个人，才有可能在自主活动中更全面地占有自己的本质。

第一节 充分认识当代社会精神价值追求的重要性

要对当代青年进行精神价值追求的教育与引导，首先必须让他们充分认识到当代社会精神文化及其价值不断在彰显，认识到重视精神价值追求是时代发展的客观要求，明确精神价值追求的内容与方向。

一 充分认识当代社会精神文化及其价值彰显

所谓精神文化，是指文化心态及其在观念形态上的对象化，表现为文化心理和社会意识诸形式，主要包括政治、法律、伦理、哲学、宗教等思想、理论。精神文化被马克思称为"精神空气"、毛泽东称为观念文化、梁漱溟称为"精神食粮"、文化学家刘永佶称为意识形态。一定精神文化孕育人的精神，决定人的精神状态、精神生活、精神本质；人的精神生活丰富、发展一定精神文化。人类由早期对自然、神力的崇拜到古代对帝王、体能的崇拜至近代对智能、商品的崇拜再到现代对人才、潜能的崇拜，显示出当代精神文化发展，呈现张扬与彰显发展态势。

1. 经济领域精神文化发展迅速

激烈的市场竞争推动企业文化发展，其主要体现在管理理论不断更新发展。在20世纪40年代以前，西方企业普遍采用亚当·斯密和泰罗的管理理论，这些管理理论基于工人工作只是为了金钱的"经济人"假设，用金钱收买工人的劳动，用权力和制度去控制职工。马克思指出："人的本质并不是单个人所固有的抽象物。在其现实性上，它是一切社会关系的总和。"任何一个人都不能脱离一定的社会关系而独立存在。所以，人，不单纯是自然的人，更重要的是社会的人。"经济人"的假设，抹杀了人的社会性本质。与此相适应的管理方法，也不能激发职工的献身精神和主人翁的责任感，而只能产生"给多少钱干多少活"的雇用观点。

1927年至1932年，梅奥主持了管理学上有名的"霍桑实验"，其结论具有相当的震撼力，它冲击了"经济人"的假设，得出人是"社会人"，人们在工作中得到的物质利益，对于调动人的生产积极性只有次要意义。良好的人际关系是调动人的生产积极性和工作积极性的决定性因素，只有社会的需要和自我尊重的需要才是激发工作积极性的动力。从"经济人"的假设到"社会人"的假设，从以工作为中心的管理到以职工为中心的管理，正好说明了作为经济活动主体的人，不可能是纯粹按市场信号行动的理性"经济人"，而是处于特定时代和社会关系中的"社会人""文化人"。因此，人们的价值观念、社会心理以及文化传统、风俗习惯等文化因素构成经济活动的背景，并通过影响经济活动主体的精神状态、思维方式、行为方式进而影响经济活动的效率。在知识经济时代，文化对经济发展的先导作用将进一步凸现出来。

20世纪50年代，美国经济受到日本和西欧的挑战，其绝对优势地位开始下降，面对着日本旋风般的猛烈袭击，美国朝野惊慌失措，尼克松总统哀叹："美国遇到了我们甚至连做梦都想不到的那种挑战"。许多沉醉于"美国世界第一"的美国人也不得不冷静下来思考：为什么"二战"后经济上濒临崩溃，技术是属于三四流的一个弹丸之地，在短短的二十多年便实现了经济腾飞？日本经济成功的奥秘在哪里？《战略家的头脑——日本企业的管理艺术》一书的作者认为，美国企业的传统管理模式是一种3S模式。这种模式中具有决定性意义的管理要素有3个，即生产经营战略目标、组织结构和制度，这是一种理性主义的模式。相对于美国的3S管理模式而言，日本则采取7S的管理模式，即除了战略目标，组织结构和制度3个硬S以外，日本更注重人员、作风、技能和最高目标4个软S。日本企业的管理模式使3个硬件和4个软件有机地结合在一起，因而使日本企业管理更具有人文色彩、充满活力。它重视人性、重视人力资源，把职工当作"社会人""决策人"甚至是"自动人"，最大限度地发挥职工的潜力，调动他们的积极性、主动性和创造性。[①] 美国人从对日本企业的研究中得到巨大启示和收获，在 70 年代末总结出一种新的管理理论——企业文化理论。企业文化是企业在生产经营实践中，逐步形成的，为全体员工所认同并遵守的、带有本组织特点的使命、愿景、宗旨、精神、价值观和经营理念，以及这些理念在生产经营实践、管理制度、员工行为方式与企业对外形象的体现的总和。企业文化是一个企业的灵魂，是推动企业发展的不竭动力。它包含着非常丰富的内容，其核心是企业的精神和价值观。思想文化是"道"，它贯穿企业发展始终又潜行于企业各个细节和制度中。文化无形却又比有形之物更具有力量，是"理念制胜"时代企业的核心。

企业文化理论告诉我们，越是竞争激烈领域，越需要精神文化并且精神文化发展越快。那种认为经济的发展只是依靠资金、设备和资源，不把精神文化当回事，这样的企业就将陷于另外一种效应：精神文化的缺乏必定导致经济的萎缩和竞争实力的下降。我国十大企业集团破产的重要教训就是由轻视精神文化而导致的惩罚。

2. 学习型组织理论突出目标（愿景）、关系和谐的作用

学习型组织理论是由美国学者彼得·圣吉在《第五项修炼》一书中提出的管理观念，他认为企业应建立学习型组织，其含义为面临变化剧烈的外在环境，组织应力求精简、扁平化、弹性因应、终身学习、不断自我组织再造，以维持竞争力。彼得·圣吉认为，现在，全世界在管理上正在酝酿一个新趋势，这个趋势是由全球竞争所带动的。在全球的竞争风潮之下，人们日益发觉 21 世纪的成功关键，与 19 世纪和 20 世纪的成功关键有很大的不同。在过去，低廉的天然资源是一个国家经济发展的关键，而传统的管理系统也是被设计来开发这些资源。然而这样的时代正离我们而去，发挥人们的创造力现在已经成为管理努力的重心。然而更重要的是，有些领导者与管理者已经开始深切地体验到，我们一定能找出对策来化解那些根源于不断分割所产生的组织病毒，它使许多组

[①] 《哈佛经理管理方法与技巧》参阅 http://wenhua.17k.com/book/41197.html。

织充斥着你争我夺、互相防卫的内部竞争,以及钩心斗角、玩弄手段的政治游戏,它只会消耗人们大量的精力,不断打击人们的工作意愿,使组织永远不可能建立伟大企业所必需的根基。为了克服由内部竞争可能引起的防卫和由利益差别引起的矛盾,彼得·圣吉认为要发展团队学习。团队学习从"深度会谈"开始,即团队的每一个成员,推出心中的假设,进入真正的思考,让想法自由交流,克服思想障碍,"建立共同愿景",也就是确立"全体衷心共有的目标、价值观与使命","将个人的愿景整合为共同的愿景"。"有了衷心渴望实现的目标,大家会努力学习、追求卓越。"① 彼得·圣吉强调了共同价值取向、良好人际关系、相互学习交流在当代社会的重要性。而学习型组织理论的实质就是为了发展活力、动力、凝聚力、竞争力、批判力、创造力,提高软实力,不断战胜自我,超越自我,不断创新。由此,共同构建学习型政党,创建学习型社会也成为我们国家的建设目标。

3. 软实力理论的提出强化精神力量作用

"软实力"作为国家综合国力的重要组成部分,特指一个国家依靠政治制度的吸引力、文化价值的感召力和国民形象的亲和力等释放出来的无形影响力。"软实力"主要包括以下文化的吸引力和感染力、意识形态和政治价值观的吸引力、外交政策的道义和正当性等。在20世纪70年代美国学者克莱因曾提出了有名的"国力方程",把"战略目标"与"国民意志"作为衡量国力的重要组成部分。无论是"战略目标"还是"国民意志",都是极其复杂的无形因素,也可称为软实力,难以用静态标准来衡量。另一位美国学者斯拜克曼把民族同质性、社会综合程度、政治稳定性、国民士气都视为软力量。英国著名学者罗伯特·库伯则认为,合法性是软实力的核心要素。美国哈佛大学教授约瑟夫·奈于90年代正式提出了"软实力"的概念,他指出,一个国家的综合国力既包括由经济、科技、军事实力等表现出来的"硬实力",也包括以文化和意识形态吸引力体现出来的"软实力"。硬实力是指看得见、摸得着的物质力量;软实力所指的就是精神力量,包括政治力、文化力、外交力等软要素。

---

① [美]彼得·圣吉:《第五项修炼》,生活·读书·新知三联书店1998年版,第9、10页。

硬实力是软实力的有形载体、物化，而软实力是硬实力的无形延伸。在当前全球化浪潮、信息革命和网络时代的大潮下，硬实力的重要性显而易见。软实力则具有超强的扩张性和传导性，超越时空，对人类的生活方式和行为准则产生巨大的影响。在当前的国际关系中，综合国力的竞争和博弈将决定一个国家在未来世界秩序中的排序。由于软实力在国际关系中的影响日增，世界主要大国在注重硬件的建设之时，也十分重视增强自身的软实力。各种软实力间既相互竞争较量，又相互诱导吸引、融合。

　　我国也充分认识到了精神文化发展对国家、民族发展的重要性。党的十七大报告中明确提出"文化软实力"这一概念并强调："当今时代，文化越来越成为民族凝聚力和创造力的重要源泉、越来越成为综合国力竞争的重要因素"，"要坚持社会主义先进文化前进方向，兴起社会主义文化建设新高潮，激发全民族文化创造活力，提高国家文化软实力"，"提高文化软实力"已经被提升到了国家战略的高度。2011年10月18日中共十七届六中全会通过了《中共中央关于深化文化体制改革推动社会主义文化大发展大繁荣若干重大问题的决定》（以下简称《决定》），充分认识到推进文化改革发展的重要性和紧迫性。《决定》中讲道："当今世界正处在大发展大变革大调整时期，世界多极化、经济全球化深入发展，科学技术日新月异，各种思想文化交流交融交锋更加频繁，文化在综合国力竞争中的地位和作用更加凸显，维护国家文化安全任务更加艰巨，增强国家文化软实力、中华文化国际影响力要求更加紧迫。""坚持中国特色社会主义文化发展道路，深化文化体制改革，推动社会主义文化大发展大繁荣，必须全面贯彻党的十七大精神，高举中国特色社会主义伟大旗帜，以马克思列宁主义、毛泽东思想、邓小平理论和"三个代表"重要思想为指导，深入贯彻落实科学发展观，坚持社会主义先进文化前进方向，以科学发展为主题，以建设社会主义核心价值体系为根本任务，以满足人民精神文化需求为出发点和落脚点，以改革创新为动力，发展面向现代化、面向世界、面向未来的，民族的科学的大众的社会主义文化，培养高度的文化自觉和文化自信，提高全民族文明素质，增强国家文化软实力，弘扬中华文化，努力建设社会主义文化强国。党的十八大报告不仅从全面建设小康社会"五位一体"这样一个高度来定位增强国家文化软实力,而且在报告第六部分专门谈到了社会主义文化强国建设,实际上就是对如何做大做强我国的文化软实力进行了又有宏观的论述,又有微观的论述。提高国家文化软实力,是我们党和国家的一项重大战略任务。党的十八大以来,习近平总书记多次在不同的场合,就国家文化软实力阐发了一系列重要论述。习近平指出,"提高国家文化软实力,关系'两个一百年'奋斗目标和中华民族伟大复兴中国梦的实现","核心价值观是文化软实力的灵魂、文化软实力建设的重点"。"提高国家文化软实力,要努力提高国际话语权,加强国际传播能力建设。"在习近平的治国理政思想体系中,关于提高国家文化软实力的思想是一个重要方面的内容。

精神文化具有价值取向、精神动力、民族凝聚作用,是综合国力的标志。在当今时代背景下,精神文化的价值愈来愈彰显,我们必须高度重视精神文化的建设,反对"虚无论""代价论""无用论",共建中华民族共有精神家园。

二 明确当代青年追求精神价值的责任与重点

《国家中长期教育改革和发展规划纲要(2010—2020年)》提出教育新的战略主题是:"坚持以人为本、全面实施素质教育是教育改革发展的战略主题,是贯彻党的教育方针的时代要求,其核心是解决好培养什么人、怎样培养人的重大问题,重点是面向全体学生、促进学生全面发展,着力提高学生服务国家服务人民的社会责任感、勇于探索的创新精神和善于解决问题的实践能力。"2016年12月7日至8日全国高校思想政治工作会议在北京召开,中共中央总书记、国家主席、中央军委主席习近平出席会议并发表重要讲话。[①] 他强调,高校思想政治工作关系高校培养什么样的人、如何培养人以及为谁培养人这个根本问题。要坚持把立德树人作为中心环节,把思想政治工作贯穿教育教学全过程,实现全程育人、全方位育人,努力开创我国高等教育事业发展新局面。习近平在讲话中指出,教育强则国家强。高等教育发展水平是一个国家发展水平和发展潜力的重要标志。实现中华民族伟大复兴,教育的地位和作用不可

[①] 人民网 http://cpc.people.com.cn/n1/2016/1209/c64094-28936173.html。

忽视。我们对高等教育的需要比以往任何时候都更加迫切，对科学知识和卓越人才的渴求比以往任何时候都更加强烈。党中央作出加快建设世界一流大学和一流学科的战略决策，就是要提高我国高等教育发展水平，增强国家核心竞争力。

习近平指出，我国高等教育肩负着培养德智体美全面发展的社会主义事业建设者和接班人的重大任务，必须坚持正确政治方向。高校立身之本在于立德树人。只有培养出一流人才的高校，才能够成为世界一流大学。办好我国高校，办出世界一流大学，必须牢牢抓住全面提高人才培养能力这个核心点，并以此来带动高校其他工作。习近平强调，要教育引导学生正确认识世界和中国发展大势，从我们党探索中国特色社会主义历史发展和伟大实践中，认识和把握人类社会发展的历史必然性，认识和把握中国特色社会主义的历史必然性，不断树立为共产主义远大理想和中国特色社会主义共同理想而奋斗的信念和信心；正确认识中国特色和国际比较，全面客观认识当代中国、看待外部世界；正确认识时代责任和历史使命，用中国梦激扬青春梦，为学生点亮理想的灯、照亮前行的路，激励学生自觉把个人的理想追求融入国家和民族的事业中，勇做走在时代前列的奋进者、开拓者；正确认识远大抱负和脚踏实地，珍惜韶华、脚踏实地，把远大抱负落实到实际行动中，让勤奋学习成为青春飞扬的动力，让增长本领成为青春搏击的能量。

这明确指出了当代青年精神价值追求的责任与重点，核心内容即是形成理想信念，树立中国特色社会主义的共同理想，坚定马克思主义信念。同时以忧国、救国、报国之心爱祖国的河山，爱自己的骨肉同胞，爱祖国的文化，爱自己的国家，并不断开拓进取、勇于探索、创新发展。

1. 核心内容：理想信念

1985年，邓小平在全国科技工作会议上提出："我们一定要经常教育我们的人民，尤其是我们的青年，要有理想。为什么我们过去能在非常困难的情况下奋斗出来，战胜千难万险使革命胜利呢？就是因为我们有理想，有马克思主义信念，有共产主义信念。"[①] 理想信念是人的心灵世界的核心。有无理想信念，有什么样的理想信念，决定了人生是高尚充

---

① 《邓小平文选》第3卷，人民出版社1993年版，第110页。

实,还是庸俗空虚。追求远大理想、坚定崇高信念,是当代青年健康成长、成就事业、创造生活、开创未来的精神支柱和前进动力。

理想作为一种社会意识和精神现象,是人类社会实践的产物。人们在改造客观世界和主观世界的实践活动中,既追求眼前的生产生活目标,渴望满足眼前的物质和精神需要,又憧憬长远的生产生活目标和精神需要。对现状永不满足、对未来不懈追求,正是理想的基本特征。在一定意义上讲,理想是人们在实践中形成的对未来社会和自身发展的向往与追求,是人们的世界观、人生观和价值观在奋斗目标上的集中体现。信念同理想一样,也是人类特有的一种精神现象。信念是认识、情感和意志的统一体,是人们在一定的认识基础上确立的对某种思想或事物坚定不移并身体力行的精神状态。信念是理想的阶段化表现形式,是对理想的支持,是人们追求理想目标的强大动力。信念一旦形成,就会使人坚贞不渝、百折不挠地追求理想目标。在人的生命历程中,理想和信念总是如影随形,相互依存。在很多情况下,理想亦是信念,信念亦是理想。当理想作为信念时,它是指人们确信会实现的一种观点和主张;当信念作为理想时,它是与奋斗目标相联系的一种向往和追求。理想是信念的根据和前提,信念则是理想实现的重要保障。

人的理想信念,反映的是对社会状况和人自身状况的期望。因此,有什么样的理想信念,就意味着用什么样的期望和方式去改造自然和社会、塑造和成就自身。青年时期,人们都面临着一系列人生课题,如人生目标的确立、生活态度的形成、知识才能的丰富、发展目标的设定、工作岗位的选择,以及如何择友、如何恋爱、如何面对挫折、如何克服困难,等等。这些问题的解决,都需要一个总的原则和目标,这就要确立科学、崇高的理想信念。努力树立科学、崇高的理想信念,使将来的人生道路越走越宽广,使宝贵的一生有意义、有价值,富于成就、充满自豪。

当代青年应当确立在中国共产党领导下走中国特色社会主义道路,为实现中华民族伟大复兴而奋斗的共同理想和坚定信念。实现中华民族伟大复兴的中国梦,是以习近平为总书记的新一届中央领导集体对全体人民的庄重承诺,是全党全国各族人民共同的奋斗目标。梦想是激励人们发奋前行的精神动力。当一种梦想能够将整个民族的期盼与追求都凝聚起来的时候，这种梦想就有了共同愿景的深刻内涵，就有了动员全民族为之坚毅持守、慷慨趋赴的强大感召力。实现中华民族伟大复兴，是全体中华儿女的伟大梦想和共同愿望，也是中国近现代史的主题。习总书记把中国梦定义为"实现中华民族伟大复兴，就是中华民族近代以来最伟大梦想"，并且表示这个梦"一定能实现"。中国梦的核心目标也可以概括为"两个一百年"的目标，也就是：到2021年中国共产党成立100周年和2049年中华人民共和国成立100周年时，逐步并最终顺利实现中华民族的伟大复兴，具体表现是国家富强、民族振兴、人民幸福，实现途径是走中国特色的社会主义道路、坚持中国特色社会主义理论体系、弘扬民族精神、凝聚中国力量，实施手段是政治、经济、文化、社会、生态文明"五位一体"建设。树立中国特色社会主义的共同理想，要求大学生坚定对中国共产党的信任，坚定走中国特色社会主义道路的信念。

同时，还应追求更高的目标，确立马克思主义的坚定信念，树立共产主义的远大理想。马克思主义作为我们国家的根本指导思想，是由马克思主义严密的科学体系，鲜明的阶级立场和巨大的实践指导作用决定的，是近代以来中国历史发展的必然结果，是中国人民长期探索的历史选择。在革命、建设、改革各个历史时期，我们党坚持运用马克思主义立场、观点、方法研究解决各种重大理论和实践问题，不断推进马克思主义中国化，产生了一系列重大成果，指导党和人民取得了新民主主义革命、社会主义革命和社会主义建设、改革开放的伟大成就。党的十八大以来，以习近平同志为总书记的党中央坚持和发展中国特色社会主义，深化对"三大规律"的认识，形成了一系列治国理政新理念新思想新战略。习近平总书记系列重要讲话，是党中央治国理政新理念新思想新战略最集中的体现，是中国特色社会主义理论体系的最新成果，是马克思主义中国化的最新成果，是指导具有许多新的历史特点伟大斗争的鲜活的马克思主义，为实现"两个一百年"奋斗目标、实现中华民族伟大复兴的中国梦提供了科学理论指导和行动指南。党中央治国理政新理念新思想新战略，以实现"两个一百年"奋斗目标和民族复兴为总目标，党的所有理论和实践都紧紧围绕着实现这个总目标精进展开，中国道路的目标指向进一步明确；以坚持和发展中国特色社会主义为总遵循，坚定道路自信、理论自信、制度自信、文化自信，中国道路的丰富内涵进一步展开；以坚持人民为中心的发展思想为总原则，确保不失其根、不忘其本，中国道路的价值底蕴进一步强化；以"四个全面"战略布局为总方略，确立续写中国特色社会主义新篇章的行动纲领，中国道路的实践纲领进一步深化；以新发展理念为总要求，深化发展规律认识，中国道路的发展准则进一步提升；以"五位一体"为总布局，统分结合、相互协同、密切耦合，中国道路的具体领域进一步完善；以国防安全、国家安全、国际安全为总安全，保障实现中国梦的国家安全需求，中国道路的保障体系进一步巩固。这是进一步生动而具体地坚持和发展了马克思主义，不断赋予马克思主义新的鲜活力量。马克思主义是科学理想信念的理论基础，是牢固树立中国特色社会主义共同理想、坚定共产主义远大理想的理论前提。当代青年只有确立马克思主义的坚定信念，才能深刻认识人类社会的发展规律，深刻认识中国走社会主义道路的历史必然性，把个人理想与社会理想统一起来。

2. 重点内容：爱国主义

热爱祖国是中华民族的优良传统，是中华民族生生不息、自立于世界民族之林的强大精神动力。爱国主义是在漫长的历史过程中形成的，是获得全民族高度认同的崇高感情。在新的历史条件下，继承爱国主义的优良传统，弘扬民族精神和时代精神，做一个坚定的爱国者，是对当代青年的基本要求。关于爱国主义，习近平总书记在许多场合作过论述，特别是在2015年12月30日主持中共中央政治局第二十九次集体学习时的讲话中，对爱国主义作了全面阐述。他强调，伟大的事业需要伟大的精神。实现中华民族伟大复兴的中国梦，是当代中国爱国主义的鲜明主题。要大力弘扬伟大爱国主义精神，大力弘扬以改革创新为核心的时代精神，为实现中华民族伟大复兴的中国梦提供共同精神支柱和强大精神动力。爱国主义是中华民族精神的核心。爱国主义精神深深植根于中华民族心中，是中华民族的精神基因，维系着华夏大地上各个民族的团结统一，激励着一代又一代中华儿女为祖国发展繁荣而不懈奋斗。5000多年来，中华民族之所以能够经受住无数难以想象的风险和考验，始终保持旺盛生命力，生生不息，薪火相传，同中华民族有深厚持久的爱国主义传统是密不可分的。①

爱国主义体现了人民群众对自己祖国的深厚感情,反映了个人对祖国的依存关系,是人们对自己故土家园、种族和文化的归属感、认同感、尊严感与荣誉感的统一。它是调节个人与祖国之间关系的重要道德要求、政治原则和法律规范,也是民族精神的核心。因为每个人都要在社会中生存,以祖国为存在和发展的基本依靠单元:通过祖国获取生存和发展的物质条件,通过祖国寻求慰藉心灵的精神家园,所以爱国成为每个人都应当自觉履行的责任或义务。在这个意义上,列宁提出爱国主义是人们"千百年来巩固起来的对自己的祖国的一种最深厚的感情。"② 当代青年生活在祖国中,祖国的自然地理和人文地理给了他们特定的种族遗传、生活方式、社会关系、价值观念、文化修养,所以应当爱国。

作为一个爱国者,应该以忧国、救国、报国之心热爱祖国。忧国之心是对国家前途命运的关切与思考。救国是在国家危难时刻所表现出来的牺牲精神。报国是对国家的一种责任心,是尽心尽力地付出和奉献。③ 爱国主义的基本内容包括:其一,爱祖国的河山。河山国土是"一个国家赖以生存的根基,是它的第一物质形态,是硬件。"④ 祖国的河山国土,不只是自然位置、自然资源、自然风光,而且是主权、财富、民族发展和进步的基本载体。因此,每一个爱国者都会把"保家卫国"、维护祖国领土的完整和统一,作为自己神圣使命和义不容辞的责任。其二,爱自己的骨肉同胞。爱自己的骨肉同胞,反映的就是对整个民族利益共同体的自觉认同。民族利益是整体的利益、长远的利益,这种利益高于民族内部之间的局部的、暂时的利益。爱自己的同胞与爱人民是一致的。人民群众是历史的创造者,他们的意志决定着祖国的命运和前途。对人民感情的深浅程度,是检验一个人对祖国的忠诚程度的试金石。爱自己的骨肉同胞,最主要的是培养对人民群众的深厚感情,紧紧地和人民群众站在一起。其三,爱祖国的文化。广义的文化是在社会历史发展过程中

---

① 人民网 http://cpc.people.com.cn/n1/2015/1231/c64094-27997763.html。
② 《列宁全集》第 28 卷,人民出版社 1960 年版,第 168 页。
③ 梁衡主编:《爱国的理由》,中国人民大学出版社 2004 年版,引言第 5—7 页。
④ 同上书,引言第 3 页。

所创造的物质财富和精神财富的总和,狭义的文化指精神财富,如文学、艺术、教育、科学等。文化传统作为一个民族群体意识的记载,被称为国家和民族的"胎记",是一个民族得以延续的"精神基因",是培养民族心理、民族个性、民族精神的"摇篮",是民族凝聚力的重要基础。人们在现实生活中,或许会背井离乡,或许会彼此隔绝,但对祖国灿烂文化和历史传统的认同总会把人们的心连在一起。爱民族的灿烂文化就应该认真学习和真正了解祖国的历史,深入理解祖国优良的历史传统。其四,爱自己的国家。爱祖国不是抽象的,而是具体的。祖国的大好河山,自己的骨肉同胞,民族的灿烂文化,是同具体的国家相联系的。习近平总书记在《知之深爱之切》一文中,谈到自己的故乡之情时指出,"要热爱自己的家乡,首先要了解家乡。深厚的感情必须以深刻的认识做基础。唯有对家乡知之甚深,才能爱之愈切。"对家乡是如此,对整个国家更是如此。我们每个人的发展都是同国家的发展和进步紧密联系在一起的,爱祖国就要心系国家的前途和命运,就要把国家和人民的利益摆在首位,为祖国的独立富强,为人民的解放和幸福贡献力量。①

爱国主义从自发情感转化为自觉行为,离不开爱国主义教育的引导和涵育。习近平总书记指出,弘扬爱国主义精神,必须把爱国主义教育作为永恒主题。要把爱国主义教育贯穿国民教育和精神文明建设全过程,做到以理服人、以文化人、以情感人,生动传播爱国主义精神,唱响爱国主义主旋律,让爱国主义成为每一个中国人的坚定信念和精神依靠。

3. 重要内容:创新精神

党的十八大以来,习近平总书记把创新摆在国家发展全局的核心位置,高度重视科技创新,围绕实施创新驱动发展战略、加快推进以科技创新为核心的全面创新,提出一系列新思想、新论断、新要求。2014年6月9日习近平总书记在中国科学院第十七次院士大会、中国工程院第十二次院士大会上的讲话中指出②:进入21世纪以来,新一轮科技革命和产业变革正在孕育兴起,全球科技创新呈现出新的发展态势和特征。学科交叉融合加速,新兴学科不断涌现,前沿领域不断延伸,物质结构、

---

① 《思想道德修养与法律基础》,高等教育出版社2006年版,第28—29页。
② 人民网 http://cpc.people.com.cn/n/2014/0610/c64094-25125594.html。

宇宙演化、生命起源、意识本质等基础科学领域正在或有望取得重大突破性进展。信息技术、生物技术、新材料技术、新能源技术广泛渗透，带动几乎所有领域发生了以绿色、智能、泛在为特征的群体性技术革命。传统意义上的基础研究、应用研究、技术开发和产业化的边界日趋模糊，科技创新链条更加灵巧，技术更新和成果转化更加快捷，产业更新换代不断加快。科技创新活动不断突破地域、组织、技术的界限，演化为创新体系的竞争，创新战略竞争在综合国力竞争中的地位日益重要。科技创新，就像撬动地球的杠杆，总能创造令人意想不到的奇迹。当代科技发展历程充分证明了这个过程。面对科技创新发展新趋势，世界主要国家都在寻找科技创新的突破口，抢占未来经济科技发展的先机。我们不能在这场科技创新的大赛场上落伍，必须迎头赶上、奋起直追、力争超越。

习近平总书记明确提出我国科技创新的总体战略：把创新驱动发展战略上升为国家战略，到2020年时使我国进入创新型国家行列，到2030年时使我国进入创新型国家前列，到新中国成立100年时使我国成为世界科技强国；在关键领域、卡脖子的地方下大功夫，特别是到2050年都不可能赶上的核心技术领域，要研究"非对称"性赶超措施；实施创新驱动发展战略既要重视不掉队问题，也要通过创新突破我国发展的瓶颈制约。

党中央、国务院作出的建设创新型国家的决策，是事关社会主义现代化建设全局的重大战略决策。建设创新型国家，核心就是把增强自主创新能力作为发展科学技术的战略基点，走出中国特色自主创新道路，推动科学技术的跨越式发展；就是把增强自主创新能力作为调整产业结构、转变增长方式的中心环节，建设资源节约型、环境友好型社会；就是把增强自主创新能力作为国家战略，贯穿到现代化建设各个方面，激发全民族创新精神，培养高水平创新人才，形成有利于自主创新的体制机制，大力推进理论创新、制度创新、科技创新，不断巩固和发展中国特色社会主义伟大事业。

人才是创新之本。大力提倡创新教育，培养具有创新精神、能灵活驾驭知识和具备较强社会适应能力的有理想、有责任感、善于与他人合作、对科学和真理有执着追求的、具有终生学习能力、掌握基本生存技能和现代交往工具的、能进行国际交往的新型人才，将为创新型国家的建设奠定坚实的基础。当代青年，具有新型人才的典型特征，是建设创新型国家的主力军。习近平总书记强调人才以用为本，要因类施策，重点用好科学家、科技人员和企业家，放手使用人才，通过各种途径方式为他们发挥作用创造条件，为人才发挥作用、施展才华提供更加广阔的天地。要营造好用人的条件环境，着力改革和创新科研经费使用和管理方式，让经费为人的创造性活动服务，而不能让人的创造性活动为经费服务，要让领衔科技专家有职有权，有更大的技术路线决策权、更大的经费支配权、更大的资源调动权，同时也要重视必要的物质激励，使科研人员通过科技成果转移转化做到"名利双收"。并要求制订更加积极的国际人才引进计划，敞开大门，广招四方之才，开发利用好国际国内两种人才资源。习近平总书记关于科技人才的重要论述，把创新发展的重点从发挥"物"的作用转移到调动激发"人"的积极性主动性和创造性、从培养人才转移到使用人才、从在13亿人中选人才转到从全球70亿人中吸引人才上，进一步拓展了科技创新发展的新视野，指出了人才强国战略的新方向，是深入挖掘科技人力资源红利、实施好创新驱动发展战略的基本遵循。

所谓"创新"，包括以新的科学发现、新的理论、新的方法和技术发明为标志的原始性创新，对各种相关技术有机融合并形成具有市场竞争力的产品或产业的集成创新以及对引进先进技术的消化、吸收与再创新。创新包含着两个最重要的要素：一是创新精神；二是创新能力。这两个要素相比较而言创新精神更为重要，因为它是创新活动的灵魂，是提高创新能力的根本条件。

创新精神是一种源于实践的主观形态，其构成要素是人的心理因素。心理因素包括心理过程与个性两个方面。心理过程由认识和情感构成；个性主要指稳定的心理特征。稳定的心理特征主要表现在需要、动机、兴趣、信念和理想上。创新精神作为一种丰富的精神形态，是这些心理因素综合作用的结果。创新精神具有丰富内涵，主要体现在以下几个方面：

第一，创新目标在创新活动中具有核心作用。任何创新都有目的并为更远大的理想信念服务，既引导创新活动的方向，又明确创新者的价值追求与责任担当；既能在社会活动中获得肯定与赞赏，又激发创新者的热情与动力；既能减少、排除繁杂事务的干扰，又能使创新者心里踏实而集中创新注意力。因而，创新目标和创新理想信念，蕴涵着坚定而执着的追求精神。如果缺乏或没有创新目标，创新活动则无从谈起。

第二，大胆质疑和敢于批判是开展创新活动的前提。创新始于不满足已掌握的事实、已形成的理论和已使用的方法；不愿意墨守现有规则、原有模式和固有习惯；不迷信书本、权威和经验，这种独立思考、敢于质疑、勇于向旧事物、旧思想和传统习惯挑战的言行，是创新之起始，是大胆质疑和敢于批判精神的显现。没有这种精神，创新则不知从何开始。因为任何创新都不可能离开已有的基础和条件，问题在于是陷于已有基础和条件而持久重复，还是利用已有基础和条件而创造新的思想和事物。当然，质疑必须有事实根据和充分理由，而不是无根据地怀疑一切；批判要有理有据，而不是不讲道理地固执己见，更不是狂妄自大的恶意攻击。

第三，不怕挫折与失败地顽强坚持是推进创新活动的关键。创新总是对原有思维、事物的突破和对新目标的追求，其过程必然会遇到许多不确定因素和难以预测的风险。这种困难和风险挑战，常常使一些创新者难以坚持下去，诸如科技创新过程中反复试验所导致的反复失败，攻坚克难过程中难以突破所出现的停滞不前等，都是每项创新活动不可避免的。所以，创新与风险总是相向而行、相伴而生。尤其在科学技术快速发展和社会因素剧烈变动的当代社会，不确定因素和风险更日趋增多。面对困难和风险，只有两种选择：一是屈服于风险，放弃创新；二是正视风险，不惧和失败，敢于和善于分析风险产生的原因并寻求克服风险的办法，战胜困难和风险把创新有力向前推进，直到实现创新目标。追求成功创新只能选择后者。因而，不怕挫折和失败的顽强拼搏精神，在创新活动中起着关键作用，一些中途放弃创新、无所作为者，主要原因是缺乏顽强拼搏精神。

第四，不求安稳和名利是推进创新活动的思想基础。创新活动，是一种比一般活动、劳动需要付出更多时间、精力和心血的艰巨劳动，它除了需要创新者潜心攻关之外，还需要创新者综合利用、协调各种复杂因素，善于抓住创新过程中稍纵即逝的机遇。一个追求安逸、稳定工作和生活方式,只图眼前现实利益的人,往往不愿意,同时也难以进入创新状态。创新的思想境界,是奉献事业、奉献国家、奉献社会的思想境界,是不求个人名利与得失、不怕困苦和牺牲的思想境界。因而,不求安稳和名利的奉献精神,是推进创新活动的重要主观条件。

第五,团队团结协作是创新活动顺利开展的保证。当代社会的创新活动,不管是科学技术、社会科学创新,还是经济、管理、教育等各个方面的创新,主要是团队协同创新,个体创新活动不仅少,而且规模也不大。就是个体创新活动,也要与创新活动的相关人员进行联系,形成关系。因此,创新团队的成员必须要在创新目标一致的前提下,团结起来,发挥作用,取长补短,形成创新合力,才能共克难关。这就要求每个创新者发挥团结协作精神、优势互补精神和攻坚克难精神。团结协作是在共同的创新目标基础上形成的,因而团结协作不只是一种协调、配合的方法,主要是责任感、事业心、集体荣誉感的体现。在人的主体性不断增强、竞争日趋激烈的社会背景下,如果创新团队成员不顾大局,争名夺利,甚至采取恶性竞争、互相拆台的方式,创新活动是难以进行下去的。

总之,创新精神具有丰富的内涵,主要包括坚定而执着的追求精神、敢于质疑的批判精神、不怕挫折和失败的拼搏精神、不求安稳和名利的奉献精神、团结协作的攻坚精神。创新精神所包含的各种要素综合在一起,在创新的各个环节中,发挥着各自不同的作用。因而,创新精神既源于又高于独立自主精神、吃苦耐劳精神、艰苦奋斗精神、虚心好学精神、团结友爱精神。

当代青年要从以下几个方面勇于追求创新精神,塑造创新人才。第一,创新价值认同。一个人的人生观和价值观往往会决定其意识和行为的方向,并成为其日常行动决策的根据。创新价值认同,即确立新的价值观,既承认创新是实现人生价值的最高形式,是人的本质的体现,是不论个人或团体获得竞争优势的最佳途径,是国家富强乃至人类进步的源泉,又将其作为自己思考问题和行为决策的必要条件。若要真正认同创新对于人生的价值,最有效的途径是从历史和现实、理论和实际等不同侧面进行观察和思考,认识到人之所以成为人是因为人的祖先在同自然界进行生存斗争中学会了创新,因而获得了生存与发展的权利;认识到人类社会文明的每一次进步都离不开创新,历史上的各种丰功伟绩都是创新的成果;认识到在当今全球化时代激烈的竞争中,只有学会创新才能够成为真正的赢家。当代青年有了这样的价值判断,并由此思考自己的人生目标,规划自己的人生道路,就会形成以创新为己任、以创新求发展的人生观和价值观。第二,培养创新欲望。一个人有了创新之欲,才会有创新思维和创新行动,而且会坚持到底取得创新成功。创新型人才不仅要有创新价值认同,还应当具有强烈的创新欲望,才能够将这种期盼通过创新行动变为现实。一个人创新欲望的形成与其人生观和价值观有关,但更为直接的是某种危机感的作用。危机感的产生又同自己的生存状态及其发展目标直接相关。安于现状和不思进取的心态,不会有创新欲望的产生。因此,当代青年要居安思危,树立强烈的发展目标,并且将实现既定发展目标的期望寄托在自己身上,同时理清创新与发展之间的因果关系,创新欲望必将油然而生。第三,事事思变。寻求变异是创新成功的必要条件。思变需要求异思维,这就要针对已有解决方案从不同的角度去观察,以不同的思路去思考,提出不同于以往的新的解决方案。当代青年求异思维的培养,可以从身边的点滴做起,分析他人是怎么做的、怎么想的,然后换一个角度、一种思路进行思考。这样坚持一段时间,就会形成求异思维的习惯,进而提高自己的创新能力水平。第四,不断拓展知识面。创新思路的多少往往与创新主体的知识面成正比,因为创新主体的知识量是其通过不同领域知识的借鉴、转移、融合实现创新目的的必要条件。知识面的拓展,是指将自己的知识面由原来一个专业拓展到几个专业领域或方面。当然,作为创新思想来源的知识不一定只是专业知识,它包括自然及社会知识在内的各种知识。知识面越是广博,通过类比获得创新的条件越充分,成功的概率必将越高。因此,知识面的宽窄在一定意义上决定了一个人的创新能力。当代青年要不断拓展自己的知识面,既要多阅读,又要多观察。只有这样,才能为创新活动积累丰富的知识量。第五,勤于实践。实践是最好的老师,创新能力的培养更不例外。创新能力不仅可以通过创新实践得以培养和提升,还需要通过创新实践得以检验。创新实践不同于一般的实践概念,它包括创新思维和创新行动两层含义,即主观性实践和客观性实践。主观性实践是指创新思维,其结果是提出新的创意,而客观性实践是获得物质性的创新成果。大学生参与创新实践,首先是主观性的创新思考;其次才是客观性的创新行动。从眼前的事物开始观察,从身边的事物开始思考,不放过任何创新实践的机会,是当代青年培养创新能力的最好方式。

青年群体,反映着国家的活力和生机,关系着国家和民族的前途和命运。当代青年,是中国在 21 世纪走向繁荣昌盛的希望,他们在促进国家民主、富强、文明诸方面的作用与日俱增。他们应该清晰地认识到自己身上所承担的历史重任,确立创新成才目标,不断提升自己的综合素质,为中国的腾飞、民族的复兴贡献自己的力量。正如习近平总书记所说的那样:"每一代青年都有自己的际遇。现在高校学生大多是'95后',再过两年,新世纪出生的青少年也将走进高校校园。他们朝气蓬勃、好学上进、视野宽广、开放自信,是可爱、可信、可为的一代。对当代高校学生,党和人民充分信任、寄予厚望。""青年一代有理想、有担当,国家就有前途,民族就有希望。今天高校学生的人生黄金期,同'两个一百年'奋斗目标的实现完全吻合。亲自参与这个伟大历史进程,实现几代中国人的夙愿,实乃人生之大幸。当代学生建功立业的舞台空前广阔,梦想成真的前景无限光明。"

第二节　坚持精神价值追求主导性与多样性的统一

唯物辩证法告诉我们,矛盾具有普遍性和特殊性、有主要矛盾和次要矛盾、同一矛盾中有矛盾的主要方面和次要方面,它们的地位和作用各不相同。因此在一个国家的精神价值追求上要求有统一的目标、原则和要求,抓主流,即强调主导性;但也不能忽视支流,应按照特殊性要求,尊重差异性,促进精神价值追求的多样性发展。精神价值追求的主导性与多样性是相互联系、相互作用、相互制约、不可分割的辩证统一关系。

一　精神价值追求主导性与多样性统一的基本内涵

所谓精神价值追求的主导性,就是精神价值追求要坚持统一的指导思想与目标,保持特定的性质与方向,多样性就是指不搞单一化,尊重不同层次、不同类型、不同途径的精神价值追求。主导性是实质和根本，在主导性上要坚持鲜明性与坚定性，否则，精神价值追求的方向、性质就会发生偏差甚至变质。多样性是前提和基础，在多样性上要坚持开放性与和谐性，否则，精神价值追求就会形式化、教条化。必须坚持主导性前提下的多样性，必须坚持多样性发展中的主导性。精神价值追求的主导性与多样性的统一具有丰富的内涵，表现在定位精神价值追求目标时要立足现实，放眼未来，突出主导性目标，同时也要注意目标各要素之间的层次性和渐进性；在精神价值追求面临许多内容需要选择、鉴别、比较的情况下，既要选择和汲取那些有利于精神价值追求发展的内容体系，也要坚持社会意识形态的一元主导；在面临着道德水准、思想状况和表现情况层次不同的个体和群体时，其要求既要坚持先进性，又要兼顾广泛性。

1. 精神价值追求目标的主导性与层次性

精神价值追求目标的主导性，也可称为主导性精神价值追求目标，就是在精神价值追求过程中能起主导作用、决定方向和性质的目标。主导性精神价值追求目标不是一两个具体的理论观点，而是一个系统的理论体系，我国在定位主导性精神价值追求目标时应遵从以下几点原则：第一，坚持社会主义方向。社会主义制度在我国的确立，决定了我国的精神价值追求必须以马克思主义为主导，坚持社会主义的性质和方向。我们要坚持社会主义的主导价值观，引导人们正确认识社会发展规律，树立牢固的社会主义观念。第二，立足现实，面向未来。精神价值追求目标要立足现实，是指要以人的思想道德品质和社会发展的现状为立足点，不能忽视或超越这个现状，要具有可行性，适应当下社会的发展；面向未来，是指精神价值追求要具有前瞻性、超越性，不能满足于现实，适应未来社会的变化。第三，以人为本。精神价值追求目标要以人为本，强调人为本位，把人视为发展的主体、发展的尺度和发展的目的。只有从人的实际利益出发、符合人们需要的目标，才能成为人真正接受和认同的目标，才能激发他们为此目标而不懈努力和孜孜以求。

精神价值追求目标的层次性，是由范围大小不同的目标和子目标之间所形成的精神价值追求目标系统具有一种纵向结构的不同层次。不同的目标层次，在精神价值追求目标系统中所处的地位和作用不同。低层次目标受高层次目标的制约，又是高层次目标的基础和实现的手段；高层次目标控制着低层次目标，但同时又受低层次目标的制约。没有低层次目标的实现，高层次目标的实现就成了无源之水、无本之木；而只重视低层次目标实现，而不追求高层次目标的实现，精神价值追求只能在低层次徘徊。总之，高层次目标和低层次目标之间具有复杂的交叉效应和因果联系。精神价值追求目标的层次性是由精神价值追求的规律和人的身心发展规律决定的。一个只有具备基础精神价值层次的人，才有可能达到较高精神价值层次的要求。要按照人的实际年龄、心理特征，结合人的思维和认知发展水平，使精神价值追求总目标能有效地分解为具体的阶段性目标，使精神价值追求的阶段目标之间呈现一种内在的循序递进的逻辑递升序列。

2. 精神价值追求内容的主导性与丰富性

精神价值追求内容的主导性，可称为主导性精神价值追求内容，就是在精神价值追求中能起主导作用、决定方向和性质的内容。主导性精神价值追求内容不是一两个具体的理论观点简单拼凑而成，而是一个系统的理论体系，它反映一个阶级、一个政党、一个社会的根本利益和意志，代表一个阶级、一个政党和一个社会的根本价值取向和立场。而不同阶级、政党和社会的根本利益和价值取向是不同的，有的甚至是完全对立的。因此，它们各自的主导性精神价值追求内容也是各有特色，既有某些联系，更多的是相互区别或对立。正是通过在联系中涵化、借鉴，在对立中冲突、斗争这种既借鉴又斗争的矛盾运动，推动精神价值追求内容的丰富和发展。

精神价值追求内容的主导性主要体现在：第一，坚持社会主义核心价值观主导。我国是一个以马克思主义为指导思想的社会主义国家，是世界上最大的"非资本主义"社会，我们国家意识形态的性质和资本主义的本质的对立，使西方意识形态时刻不忘对我国进行渗透。面对西方的挑战，需要坚持社会主义核心价值的主旋律教育，使国家和人民的意志成为社会共识，并被青年普遍接受，使之成为社会的主导思想，并在青年价值观形成过程中发挥主导作用，同时抵制和排除异质性精神价值取向对主导精神价值取向的冲击，保证青年健康成长成才。

在社会主义核心价值体系的基础上，2012年11月，中共十八大报告明确提出"三个倡导",即"倡导富强、民主、文明、和谐,倡导自由、平等、公正、法治,倡导爱国、敬业、诚信、友善,积极培育社会主义核心价值观",这是对社会主义核心价值观的最新概括。核心价值观是文化软实力的灵魂、文化软实力建设的重点。这是决定文化性质和方向的最深层次要素。一个国家的文化软实力,从根本上说,取决于其核心价值观的生命力、凝聚力、感召力。培育和弘扬核心价值观,有效整合社会意识,是社会系统得以正常运转、社会秩序得以有效维护的重要途径,也是国家治理体系和治理能力的重要方面。历史和现实都表明,构建具有强大感召力的核心价值观,关系社会和谐稳定,关系国家长治久安。[①]

面对世界范围思想文化交流交融交锋形势下价值观较量的新态势,面对改革开放和发展社会主义市场经济条件下思想意识多元多样多变的新特点,积极培育和践行社会主义核心价值观,对于巩固马克思主义在意识形态领域的指导地位、巩固全党全国人民团结奋斗的共同思想基础,对于促进人的全面发展、引领社会全面进步,对于集聚全面建成小康社会、实现中华民族伟大复兴中国梦的强大正能量,具有重要现实意义和深远历史意义。

第二,坚持中华民族文化主导。民族文化是一个民族的精神和灵魂,是民族区别于另一民族的特质,是维系一个民族国家的精神纽带。博大精深的中华优秀传统文化是我们在世界文化激荡中站稳脚跟的根基。中华文化源远流长,积淀着中华民族最深层的精神追求,代表着中华民族独特的精神标识,为中华民族生生不息、发展壮大提供了丰厚滋养。中华传统美德是中华文化精髓,蕴含着丰富的思想道德资源。不忘本来才能开辟未来,善于继承才能更好创新。对历史文化特别是先人传承下来的价值理念和道德规范,要坚持古为今用、推陈出新,有鉴别地加以对待,有扬弃地予以继承,努力用中华民族创造的一切精神财富来以文化人、以文育人。[②]

[①] 2014年2月24日,习近平在主持中共中央政治局第十三次集体学习时发表讲话,http://cpc.people.com.cn/n/2014/0226/c64094-24464564.html。

[②] 习近平:把培育和弘扬社会主义核心价值观作为凝魂聚气强基固本的基础工程,《人民日报》2014年2月26日,http://cpc.people.com.cn/n/2014/0226/c64094-24464564.html。

然而,"世界多极化、经济全球化的深入发展,引起世界各种思想文化,历史的和现实的,外来的和本土的,进步的和落后的,积极的和颓废的,展开了相互激荡,有吸纳又有排斥,有融合又有斗争,有渗透又有抵御。总体上处于弱势地位的广大发展中国家,不仅在经济发展上面临严峻挑战,在文化发展上也面临严峻挑战"。[①] 青年面对多元化的相互激荡和复杂影响,难免不在价值取向上产生迷惘与困惑。因此我们要引导青年认识、适应当代世界的思想文化环境,进行正确的选择。文化总是既有普适性又有民族性的,越是民族的,也越是世界的。我们要培养民族文化的海纳百川、兼容并包的包容性,和天南地北、多元共存的多样性,但必须强调的是,其中主导性的民族特色是不可削弱的。如果没有主导的民族文化,就没有共同的规范和准则,人们的思想和行为就难以统一,中华民族和国家也就缺乏凝聚力和向心力。

3. 精神价值追求要求的先进性与广泛性

所谓先进性是指进步性、超越性、榜样示范性。精神价值追求要求的先进性,就是精神价值追求具有进步性、超越性和榜样示范性,针对群体中的先进层次、先进人物和先进表现所提出的精神价值追求要求。先进总是相对于中间、落后而言的,它们的划分既有绝对性的一面,也有相对性的一面。在一定的时空背景下,先进的标准是固定的。先进往往是少数,不会是多数,即使某个群体的先进层次的人数较多,但在这个先进层次中又会出现不同的层次性。另外,在当时历史条件下具有先进性的人和事物随着时代的发展变化逐渐失去了它的先进性。先进阶层会发生变化,先进表现同样如此。当先进表现变成绝大部分人通过学习教育后的表现时,原来的先进表现便失去了先进性,具有了普遍性。先进、中间、落后的划分又是相对的。

具体来说,精神价值追求要求的先进性主要表现在以下几个方面:

第一,反映时代发展的特点。精神价值追求要求的先进性是具体的,而不是抽象的,是发展的而不是一成不变的,体现着鲜明的时代性。不同历史时期,德育要求的先进性有着不同的内涵。在我国古代,最负盛名的儒家、墨家、道家都把思想道德最先进性的人称为圣人。儒家以人

---

① 《江泽民文选》第三卷,人民出版社 2006 年版,第 399—400 页。

格完满、道德齐备、洞彻世理、拯济众民的人称为圣人；墨家以实行兼爱交利，能兴天于之公利、除天下之公害的人为圣人；道家以体察大道本性，与道融为一体，不思不虑，不作不为，顺天地变化，随万物动止，好似自身不复存在的人称为圣人。三家思想道德的内容虽有所不同，但要求都是最高的。所以，圣人是古代社会最先进的人，"内圣外王"也成为古代社会德育追求的先进性标准。在我国进入全面建成小康社会和社会主义和谐社会，实现中华民族的伟大复兴的新世纪、新阶段，精神价值追求要求的先进性蕴含着新的时代要求，这就是要始终代表先进生产力的发展要求，代表先进文化的前进方向和代表最广大人民的根本利益。精神价值追求要求要确保在不同的历史阶段和历史方位上始终保持先进性，就必须与时俱进，紧跟时代发展潮流，反映时代发展特点，不断创造、充实、发展自己的理论与实践。

第二，体现最高的文明程度。文明是指人类在探索和改造自然和社会历史的进程中所取得的物质成果和精神成果的总和。文明总是同野蛮、愚昧和无知相对应，它是人类社会进步程度和开放状态的标志，也是人类文化的积淀成果。精神价值追求要求的先进性，应该体现最高的文明程度，也就是要体现人类进步水平，实现先进文化要求。在现阶段就是要发展和繁荣有中国特色的社会主义先进文化。所谓中国特色的社会主义文化，"就是以马克思主义为指导，以培育有理想、有道德、有文化、有纪律的公民为目标，发展面向现代化、面向世界、面向未来的，民族的科学的大众的社会主义文化。"① 只有发展和繁荣中国特色的社会主义先进文化，才能满足人民群众的日益增长的精神文化生活的需要，才能不断促进人民思想道德素质和科学文化素质的提高，也才能为经济发展和生产力的发展指引正确的方向，提供强大的智力支持。而"发展和繁荣先进文化的一个极为重要的任务，就是要使我们的民族和人民在建设有中国特色社会主义事业的征程上，始终保持奋发有为、昂扬向上的精神状态。一个民族，没有振奋的民族精神，没有高尚的民族品格，没有

---

① 中共中央文献研究室编：《十四大以来重要文献选编》（中），人民出版社1997年版，第2151—2152页。

坚定的民族志向，不可能自立于世界先进民族之林。"① 精神价值追求要求的先进性要体现最高的文明程度，必须继承和发扬人类一切优秀的文化，并结合新的实践和时代要求，结合人民群众精神文化生活的需要，积极进行文化创新，积极繁荣先进文化，努力改造落后文化，坚决抵制腐朽文化。

所谓精神价值追求要求的广泛性，就是精神价值追求要求的一般性、普遍性。它是根据多数集体、个人的思想基础、表现、需要所提出的精神价值追求要求，是一种广泛而普遍的要求，是应达到而且容易达到的要求。若精神价值追求要求的广泛性是对绝大部分人的要求。

精神价值追求要求的广泛性，其实质是一种具有一定层次的多样性要求。这种多样性要求不同于先进性要求的地方在于它只有普遍性，缺乏或没有典型性；它只有一般性，缺乏或没有示范性。在达到精神价值追求这个广泛性要求上，我们应该：第一，坚持社会主义思想道德为广泛性要求的支撑点。社会主义思想道德是社会主义初级阶段对全体人民共同的、普遍的要求，即以为人民服务为核心、集体主义为原则，以"爱国守法、明礼诚信、团结友善、勤俭自强、敬业奉献"为基本要求，要求人们树立科学的世界观、人生观和价值观。第二，鼓励支持有利于经济发展和社会进步的思想道德为广泛性要求的着重点。《关于加强社会主义精神文明建设若干重要问题的决议》指出："鼓励支持一切有利于解放和发展社会主义生产力的思想道德，一切有利于国家统一、民族团结、社会进步的思想道德，一切有利于追求真善美抵制假恶丑、弘扬正气的思想道德，一切有利于履行公民权利与义务、用诚实劳动争取美好生活的道德，团结和引导亿万人民积极向上，不断提高全民族的思想道德水平。"这"四个一切"的思想道德要求的概括涉及面十分广泛，它不仅包括了在经济、政治、文化、科学等各个领域的思想道德要求，而且包括了对海内外人士，对各个民族、阶层，对一切奉公守法人员的思想道德要求。"四个一切"的思想道德要求，是社会主义思想道德的延伸和补充，鼓励支持它的存在和发展，能够团结更多的人，能够更广泛地调动人们的积极性。

---

① 《江泽民文选》第三卷，人民出版社2006年版，第399—400页。

二 精神价值追求主导性与统一性分离的表现

我国精神价值追求的状态从总体上看,已初步呈现出主导性与多样性和谐发展的局面,但也局部存在一些失衡现象,主要表现在主导性与多样性的分割性、片面性与矛盾性。

第一,精神价值追求主导的片面性。精神价值追求主导的片面性主要是指在确定精神价值追求目标、内容及方法上过于陷于主导而导致单一,脱离了社会实际的多样性,忽视了青年成长需求的个体性而陷于片面性。比如在确定精神价值追求目的时,过分强调以社会为中心的价值取向,这可称为"服务论""社会本位""国家中心义",主张把精神价值追求的出发点和归宿放在社会上,国家的需求是一切方面的标准,而个人的价值仅体现为社会物质价值、政治价值和精神价值的承担者,个人的主动性被忽略,成为"社会大机器"上的"螺丝钉",片面要求个人"服从"社会,而不考虑个人的兴趣、爱好、理想、个性,进而严重削弱了受教育者的主体性、创造性,使他们成为迷信权威、盲从他人的"工具人"或"应声虫"。在精神价值追求的内容上,过分强调对内容的认同性而抑制了创新性,强调知识仅是对外在客观规律的反映,抽离了人对意义、价值的追求,受教育者只需毫无反思地接受,这样就将人死死的捆绑在固定轨道上,不能自主,只能认同和服从。在教育、宣传、引导青年精神价值追求时,过分强调了施教者的主体地位而无视受教者,把受教育者是一个空的容器,它的功能是被动的灌输进现存的事实和价值而没有思考,更谈不上反省、批判及至超越,这个强制灌输的过程显然是一个机械决定的过程,忽视了受教育者的主体性,否定了人的主体意志,否定了人作为意志主体的自我独立性。

第二,精神价值追求多样化的片面性。精神价值追求多样化发展的片面性,是指在精神价值追求过程中,片面追崇异质文化,忽视、漠视甚至拒斥高雅文化、主流文化、经典文化,背离主导性的要求或者放弃主导性,导致迷失于一簇簇的"价值丛"中。比如有的青年沉迷于西化的精神价值追求。对于吃麦当劳、喝可口可乐长大,听摇滚音乐、看好莱坞电影娱乐,上互联网、用苹果机工作的当代青年,对西方发达的经济和物质条件甚为羡慕,对西方发达国家的先进技术和生活方式甚为向往，在加上西方国家在互联网、书籍、电影、电视、无线广播中渗透其价值体系，以自由、民主、平等的口号吸引青年群体，而很多青年由于对西方国家实际情况不了解，同时我国正处于改革发展的关键期，社会结构、利益格局、思想观念都发生了深刻变化，导致当前社会一定程度上的"失范"，这些客观情况使个性突出的青年群体更加崇尚西方的价值体系，因此其精神价值追求也就呈"西化"。有的青年流连于古化的精神价值追求。经过"文化大革命"、苏联解体等事件之后，有一些人对社会主义意识形态的优越性失去信心，甚至对马克思主义能否指导中国的发展产生怀疑。而在西化的大潮中，他们看到西方文明存在的致命缺陷，看到西方资产阶级自由民主的伪善，认识到西方自由民主的价值体系不能成为一个社会的终极价值体系。当现在的精神价值体系不能成为他们的信仰的时候，他们就转而到已有的精神价值体系中寻找。我国古代文明是世界文化一颗璀璨的明珠，儒、道、墨、法等各家的精神价值体系深刻影响着国人，加之当前民族情结增强，希冀重现昔日大国辉煌，因此其精神价值追求也就呈"古化"。有的青年深陷于神化的精神价值追求。中国社科院发布的《宗教蓝皮书》（2015）中估算，目前中国基督教信徒人数在2300万至4000万之间，约占我国总人口的1.7%—2.9%。佛教、道教、伊斯兰教、天主教和基督教五大宗教信教人数估计1亿多。国家宗教事务局发表的数据则显现，我国现有经批准开放的宗教活动场所近13.9万处，其中基督教教堂、聚会点约5.6万处，如加上其他所有的宗教崇拜场所，我国各项类宗教场所的总数已接近甚至超过美国。近年来我国信教人数的规模迅速增长，而且信教年轻人明显增多。宗教信仰是最为古老的一种信仰之一，很多宗教对人生、世界各有其独特的诠释，这些对充满热情和富于想象的青年人具有一定影响，而且大多数宗教都劝善行善，这些对充满社会责任感和正义感的青年也有很大吸引力，信仰者认为，宗教为人们提供一种精神关怀，使人们心有所安、魂有所系、神有所宁。① 因此其精神价值追求也就呈"神化"。

实际上，精神价值追求的主导性与多样性是一体两面的，是不可分

---

① 郑永廷、江传月：《宗教影响与社会主义意识形态主导研究》，中山大学出版社2009年版，第16页。

割的统一体，两者既有区别，又相互制约、相互依存、相互渗透、相互贯通，不存在没有多样发展的主导性，也不存在没有主导的多样发展。精神价值追求主导性与多样性发展失衡虽然在主导性和多样性层面上的表现不同，但其所造成的危害是相同的，即抑制主导性发挥，阻碍德育多样化发展，精神价值追求如果脱离丰富多彩的实际生活，使来源于实践并能够指导多样化实践活动的理论丧失了发挥作用的基础，失去了理论的生命力与价值性，不仅把理论变成了"大话""空话"，而且造成青年对理论的疑义甚至反感。而如果否定或忽视马克思主义与社会主义意识形态的主导作用，使精神价值追求缺乏统一和长远的目标，不仅造成青年对马克思主义与社会主义意识形态的疏离，而且会导致青年思想上的迷茫困惑甚至思想混乱。

三 坚持社会主义核心价值观主导精神价值追求

1. 必须坚持社会主义核心价值观主导

所谓价值观，就是一定社会主体以其需求为基础，对主客体之间的价值关系进行整合而形成的观念形态，集中体现为理想、需要和根本利益。在一个社会复杂的价值体系中，自始至终都有一种价值观在整个社会中发挥主导作用，关系着价值主体生存和发展的大局、根本，这就是一个社会的核心价值观。一个国家的核心价值观，是一个国家的灵魂与旗帜，是引导、规范社会和个体多样化价值的方向与准则，是促进社会与个体发展的思想基础与保证。任何国家为了稳定与发展，都会提出自己的核心价值观，都会坚定不移地坚持以核心价值观主导价值取向。西方思想家威廉·A. 多诺休在《新自由——美国社会生活中的个人主义与集体主义》一书中指出，如果一个社会没有主导的价值观，个人随意选择接受某个规范或价值，随意放弃他不同意的东西，这对于社会的存在是颠覆性的。[1]

人无精神不立，国无精神不兴。任何一个社会都有自己占主导地位的核心价值观。我国在长期的社会主义革命和建设中，经济、政治、文化和社会发展方面发生日新月异的改变，社会主义价值理念也在不断成

---

[1] 夏伟东、杨宗元：《西方学者对个人主义的沉重反思》，《道德与文明》2006 年第 4 期。

熟与完善并得到弘扬。新中国的成立，确立了以社会主义基本政治制度、基本经济制度的确立和以马克思主义为指导思想的社会主义意识形态，为社会主义核心价值体系建设奠定了政治前提、物质基础和文化条件。改革开放以来，我国社会主义意识形态建设不断进行新的探索，提出了从建设社会主义核心价值体系到以"三个倡导"为内容，积极培育和践行社会主义核心价值观的重要论断和战略任务。

1978年12月，党的十一届三中全会重新恢复和确立了实事求是的思想路线，坚持把马克思主义与改革开放和我国社会主义建设伟大实践相结合，科学继承了毛泽东思想，创立了邓小平理论、"三个代表"重要思想、科学发展观等马克思主义中国化最新成果，马克思主义在意识形态领域的指导地位不断巩固。2006年3月，我党提出了"八荣八耻"的社会主义荣辱观，继承和发展了我们党关于社会主义思想道德建设褒荣贬耻、我国古代的"知耻"文化传统，同时又赋予了新的时代内涵，深化了我们党对社会主义道德建设规律的认识。党的十六届六中全会首次明确阐述了社会主义核心价值体系的命题与任务，即"建设社会主义核心价值体系，形成全民族奋发向上的精神力量和团结和睦的精神纽带。马克思主义指导思想，中国特色社会主义共同理想，以爱国主义为核心的民族精神和以改革创新为核心的时代精神，社会主义荣辱观，构成社会主义核心价值体系基本内容。坚持把社会主义核心价值体系融入国民教育全过程、贯彻现代化建设各方面。"[①] 随后党的十七大再次强调要建设社会主义核心价值体系，突出其在意识形态领域的重要地位，指出："要巩固马克思主义指导地位，坚持不懈地用马克思主义中国化最新成果武装全党、教育人民，用中国特色社会主义共同理想凝聚力量，用以爱国主义为核心的民族精神和以改革创新为核心的时代精神鼓舞斗志，用社会主义荣辱观引领风尚，巩固全党全国各族人民团结奋斗的共同理想基础。……积极探索用社会主义核心价值体系引领社会思潮的有效途径。"[②] 2011年党的十七届六中全会通过的《中共中央关于深化文化体制改革推

---

① 《十六大以来重要文献选编》（下），中央文献出版社2007年版，第661页。
② 胡锦涛：《高举中国特色社会主义伟大旗帜　为夺取全面建设小康社会新胜利而奋斗——在中国共产党第十七次全国代表大会上的报告》，人民出版社2007年版，第34页。

动社会主义文化大发展大繁荣若干重大问题的决定》中 13 处提到社会主义核心价值体系，确定了我国"文化改革发展奋斗目标是：社会主义核心价值体系建设深入推进"，明确指出"社会主义核心价值体系是兴国之魂，是社会主义先进文化的精髓，决定着中国特色社会主义发展方向"，强调要"坚持用社会主义核心价值体系引领社会思潮，在全党全社会形成统一指导思想、共同理想信念、强大精神力量、基本道德规范"。提炼和概括出简明扼要、便于传播践行的社会主义核心价值观，对于建设社会主义核心价值体系具有重要意义。2012 年 11 月，中共十八大报告明确提出"三个倡导"，即"倡导富强、民主、文明、和谐，倡导自由、平等、公正、法治，倡导爱国、敬业、诚信、友善，积极培育社会主义核心价值观"，这是对社会主义核心价值观的最新概括。2013 年 12 月，中共中央办公厅印发《关于培育和践行社会主义核心价值观的意见》，明确提出，以"三个倡导"为基本内容的社会主义核心价值观，与中国特色社会主义发展要求相契合，与中华优秀传统文化和人类文明优秀成果相承接，是我们党凝聚全党全社会价值共识作出的重要论断。党的十八大以来，以习近平同志为总书记的党中央从建设社会主义文化强国的战略高度，不断推进社会主义核心价值体系建设，大力培育和践行社会主义核心价值观，更好地构筑起中国精神、中国价值、中国力量，为中国特色社会主义事业提供源源不断的精神动力和道德滋养。

社会主义核心价值体系建设的实质是价值共识建设，从建构宏观层面的"价值体系"到进一步凝练"核心价值观"，是加强社会主义核心价值体系建设的题中之意，也是价值观念自身发展的规律使然。核心价值观是社会核心价值体系基本理念的统一体，直接反映核心价值体系的本质规定性，贯穿于社会核心价值体系基本内容的各个方面。社会主义核心价值观是社会主义核心价值体系最深层的精神内核，是现阶段全国人民对社会主义核心价值观具体内容的最大公约数的表述，具有强大的感召力、凝聚力和引导力。党的十八大报告关于社会主义核心价值观的表述，对社会主义核心价值体系基本内容进行了凝练，是重要理论创新成果。"三个倡导"的提出，正是对社会主义核心价值体系建设"画龙点睛"式的升华之作，集中表达了我们党对核心价值体系的新认识。社会主义核心价值观是社会主义核心价值体系的内核，体现社会主义核心价值体系的根本性质和基本特征,反映社会主义核心价值体系的丰富内涵和实践要求,是社会主义核心价值体系的高度凝练和集中表达。

1. 社会主义核心价值观的主导内容

价值观是人的信念系统,决定着人们的思想取向和行为选择。确立什么样的核心价值观,直接关系一个国家的精神旗帜和发展道路,并深刻影响其凝聚力和感召力。党的十八大报告强调指出:"倡导富强、民主、文明、和谐,倡导自由、平等、公正、法治,倡导爱国、敬业、诚信、友善,积极培育和践行社会主义核心价值观。"这一论述明确了社会主义核心价值观的基本理念和具体内容,在这"三位一体"的核心价值观中,个人的核心价值观是社会道德生活的基础;而国家层面的核心价值观是理想目标;社会层面的核心价值观则是使我们能够实现国家层面的核心价值观不可逾越的中间环节。这样创造性地将核心价值观的内涵进行区分性表述,在理论建设上有着重大的意义,同时对于培育社会主义核心价值观有着深远的意义。

第一,社会主义核心价值观的第一层次——富强、民主、文明、和谐,是社会主义核心价值体系中的中国特色社会主义的共同理想,也是对社会主义核心价值体系内在包含的核心价值观的提炼。价值承载着理想,理想内蕴着价值,理想追求本身就是价值追求,美好的理想也就是值得人们追求和拥有的价值。富强、民主、文明、和谐作为核心价值观,凝结了一百多年来先进的中国人的理想与价值愿望,同时也是基于现实的理想,是13亿多中国各族人民在中国共产党的领导下对于现代化国家理想形态的价值表达,因此,它也可以说是国家层面的核心价值观。富强、民主、文明、和谐,包括经济与国力的富有强大、政治上的社会主义高度民主政治、社会主义文化与社会主义精神文明追求,以及社会主义和谐社会的价值追求这样一个四维的理想价值,有着强大的现实感召力,是当代中国人的核心价值诉求。社会主义国家层面的核心价值观,也就是要起着凝聚我国各族人民人心的伟大价值作用,形成维系社会团结、民族和社会和谐的精神支柱。并且,在当今世界软实力的较量面前,鲜明地亮出我国社会主义特色的核心价值观。

第二,社会主义核心价值观的第二层次——自由、平等、公正、法治,这一层次的核心价值观在国家与个人之间,这一层面的价值诉求是引领现代文明走向的人类共同价值准则和理想社会目标，更是我们党和国家始终奉为圭臬的核心价值理念，它作为社会主流价值观，是核心价值观的重要支柱。自由是指人的意志自由、存在和发展的自由，是人类社会的美好向往，也是马克思主义追求的社会价值目标。平等指的是公民在法律面前的一律平等，其价值取向是不断实现实质平等。它要求尊重和保障人权，人人依法享有平等参与、平等发展的权利。公正即社会公平和正义，它以人的解放、人的自由平等权利的获得为前提，是国家、社会应然的根本价值理念。法治是治国理政的基本方式，依法治国是社会主义民主政治的基本要求。它通过法制建设来维护和保障公民的根本利益，是实现自由平等、公平正义的制度保证。

第三，社会主义核心价值观的第三层次——爱国、敬业、诚信、友善，这一层次主要是个人层面的核心价值观，它从个人的政治道德、职业道德以及个人的德性品格这样几个方面，强调了作为一个社会主义社会的公民，应当具有的核心道德价值。它覆盖社会道德生活的各个领域，是公民必须恪守的基本道德准则，也是评价公民道德行为选择的基本价值标准。爱国是基于个人对自己祖国依赖关系的深厚情感，也是调节个人与祖国关系的行为准则。它同社会主义紧密结合在一起，要求人们以振兴中华为己任，促进民族团结、维护祖国统一、自觉报效祖国。敬业是对公民职业行为准则的价值评价，要求公民忠于职守，克己奉公，服务人民，服务社会，充分体现了社会主义职业精神。诚信即诚实守信，是人类社会千百年传承下来的道德传统，也是社会主义道德建设的重点内容，它强调诚实劳动、信守承诺、诚恳待人。友善强调公民之间应互相尊重、互相关心、互相帮助，和睦友好，努力形成社会主义的新型人际关系。

社会主义核心价值观，体现了政治理想、社会导向、行为准则的统一，实现了马克思主义价值观与中国传统价值观的融合，符合时代要求，顺应人民愿望。这个核心价值观是科学的，坚持以邓小平理论、"三个代表"重要思想、科学发展观为指导，以社会主义核心价值体系为基础，体现了国家、集体、个人三个层次，各个内涵既相对独立又相互促进，形成为一个科学系统的整体。这个核心价值观是开放的，积淀着中华民族最深层的精神追求和行为准则，植根于当代中国特色社会主义的伟大实践，充分吸收了世界各国优秀思想文化成果。这个核心价值观是人民的，其表述覆盖全国各方面意见，反映了现阶段全国人民最大公约数，来自于人民、发展于人民、服务于人民，有利于人民内化于心、外化于行。在当代青年精神价值追求过程中，我们必须坚持用社会主义核心价值观教育和引导青年学子，使之明晰方向、明确目标、增强动力、合乎规范。

2. 充分发挥社会主义核心价值观的主导作用

社会主义核心价值观的基本内容与建设要求具有强烈的现实针对性，鲜明地回答了在社会思想日益多元、多样、多变的新情况下，我们应该用什么样的精神来团结和引领当代青年开拓前进，对当代青年精神价值追求具有根本的指导性。用社会主义核心价值观引领当代青年学子的健康成长，是进一步加强和改进当代青年精神价值追求的主导方针。建设社会主义核心价值观，实质意义就是要在各种各样的社会价值观念中树立一种具有核心地位的价值观，对于其他社会价值观念的存在、发展和影响形成一种统摄、引领和整合的主导作用。这种主导作用不仅体现于经济、政治、文化和社会生活的各个方面，而且体现于社会成员世界观、人生观、价值观的状态。因此，要紧密结合当代青年思想成长的特点，用社会主义核心价值观引领当代青年成长，使之形成健康向上的精神价值追求。

要充分发挥社会主义核心价值观的引导与转化作用，一要坚持"一元主导"与"多样发展"的辩证统一，这是社会主义核心价值观发挥主导作用的基本原则；二要切实把社会主义核心价值观融入学校教育的全过程，这是社会主义核心价值观实现主导作用的重要途径。

社会主义核心价值观是社会精神生活中的主旋律，要坚持马克思主义在意识形态中的一元主导地位，努力使社会主义核心价值观基本内容的共识成为社会意识形态的主流。要坚持马克思主义在意识形态领域的指导地位，坚决反对指导思想多元化；坚持用马克思主义、特别是用中国特色社会主义理论体系开展教育活动，用马克思主义世界观引领价值观，从坚定马克思主义信仰的高度，反对各种消极、不良的价值观；大力加强中国特色社会主义共同理想教育，引导人们认同目标、明确取向、凝聚力量、规范行为，形成对价值迷茫引导与转化的社会力量；要开展主义核心价值观内化为人们的精神追求，外化为人们的自觉行动。
力量是无穷的，广大党员、干部必须带头学习和弘扬社会主义核
观，用自己的模范行为和高尚人格感召群众、带动群众。要从娃
、从学校抓起，做到进教材、进课堂、进头脑。要润物细无声，
类文化形式，生动具体地表现社会主义核心价值观，用高质量高
作品形象地告诉人们什么是真善美，什么是假恶丑，什么是值得
赞扬的，什么是必须反对和否定的。

育和践行社会主义核心价值观，聚集在精神层面，落脚在实践层
建立国家、社会和个人联动机制，坚持贴近实际、贴近生活、贴
，遵循认知规律，综合运用教育、法律、行政、经济等手段，着
好普及性、操作性、机制性问题，使社会主义核心价值观真正成
青年思想的罗盘和坐标、行动的指南和归依。

第三节　改革和发展精神价值追求的教育方式

实现对青年精神价值追求教育的目的，首先要了解当代青年的特
握青年精神发展的状况，同时也要认识到社会主义核心价值观的
、开放性，坚持在继承的基础上改革和发展传统教育方式，在改
中赋予它们新的内容，以增强教育方式的适应性，提升教育方式
有效性，实现教育方式本身的超越性。

一、全方位：显性与隐性结合

性教育在我们的教育体系中无疑起着主导性作用，而精神教育本
杂性和潜隐性，以及当代青年精神价值追求的多样性发展都要求
挥隐性教育的积极作用，使显性教育和隐性教育互为补充，互相

坚持显性教育强化社会主义核心价值观的主导性

性教育方式，是指教育者有计划、有组织地利用各种公共资源、
段、在专门时间、公共场所，对受教育者进行直接、正规教育的
显性教育是当前青年精神价值追求教育的主渠道，发挥着主导性

爱国主义与改革开放教育，用民族优秀文化传[统]激励、振奋民族精神与时代精神，抵制资产阶[级]"一元主导"并不是简单的排斥多样化，不是[否定其他价]值。因为价值观念多样化是一种必然的客观存[在，必]然呈现具体性、分散性与特殊性，不可能要求[价值观念]完全同一。因此，要尊重差异，坚持先进性和[包容性]共同前进；要包容多样，引导、支持、鼓励青[年；]要抵制腐朽思想和惩治错误行为，用社会主义[价值观]理性提高青年对于错误思潮的鉴别能力，对背[离主]导的错误行为要追究和处理。正确处理好"一[元主导"]的辩证关系，是充分发挥社会主义核心价值观[的重要前提]。

社会主义核心价值观是中国特色社会主义[的，包]括主导价值思想、共同价值目标、核心价值取[向等]的内容。开展社会主义核心价值观教育，就要[融]入学校教育的全过程，使之成为切实开展的["，实]现青年学生对社会主义核心价值观在观念层面[的认同，以马]克思主义提供的科学世界观与方法论为指导，[树立正确的]价值观，强化他们的理论思维，帮助他们运用[理论分]析形形色色的社会思潮，解决价值观认识中[的问题]面对社会上多元意识形态交锋、各种价值观念[交织、]确与错误、先进与落后、高尚与低俗等的对比[，做出]符合自身发展与社会发展的正确选择，从而自[觉树立正确的价值]观。其次，要着力促进青年学生按照社会主义[核心价值观方]面的践行。强调树立社会主义荣辱观重在知行[统一，重]在持之以恒，使社会主义核心价值观渗透到青[年学生]在学习生活、学术研究、就业选择、网络活动[中。用核心价值]观进行对照检查，规范言行，保证社会主义核[心价值观]的主导。切实把社会主义核心价值观融入学校[教育，是社会]主义核心价值观实现主导作用的重要途径。

习近平强调，要切实把社会主义核心价值[观落实到方方面]面。要通过教育引导、舆论宣传、文化熏陶、[实践养成等]

随着社会的多样化、复杂化带来当代青年思想、行为的多样性、特色性，使显性教育方式的主导作用受到挑战。学校教育作为青年教育的主渠道，在面对挑战时也采取了应对措施，包括对一些显性课程进行整合、修订，效果并不理想，致使有些青年在当代复杂、多样、多变的社会环境中，价值取向扭曲、精神世界空虚、理想信念缺失。一些青年精神价值追求的偏离，甚至缺失，恰好说明了显性教育的作用发挥不够，因而更要坚持显性教育方式在青年精神价值追求教育的主导地位。

青年精神价值追求的显性教育方式受到冲击，实际上是核心价值观面临挑战。为此，我们要改革发展显性教育方式，在坚持主导性的前提下，根据当代社会环境发展趋势、影响方式的变化，结合开放环境、信息社会、多元文化对青年思维方式、价值追求的影响，切实把社会主义核心价值观与当代青年所处环境实际、生活实际有机结合起来。这样才能增强青年精神价值追求显性教育的针对性与实效性，才能真正发挥社会主义核心价值观的主导作用。

2. 加强隐性教育促进青年精神价值追求教育的实效性

隐性教育方式，是相对于显性教育方式而存在的教育方式，是指教育者寓教育目标、内容于社会实践、日常活动中，以间接的、内隐的教育方式，使受教育者潜移默化地受熏陶、感化和教育。隐性教育满足了青年价值取向多元化发展的需求，增强青年精神价值追求教育的感染力和实效性。

国外教育专家通过研究发现，在人们的学习活动中，就存在一种"学习主体对于学习过程缺乏明显意识的内隐学习。"而这种学习亦即隐性教育在一些相关的教育活动中以及某些特殊的学习环境下，往往比那种显性的、有目的的、教育学习活动收效更好。也就是说，隐性教育以其教育目标的潜隐性、教育内容的渗透性、教育方式的灵活性，能够贴近青年的生活，消除青年的逆反心理，从而把教育目标、内容渗透到显性教育无法达到的空间。

我国价值观教育与一般性的知识教育不同，它是要帮助青年在思想上认同"富强、民主、文明、和谐，自由、平等、公正、法治，爱国、敬业、诚信、友善"的社会主义核心价值观，这是道德的"最大公约数"既是个人的德，也是一种大德，就是国家的德、社会的德；这是和谐社会的"压舱石""定盘星",承载着一个民族、一个国家的精神追求,体现着一个社会评判是非曲直的价值标准;这是精神命脉的传承,大力弘扬以爱国主义为核心的民族精神和以改革创新为核心的时代精神……使中华优秀传统文化成为涵养社会主义核心价值观的重要源泉;这是每一位公民的行为准则,爱国是基本的要求,敬业是立身的根本,诚信是处世的底线,友善是行事的规范。这单靠集中、直接的教育方式是不够的,它需要教育者提供人性丰富的教育内容,而这些内容必须以某种与自我相关的方式让青年经历,由青年自身的实践和感悟而逐步实现。习近平总书记也曾指出:"要注重文化浸润、感染、熏陶,既要重视显性教育,也要重视潜移默化的隐形教育,实现入芝兰之室久而自芳的效果。青年要成长为国家栋梁之材,既要读万卷书,又要行万里路。高校学生支教、送知识下乡、志愿行动等活动,都展现了学生的风貌和服务社会、报效祖国的情怀。许多学生正是在这样的社会实践和社会活动中树立了对人民的感情、对社会的责任、对国家的忠诚。"①

因此,青年精神价值追求教育需要加强隐性教育方式,因为这种教育方式符合价值观教育的特点和当代青年的特点,能够更好增强青年精神价值追求教育的实效性。

3. 显性教育与隐性教育结合是青年精神价值追求教育发展规律必然

显性教育与隐性教育结合,是克服我国传统教育封闭性、单一性和单向性等倾向的有效途径,是拓展教育空间,实现主导性和多样性辩证统一的重要措施,是我国当代青年精神价值追求教育发展的必然要求。

在教育过程中,第一,要将显性教育的目标、内容渗透到隐性教育中,增强隐性教育的目的性、方向性。隐性教育载体的多样性,内容的丰富性,方式的间接性,在满足青年多样性和广泛性需求的同时,容易淡化教育的目标,偏离教育的方向。在当前价值观教育中,出现了过分追求青年的认同度而放弃核心价值观的主导性,过分追求载体的多样化而忽视内容的重要性,过分强调内隐性的功效而把教育目标"隐"得太深,这种为了隐性教育而隐性教育的方式不能成为显性教育的有效补充。

---

① 党建网 http://dangjian.com/djw2016sy/djw2016dtztc/sydtxjpxljh/201701/t20170105_3991420.shtml.

只有体现社会主义核心价值观的主导性的隐性教育才能起到促进作用。

第二，要将隐性教育的方式、途径运用到显性教育中，增强显性教育的实效性。显性教育集中性、单纯性产生一些局限和缺陷，而隐性教育可以克服显性教育覆盖面的局限性和教育效果的缺陷，以日常生活、社会活动、文化、网络为载体，针对教育过程中出现的新情况采取灵活方式，寓教于事、寓教于乐，通过交流、感化、熏陶，达到教育的效果。总之，通过推动显性教育与隐性教育的有效结合，可以坚实显性教育的主导性，促进隐性教育的多样性发展，实现青年精神价值追求教育一元主导和多样性发展的辩证统一。

二 宽领域：网上与网下并举

随着信息技术的发展，互联网络从工具性存在逐渐发展为一种空间性存在，新媒体对人的影响已经从工具层面发展到环境层面，并逐步朝着语境层面发展。新媒体语境，是相对于现实世界语境而言的，是指新媒体技术将人类交往行为由现实世界延伸到网络空间，在影响人的交往方式的同时所产生的与之相适应的新场域。习近平主席在中央网络安全和信息化领导小组第一次会议时就曾提出"把握好网上舆论引导的时、度、效，使网络空间清朗起来"。可见，作为对现实世界语境的发展和延伸的新媒体语境，已经悄然改变了当代青年精神生活的场域、方式和内涵，当代青年不仅受到现实社会因素的影响，网络等虚拟因素的影响正在日益凸显，青年价值观形成越来越具综合性与复杂性。要实现对当代青年精神价值追求的教育引导，需要做到网上与网下并举。

1. 网上教育的现实性

所谓网上教育，就是在网络领域，借助虚拟平台实现教育目标进行的教育实践活动。虽然网上教育是在网络领域进行，但是它的教育对象、教育目标、教育方法都具有现实性。首先，因为人在走进网络领域之前都是一个现实的人，走进网络领域之后也不是一个独立于现实而虚拟存在的人，人在网络领域的活动也总是不能脱离人的现实实践和现实社会关系，只不过是在网络领域的展开、延伸和丰富而已。其次，网上教育促进了人的虚拟发展，形成新的虚拟实践和虚拟社会关系，丰富和发展了人的本质，最终实现人在现实社会的全面发展。最后，现实教育已经有着悠长的历史和丰富的经验,网上教育的理念、方法也是在对现实教育借鉴的基础上发展而成。

2. 积极探索网上教育体系

网络领域由于空间上的开放性,关系上的平等性,内容的丰富性,选择上的主体性等特性深受当代青年的喜爱,也就是说,他们在网络领域可以摆脱现实中受到地域、民族、身份、地位、职业、年龄等外在的限制,自由、平等地交流,还可以选择自己喜欢的领域,以自己喜欢的方式去获得最大限度的精神满足,实现自己在现实社会中难以实现的理想、追求。

网络领域也存在着各种不利因素,根据中国互联网信息中心《第39次中国互联网发展状况统计报告》调查结果显示:网民对网络虚拟社会环境总体不满意度达到近40%;总体不信任度为64.3%。对网络内容的健康性不满意度为71.2%;内容真实性满意度为53.9%;而虚拟社会环境的不安全性达到70.8%。① 网络领域充斥的虚假信息、色情信息、垃圾信息对青年的健康成长、精神修养、价值取向都产生了不利的影响。这也显示了我们积极探索网上教育的紧迫性。

任何事物都是矛盾的统一体,互联网络也不例外,我们只有扬长避短,才能有效发展网上教育体系。首先是充分认识到网上教育在全过程育人中的重要意义,积极抢占网络阵地,加强体现社会主义核心价值观的"红色"网站、"红色"社区的建设,净化网络领域环境;强化青年在网络领域行为主体责任意识,规范虚拟行为文明;充分发挥网络的交互性特点,在虚拟交往中陶冶青年的精神修养,培育青年的道德人格,引导青年的价值追求。

其次是发展适合网上教育的教育理念、方式方法。教育作为一种历史性的社会活动,在不同条件和环境下,往往有着对应的教育方式。② 由于网络领域环境的开放性,要求网上教育不能仅仅限于虚拟空间,而要树立网上与网下交互、联动的教育理念。由于人的网络领域实践活动的

---

① 中国互联网信息中心:《第39次中国互联网络发展状况统计报告》,http://www.cnnic.cn/index/0E//00/11/index.htm。

② 曾令辉:《虚拟社会人的发展研究》,人民出版社2009年版,第206页。

自主性、独立性，以及教育主体与客体关系的非直接性，都要求在教育方式方法上既要防止采取现实教育中以教育者为主体、主导，强势灌输和严令禁止等"主观"教育方式，也要防止过分强调受教育者的个体性与多样性，采取放任式的教育方式，我们在对网络领域对青年精神价值追求的教育引导要做到尊重主体性与坚持主导性相结合，这样才能实现教育目标。

3. 网上教育与网下教育并举是青年精神价值追求影响因素综合性、复杂性使然

在互联网络发展之前，人的生存与发展的空间是以现实社会为主。互联网络功能的进一步发展，不仅在技术层面为我们提供了便利工具，也重组了人的思维、行为方式，拓展了人的生存和发展空间。正如美国未来学家 D. 泰普思科所说："今日的网络，不仅结合了科技，更连接了人类、组织及社会。"[1] 这也使现实社会与网络领域之间的界限越来越模糊，对当代青年精神价值追求产生影响的因素也是现实与虚拟交错，正是由于影响因素综合性、复杂性使对青年进行教育时要求现网上教育与网下教育和谐结合。

三　多层面：他教与自教交汇

教育是一个复杂的过程，教育的结果既受到教育环境、教育方式的影响，也受到自身素质、思想觉悟的影响，是外部因素和内在条件相互作用的结果。在青年精神价值追求教育过程中需要通过积极有效的引导教育，把对社会主义核心价值观内化为青年自身的追求。

1. 注重他教，增强核心价值观的主导性

他教是指非受教育者本人对受教育者进行的有目的有计划的教育活动和方法。他教是最基本的教育方式，这是由人的生理特征所决定的，接受与模仿是最基本的学习能力。人的价值观形成受到外在环境和内在修为的影响，这就要求强化他教的实效性，改革和发展他教的方式。通过知识的传授，宣传社会主义核心价值观，从理论上深化青年的认知水

---

[1] ［美］泰普思科：《泰普思科预言：21世纪人类生活新模式》，时事出版社1998年版，第10页。

平；通过榜样的力量，让青年对核心价值观有具体的、感性的认识；通过以劳动为主要实践形式的社会活动促进青年精神世界健康和谐发展，苏联教育家苏霍姆林斯基认为："劳动是青年精神生活中的一部分。"① 一个不会从事劳动甚至厌恶劳动的人，他的精神境界也不可能有多高，也就不可能有崇高的精神价值追求。

2. 发展自教，充分发挥青年的主体性

自教即自我教育，是受教育者按照教育的目标和要求，主动提高自身认知水平、行为能力、道德水平、精神修养。苏联教育家苏霍姆林斯基指出："自我教育是一切教育的起点和条件。没有自我教育做基础，再好的他人教育也是外部因素，缺乏转变成个人认同的内在条件。"价值观教育最终要落实到个体，教育效果要通过青年自我教育进行内化才能体现。

发展自我教育，要遵循主体原则，充分发挥青年的主体性。也就是在教育过程中，充分发挥青年的独立性、自主性、能动性、自为性等主体性特征，通过创设和谐、高尚、进取的社会环境，有组织、有计划地提供各种社会活动和社会实践，使青年自主地、能动地与社会发展需求统一步调。然而，有很多教育者总爱大包大揽，低估青年的主体性和自我教育的能力，我们要相信青年具有精神追求、价值取向的判断力和选择力，关键在于教育、引导、启发。要尊重青年的自主权、选择权，发展他们的判断力，培养他们形成自己的主见，这样，将来面对价值观的多样化，甚至是复杂的价值观冲突，他们一定不会迷失。在很多情况下，人的那种自觉、主动、探索和反思的能力恰恰构成了青年做出选择的内在标准和动力。

3. 他教与自教交汇是青年精神价值追求教育特殊性应然

教育不同于其他以物质或精神产品生产为直接对象的社会生产活动，就在于它的对象是有意识的人。这就要求我们在教育方式的选择上，既要保证教育主体主导作用的发挥，同时也要充分尊重教育客体的能动性、

---

① ［苏］苏霍姆林斯基：《学生的精神世界》，吴春萌译，教育科学出版社1981年版，第205页。

自主性和创造性。完善的教育应是"他教"与"自教"的有机统一。①因为人的认知就是一个"他教"与"自教"互为因果、互相促进的过程。由于人在时间、经历方面受到的限制，不可能所有的知识、经验都通过自己的实践直接获得，"他教"就成为知识获得、经验积累最直接、最有效的途径，只有达到一定程度，"自教"才成为一种可能。"自教"又会进一步提升人的能力，反过来提升"他教"的效率和效果。

  青年精神价值追求的形成也是"他教"与"自教"相互作用的过程。一方面，青年精神修养的提升，需要依靠社会、学校、家庭等的教育；另一方面，教育的效果，最终还是要通过青年自身思想运动、社会实践进行内化来实现。"他教"是外因，"自教"是内因，只有两者有机统一，青年精神价值追求教育才能实现坚持主导性和尊重主体性的统一。我国近年来大力开展志愿者活动，就实现在青年精神价值追求教育过程中"他教"与"自教"的有机统一。无论是西部志愿者、抢险救灾志愿者和社区服务志愿者等社会服务类志愿者，还是奥运会志愿者、世博会志愿者和大运会志愿者等大型活动类志愿者，这些志愿者活动的理念无一不是社会主义核心价值观的体现。通过活动前的培训，采取"他教"宣传服务理念、社会责任感、爱国主义和集体主义教育；在活动中，通过志愿者的社会实践、服务增进对社情、民情和人生的体验，在主体性体验中实现自我教育；最后通过总结、表彰，在鼓励、肯定青年自我教育的同时，也为其他青年树立典范，再一次以更高层次进行"他教"。

---

① 郑永廷等：《主导德育论》，人民出版社2007年版，第285页。

参考文献

1. 马克思、恩格斯：《马克思恩格斯选集》（第1—4卷），人民出版社1995年版。
2. 马克思、恩格斯：《马克思恩格斯全集》（第2、3、21、49卷），人民出版社1957、1960、1965、1982年版。
3. 列宁：《列宁全集》（第28、38、39、55卷），人民出版社1960、1963、1986、1990年版。
4. 列宁：《列宁选集》（第1—4卷），人民出版社1995年版。
5. 马克思、恩格斯、列宁、斯大林、毛泽东：《论历史唯物主义》（上、中、下），北京师范大学出版社1983年版。
6. 毛泽东：《毛泽东选集》（第1—4卷），人民出版社1991年版。
7. 邓小平：《邓小平文选》（第1—3卷），人民出版社1993、1994年版。
8. 江泽民：《江泽民文选》（第1—3卷），人民出版社2006年版。
9. 胡锦涛：《胡锦涛文选》（全三卷），人民出版社2016年版。
10. 习近平：《习近平谈治国理政》，外文出版社2014年版。
11. 人民日报评论部：《习近平用典》，人民日报出版社2015年版。
12. 中共中央宣传部：《习近平总书记系列重要讲话读本》（2016年版），学习出版社2016年版。
13. 《中共中央关于加强社会主义精神文明建设若干重要问题的决议》，人民出版社1996年版。
14. 中央宣传部、中央文献研究室组织选编：《论文化建设——重要论述摘编》，学习出版社、中央文献出版社联合出版2012年版。
15. 中共中央文献研究室编：《十八大以来重要文献选编》，中央文献出版社2014年版。

16. 郑永廷等：《人的现代化理论与实践》，人民出版社 2006 年版。
17. 郑永廷等：《社会主义意识形态发展研究》，人民出版社 2002 年版。
18. 郑永廷、张彦：《德育发展研究——面向 21 世纪中国高校德育探索》，人民出版社 2006 年版。
19. 郑永廷、江传月等：《宗教影响与社会主义意识形态主导研究》，中山大学出版社 2009 年版。
20. 郑永廷、高国希等：《大学生自主创新理论与方法》，人民出版社 2009 年版。
21. 霍福广、刘社欣等：《信息德育论》，人民出版社 2008 年版。
22. 袁本新、王丽荣等：《人本德育论》，人民出版社 2008 年版。
23. 骆郁廷：《精神动力论》，武汉大学出版社 2003 年版。
24. 郝登峰：《现代精神动力论》，广东人民出版社 2005 年版。
25. 詹小美：《民族精神论》，中山大学出版社 2007 年版。
26. 廖小琴：《人的精神生活质量研究》，江苏人民出版社 2009 年版。
27. 李辉等：《大学生环境适应优化理论与方法》，人民出版社 2010 年版。
28. 王仕民：《德育文化论》，中山大学出版社 2007 年版。
29. 石书臣：《主导论：多元文化背景下的高校德育主导性研究》，人民出版社 2011 年版。
30. 曾令辉：《虚拟社会人的发展研究》，人民出版社 2009 年版。
31. 沈壮海：《软文化·真实力：为什么要提高国家文化软实力》，人民出版社 2008 年版。
32. 杨晓光：《团体竞争力研究——精神文化视域中的团体竞争力》，中山大学出版社 2008 年版。
33. 李萍、钟明华：《人的现代化：开放地区人的现代化系列研究报告》，人民出版社 2007 年版。
34. 钟明华、李萍：《马克思主义人学视域中的现代人生问题》，人民出版社 2006 年版。
35. 孙正聿：《属人的世界》，吉林人民出版社 2007 年版。
36. 王坤庆：《精神与教育》，上海教育出版社 2002 年版。
37. 刘建军：《马克思主义信仰论》，中国人民大学出版社 1998 年版。
38. 陆复初、程志方：《中国人精神世界的历史反思》（第 1、2 册），云南人民出版社 1993 年版。
39. 俞吾金：《意识形态论》，上海人民出版社 1993 年版。
40. 严春友：《精神之谜》，中国社会科学出版社 1991 年版。
41. 张世英：《论黑格尔的精神哲学》，上海人民出版社 1986 年版。
42. 吴元梁：《精神系统和精神文明建设》，人民出版社 2004 年版。
43. 陈刚：《西方精神史》，江苏人民出版社 2000 年版。
44. 张华荣：《精神劳动与精神生产论》，北京经济科学出版社 2002 年版。
45. 李君如：《社会主义精神支柱》，河南人民出版社 2003 年版。
46. 童世骏：《当代中国人精神生活研究》，经济科学出版社 2009 年版。
47. 秦刚：《社会主义思想道德建设》，青岛出版社 1997 年版。
48. 王大昆等：《20 世纪中国精神》，云南大学出版社 2001 年版。
49. 邵道生：《现代化的精神陷阱》，知识产权出版社 2001 年版。
50. 黄志秋：《走向文明的中国——精神文明建设引论》，中央编译出版社 1997 年版。
51. 陈赟：《现时代的精神生活》，新星出版社 2008 年版。
52. 李连科：《价值哲学引论》，商务印书馆出版 1999 年版。
53. 李德顺：《价值论》（第 2 版），中国人民大学出版社 2007 年版。
54. 孙美堂：《文化价值论》，云南人民出版社 2005 年版。
55. 袁贵仁：《价值观的理论与实践》，北京师范大学出版社 2006 年版。
56. 王玉樑等：《理想、信念、信仰与价值观》，陕西人民出版社 2001 年版。
57. 兰久富：《社会转型时期的价值观念》，北京师范大学出版社 1999 年版。
58. 张进辅等：《现代青年心理学》，重庆出版社 2005 年版。
59. 黄志坚：《青年学新论》，中国青年出版社 2004 年版。
60. 张春兴：《青年的认同与迷失》，世界图书出版社 1993 年版。
61. 黄希庭、郑涌等：《当代中国青年价值观研究》，人民教育出版社 2005 年版。
62. 陆玉林：《当代中国青年文化研究》，人民出版社 2009 年版。
63. 黑晓佛：《回归生命　走向生活——当代道德教育的精神品格与价值自觉》，人民出版社 2012 年版。

64. 杨德广、晏开利：《中国当代大学生价值观研究》，上海教育出版社 1997 年版。

65. 中国社会科学院社会学所"当代中国青年价值观念演变"课题组：《中国青年大透视——关于一代人的价值观演变研究》，北京出版社 1993 年版。

66. 乐锋：《理性与躁动——关于青年价值观的思考》，学林出版社 2002 年版。

67. 张澎军：《社会思潮冲击与青年学生若干社会价值观念导向》，东北师范大学出版社 1993 年版。

68. 马中红：《青年亚文化研究年度报告（2015）》，清华大学出版社 2016 年版。

69. 李庆真：《生活在网络化时代的我们——网络化时代青年文化发展趋势研究》，浙江大学出版社 2014 年版。

70. 张一兵：《文本的深度耕犁：西方马克思主义经典文本解读》，中国人民大学出版社 2004 年版。

71. 北京大学哲学系外国哲学史教研室编译：《西方哲学原著选读》（上卷），商务印书馆 1981 年版。

72. 苗力田等：《古希腊哲学》，中国人民大学出版社 1990 年版。

73. 卢风：《启蒙之后——近代以来西方人价值追求的得与失》，湖南大学出版社 2003 年版。

74. 徐大同：《西方政治思想史》，高等教育出版社 1992 年版。

75. 唐凯麟等：《西方伦理学名著提要》，江西人民出版社 2000 年版。

76. 周辅成：《西方伦理学名著选辑》，商务印书馆 1987 年版。

77. 张怀承、唐凯麟：《成人与成圣——儒家道德伦理精粹》，湖南大学出版社 1999 年版。

78. 北京市社会科学院哲学所：《中外人文精神钩沉》，河南大学出版社 2005 年版。

79. 唐君毅：《中国人文精神之发展》，广西师范大学出版社 2005 年版。

80. 冯友兰：《中国哲学史》，广大人民出版社 1999 年版。

81. 梁漱溟：《东西文化及其哲学》，河北教育出版社 1996 年版。

82. 冯友兰：《三松堂自序》，生活·读书·新知三联书店 2009 年版。

83. 王国维：《人间词话》，上海古籍出版社 2005 年版。
84. 冯友兰：《冯友兰学术文化随笔之人生的境界》，中国青年出版社 1996 年版。
85. 钱穆：《文化与生活》，台湾乐天出版社 1963 年版。
86. 张岱年：《文化与哲学》，中国人民大学出版社 2006 年版。
87. 衣俊卿：《文化哲学》，云南人民出版社 2002 年版。
88. 傅佩荣：《哲学与人生》，东方出版社 2006 年版。
89. 肖前：《马克思主义哲学原理》（第 2 版），中国人民大学出版社 1998 年版。
90. 陈先达、杨耕：《马克思主义哲学原理》（第 3 版），中国人民大学出版社 2010 年版。
91. 中共中央马恩列斯著作编译局、教育部社会科学研究与思想政治工作司：《马克思主义经典著作选读》，人民出版社 2006 年版。
92. 童世骏：《文化软实力》，重庆出版社 2008 年版。
93. 张国祚：《中国文化软实力研究报告》（2010 版），社会科学文献出版社 2011 年版。
94. 赵刚、肖欢：《国家软实力：超越经济和军事的第三种力量》，新世界出版社 2010 年版。
95. 陈正良：《中国软实力发展战略研究》，人民出版社 2008 年版。
96. 黄楠森：《人学原理》，广西人民出版社 2000 年版。
97. 袁贵仁：《马克思的人学思想》，北京大学出版社 1999 年版。
98. 高清海等：《人的"类生命"与"类哲学"》，吉林人民出版社 1998 年版。
99. 韩庆祥、邹诗鹏：《人学：人的问题的当代阐释》，云南人民出版社 2001 年版。
100. 曾盛聪等：《伦理的嬗变：十年伦理变迁的轨迹》，人民出版社 2005 年版。
101. 黄会林：《当代中国大众文化研究》，北京师范大学出版社 1998 年版。
102. 吴信训等：《新媒体与青年文化》，上海大学出版社 2014 年版。
103. 马中红、陈霖：《无法忽视的另一种力量——新媒介与青年亚文化研究》，清华大学出版社 2015 年版。

104. 孟繁华：《众神狂欢——世纪之交的中国文化现象》，中央编译出版社 2003 年版。

105. 廖小平：《分化与整合——转型期价值观代际变迁研究》，高等教育出版社 2007 年版。

106. ［德］黑格尔：《精神现象学》，贺屈、王久兴译，商务印书馆 1981 年版。

107. ［德］黑格尔：《精神哲学》，韦卓民译，华中师范大学出版社 2006 年版。

108. ［美］马斯洛等：《人的潜能与价值》，林方编，华夏出版社 1988 年版。

109. ［美］阿列克斯·英格尔斯：《人的现代化》，殷陆君编译，四川人民出版社 1985 年版。

110. ［美］阿列克斯·英克尔斯、戴维·H. 史密斯：《从传统人到现代人》，顾昕译，中国人民大学出版社 1992 年版。

111. ［德］马克斯·韦伯：《新教伦理与资本主义精神》，于晓、陈维纲等译，生活·读书·新知三联书店 1987 年版。

112. ［德］卡尔·雅斯贝尔斯：《当代的精神处境》，黄藿译，生活·读书·新知三联书店 1992 年版。

113. ［美］彼得·圣吉：《第五项修炼》，郭进隆译，生活·读书·新知三联书店 1998 年版。

114. ［美］赫伯特·马尔库塞：《单面人——发达工业社会意识形态研究》，左晓斯等译，湖南人民出版社 1988 年版。

115. ［苏］尼·瓦·贡恰莲料：《精神文化——进步的源泉和动力》，戴世吉等译，求实出版社 1988 年版。

116. ［德］鲁道夫·奥伊肯：《生活的意义与价值》，万以译，上海译文出版社 1997 年版。

117. ［奥］西格蒙德·弗洛伊德：《精神分析引论》，中央编译出版社 2008 年版。

118. ［美］克持·W. 巴克：《社会心理学》，南开大学社会学系译，南开大学出版社 1984 年版。

119. [匈]卢卡奇:《历史与阶级意识》,杜章智、任立、燕宏远译,商务印书馆1999年版。
120. [英]查尔斯·汉普登-特纳、阿尔方斯·特龙佩纳斯:《国家竞争力——创造财富的价值体系》,徐联恩译,海南出版社1997年版。
121. [美]卡普洛:《美国社会发展趋势》,刘绪贻、李世洞、秦珊等译,商务印书馆1997年版。
122. [德]赫尔穆特·施密特:《全球化与道德重建》,柴方国译,社会科学文献出版社2001年版。
123. [法]孔多塞:《人类精神进步史表纲要》,何兆武、何冰译,生活·读书·新知三联书店1998年版。
124. [美]塞缪尔·亨廷顿:《文明的冲突与世界秩序重建》,周班等译,新华出版社1999年版。
125. [法]埃德加·莫兰:《迷失的范式:人性研究》,陈一壮译,北京大学出版社1999年版。
126. [瑞士]H. B. 丹尼什:《精神心理学》,陈一筠译,社会科学文献出版社1998年版。
127. [苏]苏霍姆林斯基:《学生的精神世界》,吴春荫等译,教育科学出版社1981年版。
128. [英]马林诺夫斯基:《文化论》,费孝通等译,中国民间文艺出版社1987年版。
129. [美]丹尼尔·贝尔:《资本主义文化矛盾》,赵一凡等译,生活·读书·新知三联书店1989年版。
130. [美]A. 麦金太尔:《德性之后》,龚群、戴扬毅译,中国社会科学出版社1997年版。
131. [法]托克维尔:《论美国的民主》,董果良译,商务印书馆2004年版。
132. [美]吉米·卡特:《我们濒危的价值观——美国道德危机》,西北大学出版社2007年版。
133. [德]尤尔根·哈贝马斯:《合法化危机》,刘北成、曹卫东译,上海人民出版社2009年版。
134. 联合国教科文组织国际教育发展委员会:《学会生存——教育世界的

今天和明天》，上海师范大学外国教育研究室译，上海译文出版社 1979 年版。

135. 联合国教科文组织总部中文科：《教育——财富蕴藏其中》，教育科学出版社 1996 年版。

136. Evens, D. Spirituality and Nature of Human. New York: State University of New York Press, 1993.

137. OFSTED. Spiritual, Moral, Social and Cultural Development. London: HMSO, 1994.

138. R. G. Frey, Christophey W. Morris. Value, Welfare, and Morality [M]. New York: Cambirdge University Press, 1993.

后　　记

　　本书是在我的博士学位论文的基础上，经过修改、完善形成的。今天当我画上最后一个句号，即将交付出版社付梓之际，我的心中是浮想联翩、感慨万千。回想起初工作后的几年，感觉当时智慧被知识挤压得沉重喘息，工具理性肆虐价值理性被遮蔽，"郁闷"成为那时的口头禅和流行语，折射出在物质与科技高度发达的同时而人的心灵、精神、信仰却没有同步反而显现枯竭、沉沦、空虚迹象，作为一名当代青年，到底该追求什么？带着对社会发展的忧思和自我发展的迷惘，我又再次来到中山大学攻读博士，踏上学术求索的征程。

　　那一千多个日日夜夜，现在可以以"痛快"二字概括。"痛快"多数被解释为"高兴、尽兴"或"痛并快乐着"，经历过奔波、探索、历练，才体会到我们中国汉字造词的深刻意蕴。"痛快"，先"痛"后"快"，先——经历过磨难、承载过艰辛、品尝过失落、咀嚼过破碎，后——方能感到快乐、收到满足、获得升华、取得圆满。这正如导师郑永廷教授经常教导我们所说，人生的成功与喜悦，必经痛苦的磨炼；人生的进步和升华，必伴艰苦的考验。今天能拿出这部拙著，要衷心地感谢我的导师郑永廷教授！从选题、开题、写作、修改、答辩至最后定稿、出版，都凝聚着导师的心血！导师身教重于言教，在为人、治学、做事等各方面均为人表率。在求学生涯中，充分感受到郑老师对事业热爱和对学生负责，他教学、教育准备充分，视野开阔，融会贯通，总是用清晰的逻辑思路和广博深渊的学识带领学生成长；他学术研究严肃认真，孜孜不倦，总是用厚实的学术功底和高屋建瓴的学术态势引领学科发展；他为人处事和谐热情，总是用丰富的人生经验和乐观态度为学生领航。在导师的悉心教导、耐心指点下，我终于实现自我人生的攀越，导师的谆谆教诲将是伴随我成长的可贵资源与力量！

衷心感谢答辩委员会专家霍福广教授、李辉教授、詹小美教授、王仕民教授、刘海春教授对本论文的倾心指点，感谢中山大学马克思主义理论学科组的李萍教授、钟明华教授、叶启绩教授、郭文亮教授、王丽荣教授、周全华教授、孟庆顺教授、杨云老师、李健飞老师等诸位的关心与指导。

这些年，与同窗好友、师兄姐弟妹曾度过了欢乐美好的时光，这份美丽的记忆将永远刻画在我的青葱时代，我们的情谊将陪伴着彼此继续前行。感谢广东药科大学马克思主义学院的领导和同事对我的指导、关心、支持和帮助！我的家人，是我最坚强的后盾和精神支撑，生活上的点滴照顾、学业上的鞭策鼓励，为我克服困难注入强大动力！

本人学力尚浅，文中缺憾、不足在所难免，恳请各位学者与同仁批评指正，吾将砥砺前行！

朱白薇

2017 年 6 月